100

| 한국장로교총회창립 100주년기념 표준주석 |

갈라디아서

이종윤(Jong Yun Lee, Ph. D., D. D., D. D.) 지음
대한예수교장로회총회교육자원부 편

한국장로교출판사

발간사

본 주석서는 대한예수교장로회총회의 신앙과 신학 이념을 따라 평신도와 신학생, 목회자와 신학 교수들이 성경을 바르게 이해하도록 도움을 주는 데 그 목적이 있다.

대한예수교장로회 교단은 1934년 희년에 즈음하여 성경전서 주석의 간행을 총회에서 결의한 바 있다. 그리하여 1937년부터 총회표준주석(1937년, 「욥기」, 「시편」, 「잠언」, 「전도서」, 「아가」; 1939년, 「로마서」, 「고린도전·후서」, 「갈라디아서」)이 간행되기 시작하였다. 그러나 제2차 세계대전의 발발과 일제강점기의 한국교회 탄압으로 주석 발간 사업은 일시 중단되었다. 1945년, 해방은 되었으나 38선으로 남북이 분열되고, 1950년 6·25한국전쟁의 비극을 겪어야 했다. 1953년, 휴전된 후 총회표준주석 사업이 재개되어 1954~1957년(1954년, 「이사야」; 1955년, 「요한복음」; 1956년, 「창세기」; 1957년, 「레위기」, 「민수기」)에 출판이 있었으나, 1959년에 교단의 분열로 오늘에 이르기까지 총회표준주석 사업은 불가한 형편이었다.

대한예수교장로회 제90회기(2005) 총회는 총회창립 100주년(2012)기념 사업의 일환으로 교단 신학의 정체성 확립과 한국장로교회의 신학적 표준을 제시할 총회표준주석을 출판하기로 결의하고, 총회 산하 신구약성경 신학자들에게 집필을 위촉하게 되었다.

2005년 12월 한국장로교총회창립 100주년기념 표준주석편찬위원회가 조직된 후 집필 원칙을 정하고 집필자를 선정하여, 그 원칙에 충실할 것을 서약하게 하였다. 지난 7년 동안 집필자들의 깊은 기도와 연구의 산고 끝에 이제 그 실체가 드러나 장로교 총회표준주석이 출판되었다. 편찬위원회는 수차례 모임을 갖고 50여 명에 이르는 많은 집필자들을 격려하고 집필 목적과 방향 제시를 수시로 하여 주석서의 통일성과 진정성을 유지하게 하였다. 집필된 원고가 제출된 경우, 검독위원회가 총회의 신학과 신앙에 맞는 주석을 출판하기 위해 내용을 수정 또는 추가할 것을 요청하기도 하였다.

이 주석서가 빛을 보기까지 집필자는 물론이고, 총회교육자원부 김치성 총무와 한국장로교출판사의 수고가 있었고, 전국 교회들의 기도 지원이 있었다. 무엇보다도 출판비 및 연구비 전액을 이름 없이 지원해 준 교회가 있었다. 이에 독자 여러분과 함께 하나님께 찬양을 드리며, 이 일에 헌신하신 분들께 감사를 드린다.

유사 이래 성경보다 더 긴 세월 동안 연구되고 읽혀진 책은 없다. 그렇기 때문에 해석 방법도 시대와 지역에 따라 다양하게 나타났다. 에스라 시대까지 거슬러 올라가서 사용된 미드라쉬(Midrash) 주해 방법부터 시작하여 중세의 종교개혁자들과 현대 비평주의자들의 해석 방법 등 수많은 해석학적 이해가 있어 왔고, 여러 언어로 번역되어 하나님의 말씀인 성경은 읽혀졌다. 그러나 하나님의 말씀은 (해석자들이나 번역자들에게) 매이지 않는다(딤후 2 : 9). 성경 주석가와 번역자들은 자기 시대와 문화 속에서 어떤 전제(presupposition)를 갖고 성경을 읽기 때문에 언제나 해석의 한계가 있음을 인정할 수밖에 없다. 그런 의미에서 본 주석서도 예외는 아닐 것이다. 그럼에도 불구하고 본서는 그 한계를 최소화시키기 위해 다양한 신학적 입장, 다른 해석들, 교회사적 해석들, 지리적 상황을 포함하려고 노력했다.

우리의 전제는 신구약성경 66권이 하나님의 영감으로 특별 계시된 말씀이라는 대한예수교장로회의 신앙고백을 준거(準據)로 했다. 그러므로 본서는 집필자 자신의 신앙고백과 신학도 내포되었지만, 그보다 총회의 신앙과 신학의 표준적 입장에서 성경을 주석한 것이다. 즉, 사도신경, 웨스트민스터 신앙고백서, 장로교신앙고백을 따르는 개혁주의 신학과 신앙 전통을 따른 것이다.

집필을 하는 데 있어서 학문적 깊이를 외면할 수는 없으나 목회자나 평신도가 성경을 이해하는 데 도움을 주기 위해 설교를 위한 묵상을 삽입하기도 하였다. 그러나 각 권의 기록자, 기록 연대, 문학적 특징, 책의 목적 등을 설명하는 개론적 연구를 할 때에는 그것이 학문적 연구에 꼭 필요하다고 여겨지는 경우에 한하여 최근 많은 성경학자들이 사용하는 비평적 방법도 가설(假說)로는 소개하였으나 결론은 따르지 않았다. 그것이 교회의 신앙적 지도를 위한 적절한 방법은 아니기 때문이다.

영감으로 된 하나님의 말씀인 성경의 해석은 성령의 조명이 가장 중요한 조건이다. 따라서 본서의 집필자들은 종교개혁자들이 채택했던 문법적, 역사적, 신학적 원리를 주된 해석 방법으로 채택하고, 기도하면서 하나님의 계시된 말씀의 원의를 알기 쉽게 해석하려고 힘썼다. 외래어 사용은 가급적 줄이되 히브리어나 헬라어와 같은 원어를 반드시 읽어야 할 경우에는 음역화해서 누구나 원어의 발음으로 읽게 했다. 각주(脚註)도 가급적 줄이되 문장 뒤에 참고로 넣었다. 또한 각 절이 아닌 단락별로 주해를 하여 전체적 파악을 도왔다.

주석 앞에는 대한성서공회가 출판한 개역개정 성경(4판)을 단락별로 제시했다. 히브리어 성경은 BHS(Biblia Hebraica Stuttgartensia)를, 헬라어 성경은 United Bible Societies가 출판한 The Greek New Testament(4th ed)를 각각 원문으로 채택하여 사용하였다. 특히 개역개정 성경의 번역에 대한 문제가 있다는 의견을 총회가 받아들여 본 편찬위원회에 수정 의뢰를 하였고, 집필자들이 원문을 바로 번역하여 대한성서공회에 제시함으로 수시 교정 제도를 따라 수정하도록 했다.

우리의 생명이시며 찬양의 대상이 되신 우리 주 예수 그리스도를 계시하시고, 하나님의 공의와 사랑을 그의 십자가를 통하여 실현시켜 우리를 구원하신 하나님의 깊은 뜻을 알게 해 주는 신구약성경을 더 많은 사람들이 더 깊이, 더 분명하게 이해하고, 믿게 하기 위하여 대한예수교장로회총회 창립 100주년을 기하여 한국 교회와 세계 교회 앞에 겸손한 자세로 이 주석을 내어놓는다.

"내가 온 것은 양으로 생명을 얻게 하고 더 풍성히 얻게 하려는 것이라" (요 10 : 10b).

Soli Deo Gloria!

한국장로교총회창립 100주년기념
표준주석편찬위원회
위원장 이 종 윤

추천사 1

할렐루야! 2012년은 대한예수교장로회(통합)총회가 창립 100주년을 맞이하는 해입니다. 총회가 창립된 이후 1세기가 지난 지금까지 우리 한국 교회를 세계가 주목할 만큼 눈부시게 성장할 수 있도록 도와주신 에벤에셀의 하나님께 모든 찬송과 영광과 감사를 드립니다.

이와 같은 한국 교회의 놀라운 부흥 가운데서도 마음 한구석에 늘 안타까움이 자리하고 있었는데, 그것은 바로 우리 한국 교회만의 권위 있는 주석이 없다는 사실이었습니다. 현재 목회현장에서 사용되는 우리말 주석들은 대부분 오래되었거나 현대의 한국 교회 상황에 맞지 않는 서구 교회의 해석, 또는 성서학 전문가들의 주석이 아닌 짜깁기식 주석이 대다수를 차지합니다.

이러한 현실 가운데 이번 총회창립 100주년기념사업의 일환으로 본 교단에서 「한국장로교총회창립 100주년기념 표준주석」을 출간하기로 결의하고, 주석서를 출간하게 된 것은 대단히 자랑스럽고 의미 있는 일이 아닐 수 없습니다.

이번 「표준주석」의 출판으로 한국 교회는 이전보다 더욱 '개혁주의 신학과 신앙 전통' 을 따르는 성경 해석의 기초를 확립하게 될 것이며, 많은 목회자들이 이 주석서를 통해 하나님의 말씀에 중심을 둔 목회를 실천할 수 있을 것으로 기대합니다. 더 나아가 이 「표준주석」은 한국 교회의 신앙을 더욱 견고히 하는 성경 해석의 표본이 될 것입니다.

아무쪼록 이번 「표준주석」 출간을 계기로 우리 한국 교회가 당면한 갖가지 위기를 극복하고 더욱 하나님 말씀으로 충만하여, 평화통일은 물론 주님의 지상명령인 땅끝까지 복음을 전하는 사명을 보다 잘 감당하는 교회로 거듭나게 되기를 기대하며, 한국의 모든 교회와 성도님들께 자랑스럽게 이 주석서를 추천하는 바입니다. 샬롬!

장로회신학대학교

총장 장 영 일

추천사 2

「한국장로교총회창립 100주년기념 표준주석」의 발간을 축하합니다. 한국 교회 역사에서 중요한 자리를 차지하고 있는 「총회표준주석」은 한국 교회에 큰 영향을 끼친 박윤선 박사님께서 박형룡 박사님을 도와 「표준주석」의 고린도후서 주석 집필에 참여하면서 평생을 주석 집필에 헌신하게 했던 뜻깊은 주석이었습니다.

그러나 그동안 중단되었던 표준주석 사업을 재개함에 있어 편집위원장 이종윤 목사님이 밝힌 대로 성경이 성령으로 영감된 정확 무오한 하나님의 말씀이라는 분명한 신앙고백 위에 집필토록 하였다는 편집 원칙을 통해 「표준주석」의 맥을 잇고자 하는 의지를 보여 줍니다.

이런 맥락에서 비평적 성서연구가 교회의 신앙적 지도에 적합하지 않다는 인식을 가지고 전통적인 개혁주의 해석 방법을 채택할 뿐만 아니라 복음적이고 목회적인 관심을 드러낸 점도 환영할 만한 일입니다. 또한 성경 자체에 대한 전문적인 지식뿐만 아니라 한국 교회와 성도를 체험적으로 알고 있는 성경학자들이 오랜 기도와 연구 끝에 발간하였다는 점도 높이 사고 싶습니다.

아무쪼록 본서가 많은 이들에게 풍성하고 깊이 있는 신학적 성찰을 제공하는 귀한 책이 되길 소망합니다.

합동신학대학원대학교

총장 성 주 진

갈라디아서
차 례

헬라어-영어 음역

α	—	a
β	—	b
γ	—	g
δ	—	d
ε	—	e
ζ	—	z
η	—	ē
θ	—	th
ι	—	i
κ	—	k
λ	—	l
μ	—	m
ν	—	n
ξ	—	x
ο	—	o
π	—	p
ρ	—	r
σ, ς	—	s
τ	—	t
υ	—	y
φ	—	ph
χ	—	ch
ψ	—	ps
ω	—	ō

γγ	—	ng
γκ	—	nk
γξ	—	nx
γχ	—	nch
αι	—	ai
αυ	—	au
ει	—	ei
εὺ	—	eu
ηὺ	—	ēu
οι	—	oi
ου	—	ou
υι	—	hui
ῥ	—	rh
ʽ	—	h
ᾳ	—	ā
ῃ	—	ē
ῳ	—	ō

갈라디아서

서론

A. 역사적 배경

B. 갈라디아 사람은 누구인가?

C. 예루살렘 회의

D. 본서의 기록 연대와 장소

E. 본서의 기록자

F. 참고문헌

G. 갈라디아서 구조 개요

서 론

갈라디아서는 '크리스천 자유의 대헌장'이라 불린다. 예수 그리스도 안에서 하나님의 은혜를 통해서만 죄와 율법의 저주에서 자유할 수 있고, 새 생명을 살 수 있음을 주제로 하기 때문이다. 하나님의 권능으로 마음과 영이 참 자유를 얻는 것을 가르친 갈라디아서는 개혁교회의 모퉁잇돌이 되는 진리를 선포한다.

마틴 루터(Martin Luther)는 갈라디아서를 특별히 사랑하여 갈라디아서와 결혼했다고 말하며 갈라디아서를 그의 "Catherine von Bora."라고 불렀다. 루터의 손에 들린 이 책은 종교개혁의 병기창고가 되었다.

바울은 주 예수 그리스도를 믿음으로 하나님의 은혜로 말미암아 구원이 온다는 갈라디아서의 주제를 크리스천의 삶과 행위에 필수적인 기본으로 선포하였는데, 루터는 이것을 재발견하고 가르침으로 교회에 영적인 것과 자유를 회복시켰다. 갈라디아서의 이 주제는 바울이나 루터의 세대나 우리 시대에도 변함없이 중요하다.

A. 역사적 배경

주전 50년대 유아기적 단계의 교회는 교리적 논쟁의 위기에 직면했다. 복음이 유대인에 의해 유대인들에게 주로 증거되었을 때 교회는 순조롭게 확장되었다. 그러나 그리스도의 사도들이 이방사회에 들어가 거기에 뿌리를 내리기 시작하자 크리스천과 모세 율법과의 관계, 그리고 유대교와의 관계가 문제로 떠오르게 되었다. "교회는 찾아오는 모든 사람들에게, 즉 유대교의 특별한 전통과 관계없이 문을 열어야 하는가? 모든 인류에게 제한 없이 복음을 전해야 하는가? 혹은 이방인들에게 유대교의 범위 안에서만 전해야 하는가?" 등의 문제가 일어났다.

특히 이방인이 크리스천이 되기 위해서는 모세 율법을 준수해야 할 필요가 있는가? 예컨대 이방인도 반드시 할례를 받아야 크리스천이 될 수 있는 것인가? 이 같은 질문들이 로마 제국 전역에서 계속 나타났고, 이방인의 토양 위에 예수 그리스도의 교회가 세워진 곳마다 같은 질문이 제기되었다.

갈라디아서는 소아시아의 한 지역에서 일어난 갈등의 한 형태를 기록한 책이다. 동시에 이 책은 예루살렘과 수리아의 안디옥에서 논의되고 다루어졌던 문제들의 반응을 기록한 것도 된다. 사도행전은 이 같은 자료를 보충하고 있다. 이방인이 유대인 크리스천과 함께 먹을 권리가 있는가? 그들이 같은 음식을 먹을 수 있는가? 그렇다면 정통 유대인들은 그 같은 교제로 인해 더럽혀진 것인가? 이 같은 것들이 크리스천의 연합을 깨뜨리는가? 예루살렘 회의에서 이런 문제들은 공식 안건으로 다루어졌고, 여기에서 바울의 제안이 채택되었다(행 15 : 1－29).

이방인의 사도로서 바울은 비유대인 사회에 복음을 증거할 때 유대 율법과의 조화 문제를 신중하게 다루었다. 바울은 복음을 전할 때(4 : 13 참조) 심지어 구원이 하나님이 주신 규율이라 하더라도 율법과 규정을 지킴으로 오는 것은 아니라고 했다. 율법은 저주 아래에 있을 뿐이다. 죄인이 구원을 받으려면 이전과는 완전히 다른 길로 와야 한다. 하나님은 이 다른 길을 예수 그리스도를 통해 주셨다. 예수가 죄를 지고 죽으셨다. 이제 하나님은 그리스도를 믿는 모든 사람을 의롭다 인정해 주신다. 이것이 복음이다.

바울은 이 복음을 갈라디아 사람들에게 가르쳤다. 다른 이방사회에서처럼 그 복음은 잘 받아들여졌다. 그가 갈라디아에서 예기치 않게 질병 때문에 지체하게 되었을 때 갈라디아 사람들은 그를 거절하는 대신 바울과 복음을 진심으로 받아들였다(4 : 13－15). 전에 이방인이었던 이들(4 : 8)이 이제는 세례를 받고(3 : 27), 그들 중에서 기적을 행하기 시작하신 성령을 받았다(3 : 5). 바울은 다른 곳에서 하던 대로 갈라디아에도 교회를 세웠으며, 그 후 적어도 한 번은 그곳에 다시 방문을 했다. 얼마 후 바울은 갈라디아 성도들이 전에 공개적으로 받았던 믿음을 떠났다는 소식을 접했다. 주의 형제 야고보로부터 왔다고 주장하는 보수 유대교 선생들이 예루살렘으로부터 와서 바울이 잘못된 교리를 가르쳤다고 말했던 것이다. 그들은 이방인도 모세 율법 아래 와야 구원이 있다고 했다. 그리스도 예수만으로는 부족하며 모세도 있어야 한다고 했다. 은혜에 할례를 더해야 한다고 했다. 바울은 즉시 의로운 분노로 가득 찼다. 율법주의자들의 견해가 갈라디아 성도들 안에 퍼져 있다면 예수 그리스도의 은혜와 십자가는 헛되다(5 : 2－4). 더욱이 기독교의 구별된 특성은 상실되고 유대교의 소종파가 되고 말 것이라고 보았다. 바울은 의분을 갖고 율법주의를 책망하고 갈라디아 교회를 다시 회복시키려고 이 편지를 썼다. (Luetgert, *Gesetz und Geist : Eine Untersuchung zur Vorgeschichte des Galaterbriefs*, "Beitraege Zur Forderung Christlicher Theologie," 22.6, 1919와 Ropes, *The Singular Problem of the Epistle to the Galatians*, "Havard Theological Studies," 14, 1929에 의해 이 문제는 깊이 논의되었다.)

유대인 대적자들은 바울에게 3가지 도전을 했다. 그 첫 번째 도전은 인격적으로 바울을 직접 대적한 것이다. 바울은 그리스도의 부름을 받은 사도였다. 그리스도가 그에게 계시하신 교리들을 가르쳤다. 그러나 대적자들은 그는 사도가 아니고, 그가 설교한 복음은 하나님이 계시하신 것이 아니라고 했다. 예수가 지상에 계셨을 때 바울은 예수와 함께한 적도 없었고 열두 사도 중 하나도 아니라는 것이다. 단지 바울은 기독교에 대한 몇 가지 지식을 받은 후에 자기 생각을 전한 전도자로 이방인의 환심을 사기 위해 사도적 모범에 반(反)하는 쉬운 복음을 가르친 자라고 공격했다(1 : 10). 그들은 바울이 열두 제자들처럼 가르치지 않는다면 그 가르침이 거부되어야만 한다고 했다.

바울은 이러한 공격에 열두 제자들과 관계있는 자기 생애에 대한 이야기를 함으로 대답한다(1-2장). (1) 바울의 교훈은 사람의 권위에 의존한 것이 아니요, 하나님으로부터 직접 온 것으로, 이것이 바울을 사도로 만든 것이다. (2) 바울의 권위는 다른 사도들에 의해 그들이 당면한 과제마다 인정을 받았다. (3) 바울은 안디옥에 있는 베드로와 바나바를 포함한 다른 성도들로부터 그의 가치를 인정받았다. 바울은 이전의 사도들의 권위나 명성을 떨어뜨림 없이 사도로서 자기 자신의 권위를 주장할 수 있었다.

율법주의자들의 바울을 향한 두 번째 도전은 그의 복음이 참 복음이 아니라는 것이다. 이 도전은 첫 번째 도전과 연관된 것으로 바울이 거짓 사도이기 때문에 그의 가르침은 진리라고 할 수 없다는 것이다. 바울의 율법을 제쳐 놓은 가르침은 잘못된 것이라 했다. 하나님의 율법은 영원하며 옆으로 제쳐 놓을 수 없는 것으로, 사람은 율법을 지킴으로 구원을 받는다고 주장했다. 예수도 율법을 지켰고 제자들도 마찬가지였다. 그럼에도 불구하고 구원을 위하여 율법의 요구를 기각한 바울이 아니던가?

바울은 이 도전에 대하여 누가 율법을 지켰는가 아니면 지키지 않았는가의 문제가 아니라 대답한다. 하나님이 죄인을 의롭게 하시는 참 근거를 말해야 한다고 했다. 갈라디아서 3~4장에서 바울은 갈라디아 사람들의 개인적 경험과 성경에 호소한다. 성경은 주로 아브라함의 경우를 들어 설명했는데, 하나님은 행위보다 믿음을 근거로 의인으로 간주하신다는 것이다. 이 전가

된 의는 율법이나 할례로부터 온 것이 아니다. 하나님은 아브라함이 할례를 받거나 율법을 주시기 전에 믿음을 근거로 의롭다고 선언하셨다.

세 번째 도전은 바울이 설교한 복음은 삶을 산만하게 풀어 놓았다는 것이다. 유대교는 율법을 강조함으로 도덕성을 강조했다. 유대인들은 이방인의 죄를 경멸했고, 율법을 지나칠 정도로 존중히 여겼다. 이런 이들에게 율법을 거두어 가면 무슨 일이 생길까? 율법주의자들은 틀림없이 무법자들과 부도덕이 성행할 것이라고 주장했다.

바울은 그것은 사실이 아니라고 주장한다(5-6장). 기독교는 성도들을 율법으로부터 아무것도 없는 것에로 인도하는 것이 아니기 때문이다. 기독교는 성도를 예수 그리스도께로 인도하여 성령 안에서 그리스도와 함께 거하며 새로운 성품으로 그를 옷 입고, 하나님이 원하시는 일을 할 수 있도록 한다. 이 내적 변화는 사랑과 희락과 화평과 오래 참음과 자비와 양선과 충성과 온유와 절제의 열매를 맺는다(5 : 22-23). 성령 안에 있는 삶은 율법주의나 공적으로 인가된 종교보다 위에 있고, 그를 통해 자유를 갖는다. 이것이 하나님을 섬기는 자유요, 죄나 규례의 수갑으로 얽매임이 없는 참 자유이다.

B. 갈라디아 사람은 누구인가?

갈라디아 사람으로 처음 알려진 이들은 야만인 부족인 켈트족으로부터 왔다(이종윤, 「신약개론」〈개혁주의신학총서, 개혁주의신행협회, 1990〉, pp. 417-422). 이들 부족들은 주전 3세기 초에 그들의 본거지였던 고올(Gaul)에서 다뉴브강을 따라 소아시아에 왔다. 고올은 갈라디아 사람의 기원인 갈로-갈라시안(Gallo-Graecians)으로 서유럽 고올과는 구별된다. 처음부터 이들은 극적으로 성공을 거두었다. 타우루스(Taurus)강 서쪽에 나라를 세웠으며 리비(Livy, *History of Rome*, 38 : 16)에 의하면 수리아 왕들을 정복했다. 그러나 주전 230년에 고올은 버가모의 왕 아탈로스(Attalos) 1세에 의해 공격을 받아 북쪽의 작은 영역만이 남게 되었고, 이 지역이 갈라디아가 된 것이다. 그 주요 도시는 현대 터키의 수도인 앙카라와 페시누스, 티비움이었다. 로마의 침공을 받았으나 갈라디아 사람들의 환경은 바뀐 것이 없었다. 주전 189년에 로마 집정관 만리우스(Manlius)에게 정복당했으나 독립성이 가급적 허용되었고, 갈라디아 사람들의 왕으로 하여금 다스리게 했다. 이 같은 제도하에 있던 로마 영토 내의 비시디아, 브루기아, 밤빌리아 등이 바울의 1차 전도여행지가 되었다.

그렇다면 바울은 이 지역에 있는 기독교인들에게 편지를 보낸 것인가? 바울이 갈라디아라고 한 곳은 어디를 지칭하는 것인가? 바울은 북갈라디아에 편지를 보낸 것인가? 즉, 갈라디아 부족 혹은 남갈라디아, 즉 로마 영토에 편지를 보냈는가? 양쪽 모두에게 보냈다고 하기는 어렵다. 두 개의 갈라디아 교회는 거의 동시에 세워졌기 때문이다. 따라서 바울의 선교여행의 빛 속에서 북갈라디아와 남갈라디아를 함께 보는 것은 불가능하다.

18세기까지 바울서신이 북갈라디아에 사는 크리스천들에게 쓴 것이라고 하는 이론에 심각한 의심을 한 주석가는 없었으나, 19세기에 와서 영어권에서 토의되기 시작했다(J. J. Schmidt를 비롯하여 Ramsay, Zabn, Ridderbos, T. W. Manson, Orchard 같은 이들이 이 이론을 지지한다). 바울이 북갈라디아에 보낸 서신인지, 더베, 루스드라, 이고니온, 안디옥 같은 남부지역에 있는 갈라디아의 크리스천에게 보낸 것인지 물었을 때 그 대답은 남갈라디아설(說)에 무게를 둘 수 있지만, 확실히 말하기는 쉽지 않다(이종윤, 「신약개론」, pp. 419－422).

그럼에도 불구하고 우리는 바울이 언급한 갈라디아 사람들이 누구인지를 알아야 한다.

1. 남갈라디아설

(1) 소아시아 지방을 고고학적으로 연구하고 본문을 살핀 램지(WM. M. Ramsay, *St Paul, the Traveler and the Roman Citizen*, London, 1897 ; *An Historical Commentary on St. Paul's Epistle to the Galatians*, New York, 1900) 교수는 바울이 여행한 곳이 소아시아의 중앙보다는 남갈라디아 지역이었다는 것을 크게 강조하며 거기에 바울이 교회들을 세우려고 힘썼다는 것을 확신한다. 그러나 더 중요한 것은 바울이 2차 전도여행 동안에 거기에서 활동한 내용을 누가는 자세히 묘사하지 않았다는 것이다. 따라서 사도행전이 바울의 자서전적 기록은 아니다.

바울은 더베와 루스드라를 떠나 수리아와 헬라로 연결된 로마의 도로를 따라 서북쪽으로 갔다. 성령께서 남쪽에 있는 아시아와 북쪽의 비두니아에서 말씀을 전하는 일을 막으심으로(행 16 : 6-7) 바울과 디모데는 이고니온과 비시디아의 안디옥에서 헬라로 그들이 들어가는 문이 열려 드로아로 가게 된다.

이 여행에서 그들은 사도행전 16 : 6에서 말씀한 것처럼 브루기아 지방과 로마 영인 갈라디아를 지났으나, 갈라디아 사람들에게 들어가 설교하기 위해 300마일 정도의 길을 우회했다. 그러나 바울이 갈라디아 사람들에게 설교하려고 300마일을 여행했다는 가설은 바울이 "……육체의 약함으로 말미암아 너희에게 복음을 전한 것을 너희가 아는 바라"(갈 4 : 13)는 말씀과는 상충되므로 받아들이기가 어렵다.

사도행전 18 : 23에서 말씀한 것처럼 바울은 안디옥에서 에베소로 가는 도중 갈라디아와 브루기아 땅을 차례로 다니며 모든 제자를 굳건하게 하였다. 그러나 이 긴 여행 동안 터키의 중앙 평지를 지나는 산악 지대를 원만하게 지났다고 할 수 없을 것이다. 램지는 사도행전 16 : 6에 나타난 브루기아와 갈라디아 지방에 대한 이해를 오히려 어렵게 했다. 갈라디아와 브루기아가 각각의 두 도시라면 여기에 나오는 갈라디아는 브루기아를 포함한 로마의 영이 될 수 없다. 램지(pp. 401ff.)는 두 개의 단어는 보통 명사라기보다 형용사로 사용되었다고 한다. 그러므로 '브루기아-갈라디아 지방'으로 번역해야 옳다고 한다. 브루기아 사람들이 거주한 갈라디아가 로마의 영토라는 것이다.

(2) 램지는 사도행전의 갈라디아가 바울이 방문한 북갈라디아라면 바울은 그의 서신에서 갈라디아와 갈라디아 사람들을 누가처럼 구별할 필요가 없다고 주장한다. 만일 누가가 지방이나 종족의 이름을 사용했다면 바울도 지방이나 종족의 이름으로 썼을 것이다. 그러나 바울은 교회를 그룹으로 언급할 때 지방의 이름을 쓰지는 않았다. 바울은 '아시아의 교회들'(고전 16 : 19), '아가야에 있는 모든 성도'(고후 1 : 1), '마게도냐 교회들'(고후 8 : 1)이라 썼다. 또한 바울은 유대, 수리아, 길리기아라 했지 로마명이 아닌 이고니아, 비시디아, 미시아, 리디아로 부르지 않았다는 것이다. 그렇다면 갈라디아를 말할 때도 바울은 로마명을 사용했을 것이다.

램지에 의하면 바울은 더베, 루스드라, 이고니온, 비시디아 안디옥의 교회들에게 편지를 썼기 때문에 집단적으로 갈라디아라는 말 외에 실제로 다른 말을 할 수 없었다.

(3) 램지의 세 번째 주장은 북갈라디아 교회들이나 사람들에 관해 우리가 아는 것이 없다는 것은 북갈라디아 가설을 지지하는 이들에 대한 부정이라는 것이다. 초기 북쪽에 있는 교회에 대한 지식이 우리에게는 없다. 초대 교회사에는 좀 늦게 신약이나 성경 밖의 문서에서 교회들이 세워진 것이 언급되어 있다. 반면에 남쪽 지방에 중요하고 강력한 교회들이 세워진 기록은 있다. 이것은 바울이 갈라디아 사람들에게 처음 설교한 것과 잘 조화된다. 램지는 이 기간의 역사와 갈라디아 사람들의 역사를 아는 지식으로부터 북갈라디아 사람들의 변덕스러움, 주정, 향락, 미신, 유대교와 접촉을 했다는 특별한 문서로서 흔적을 찾을 수 없다고 한다.

(4) 바울이 북갈라디아에 중요한 교회들을 연속적으로 세웠다면 이 지역

에 대한 바울의 가정된 언급과 누가의 언급이 상충되는 부자연스럽고 심각한 상황이 벌어질 것이다. 사도행전을 기록한 누가는 바울이 드로아에 내려갔다고 한다(행 16 : 8). 누가가 이 단순한 문장에서 이들 교회들을 세우는 것에 관해 필요한 모든 것을 말씀할 수 있었기 때문에 그들을 언급하지 않았다는 이론은 확인할 수 없는 논리다.

(5) 율법주의자들이 갈라디아의 남쪽 지방에서 바울을 먼저 압박했다는 가설은 자연스럽다. 거기에서 바울은 좋은 교회를 초기에 세웠기 때문이다. 덜 중요한 곳인 북쪽 지방을 멀리서 압박하기 위해 바울주의의 요새를 그들이 지나갔다는 것은 생각할 수 없다는 것이다. 사도행전에서 우리는 바울이 예루살렘에서 멀지 않은 갈라디아 남쪽에서 유대인 대적자들을 만난 것을 알 수 있다. 유대인들이 유대교에서 기독교로 개종했다면 율법주의자들이 거기에 먼저 가야 했을 것이라는 이론보다 더 자연스러운 것이 무엇이겠는가?

(6) 누가는 바울과 함께 예루살렘에 가는 이들의 이름을 기록할 때, 그들이 먼저 가서 이방인 교회들의 선물을 갖고 드로아에서 기다렸다(행 20 : 4－5)고 한다. 그들 중에 디모데와 남갈라디아에서 온 가이오가 있다. 바울은 갈라디아에서 구제금을 간청했고(고전 16 : 1－4), 바울과 함께 여행을 한 이들은 예루살렘 교회에 가는 대표자와 같다. 북갈라디아로부터 온 대표자의 이름이 언급되지는 않았다. 이 같은 이론은 바울이 연보를 간청한 남부 헬라에서 온 대표 디도라는 이름이 있기 때문에 설득력이 있다.

(7) 갈라디아 사람들에게 편지를 보낸 바울은 바나바의 이름을 그가 누구인지 설명 없이 여러 차례 언급하고 있다(2 : 1, 9, 13). 바나바가 갈라디아 사람들에게 알려진 인물이라면 자연스러운 것이다. 바나바는 바울의 1차 전도여행 시, 즉 바울이 남부 갈라디아를 방문했을 때만 동행했다. 2차, 3차 여행 시는 아니다. 남부 도시들에 있는 성도들과 갈라디아 사람들을 동일시할 가능성 외에 다른 설명을 할 수 없다. 그러나 바울은 고린도 사람들에게도 바나바가 누구인지 설명 없이 바나바를 언급하고 있음을 주시해야 한

다(고전 9 : 6). 그렇다고 대답이 다 된 것은 아니다. 고린도 성도들이 바나바를 개인적으로 알고 있었다는 증거도 없다. 다만, 갈라디아 사람들은 바나바가 행한 바(2 : 13)를 알고는 있었다. 바나바가 바울을 떠난 후 고린도를 방문하지 않았는지 확인할 수는 없다. 아마도 그럴 경우 고린도 사람들은 그를 알고 있었을 것이다.

(8) 예루살렘 회의에 대한 기록에서 바울은 율법주의자들에게 한 시간도 자리를 주지 않았다고 한다. 그래서 "복음 진리가 당신들(갈라디아 사람들)과 함께 있다."라고 했는데, 이것을 문자적으로 이해하면 바울은 예루살렘 회의 때까지, 즉 남부 갈라디아가 포함된 그의 1차 전도여행에서 갈라디아 사람들에게 이미 설교해야 했다.

이와 같은 남갈라디아설은 전통적인 북갈라디아설을 압도하는 듯하지만 대부분의 학자들은 이를 따르지 않는다. 램지의 이론이 정립되기 전 라이트훗(Lightfoot)과 같은 이들은 전통적 북갈라디아설을 정립했다.

2. 북갈라디아설

북갈라디아설을 주장하는 많은 학자들의 근거는 다음과 같다.

(1) 남갈라디아 가설은 누가의 용어를 충실히 연구하지 않은 것이다. 누가는 바울이 사역하던 곳을 묘사할 때 갈라디아 사람들처럼 더베, 루스드라, 이고니온, 비시디아 안디옥에 살던 사람들에 대해 언급하지 않는다. 누가는 밤빌리아(행 13 : 13), 비시디아(행 13 : 14), 루가오니아(행 14 : 6)라는 지명을 사용했다. 그러나 몇 장 뒤에서 갈라디아를 언급할 때에는 지리적 용어로 쓰지 않았다는 것은 이상한 일이다.

(2) 바울은 그의 서신에서 대부분 갈라디아 사람들을 이방인으로 본다. 그럴 경우 사도행전에 의하면 큰 유대인 인구가 있었던 남갈라디아 가설에는 적합하지 않다. 더욱이 갈라디아 교회들이 큰 유대인 무리를 갖고 있었다

면 바울의 전도로 회심한 그들이 후에 유대교로 빠진다는 것은 상상하기 어려운 일이다. 특히 바울을 놀라게 한 그들의 삶의 방법에서 그러했다. 그리스도인과 모세 율법과의 관계 문제는 처음부터 직면해 있었다. 이 견해에 반대하면서 얼마나 많은 유대인들이 남부 도시들에서 교회의 가족이 되었겠나를 알기는 어렵다.

분명한 것은 바울의 대적자들이 많았다(행 13 : 43-46 ; 14 : 1-7, 19). 렌달(F. Rendall, *The first Galatian Ministry*, Exp., 6th series, 3〈1901〉, pp. 241-256)의 주장처럼 갈라디아에서의 사역은 우선 이방인과 연결된 사역이었고, 이방인 교회를 세우는 것이었다 할 수 있다.

(3) 갈라디아에서의 사역에 대한 바울의 기사는 누가가 더베, 루스드라, 이고니온, 안디옥에서 바울의 사역을 우리에게 말해 준 것과 일치하지 않는다. 그러므로 바울은 누가와 다른 지역의 사역을 말한 것으로 보아야 한다. 예를 들어 그가 자신의 병에 대해 말한 것에 사도행전은 완전히 무관심했다. 그러나 누가는 그의 글에서 그의 모든 것을 포함한 것은 아니다. 침묵에서 가능성을 찾을 수도 있기 때문이다.

(4) 바울은 바나바를 자기보다 못한 등급의 인물로 말할 수 없었다. 바나바가 바울과 남갈라디아 교회들을 세우는 동역자라면 그것은 북부지방에 있는 교회들이어야 한다.

(5) 바울은 데살로니가전서 2 : 14에서 '유대에 있는 하나님의 교회들' 이라고 말한 것처럼 로마 영토에 있는 교회들을 말할 때 로마 성(省)의 이름을 사용할 필요가 없었다. 이것은 바울이 로마 영토에만 국한시킨 것인가? 갈릴리는 예외였나? 그는 광역의 지역을 생각한 것이 아닌가? 어떤 이들은 그렇다고 한다. 그러나 바울은 특별히 유대를 생각하고 있었다.

바울은 유대인이 주 예수와 선지자들을 죽였다는 것을 데살로니가전서 2 : 15에서 말하고 있다. 그러므로 이 한 예로 바울이 습관적으로 다른 지역도 그렇게 했을 것으로 볼 수는 없다.

갈라디아서가 옛 부족 갈라디아에 사는 그리스도인들에게 쓰인 것인가? 아니면 더베, 루스드라, 이고니온, 안디옥이 있는 갈라디아 성의 그리스도인들에게 쓰인 것인가? 그 대답은 확실하지 않다(이종윤, 「신약개론」, pp. 419-422를 참조할 것). 다만 남갈라디아설에 무게가 더 있는 것은 사실이다. 바울이 대 로마 도시들을 방문하기를 열망했고, 사도행전에서 바울과 디모데가 일반적으로 움직인 것을 보면 남갈라디아설이 유력해 보인다. 유대주의자들이 남부 도시에 먼저 왔을 것이고, 바울이 그 지역 교회를 언급할 때 로마명을 더 즐겨 사용한 것 등으로 보아 남부 갈라디아 교회에 바울이 방문했다는 이론이 더 설득력을 갖고 있다고 할 수 있다. 그러나 북갈라디아설도 충분히 논리적 설득력을 갖고 있다고 본다. 이 문제는 신약 연구자들에게 아직도 열려 있는 문제(open question)로 남아 있다.

C. 예루살렘 회의

갈라디아서 2장 초두에서 바울은 예루살렘 방문을 언급하고 있다. 사도행전에서 누가는 바울의 예루살렘 방문을 세 차례 언급한다. 사도행전 9 : 26~30에 언급된 방문은 바울의 회심 직후에 있었던 것이다. 사도행전 11 : 27~30은 예루살렘이 기근으로 고통을 받고 있어 물질 구제 목적으로 간 것이다. 그리고 사도행전 15 : 1~29은 할례에 대한 논쟁을 하기 위해 갔다. 그리고 바울은 마지막 방문 때에 체포되어 로마로 보내졌다.

사도행전의 증거와는 달리 갈라디아서에서는 바울이 예루살렘에 두 번만 방문한 것으로 기록되어 있다. 그중 두 번째 방문이 누가의 세 번째 방문과 더 일치한다. 결과적으로 바울은 갈라디아서에 두 번째 방문을 언급하지 않았을까? 바울이 율법주의자들의 도전을 거부하기 위해 예루살렘 사도들과 접촉한 것으로 볼 수 있기 때문에 그 설명이 쉽지 않다.

필자의 소견으로는 갈라디아서 2 : 1~10의 예루살렘 방문을 사도행전 15장의 예루살렘 회의와 동일시하여 본다면, 그 근거는 무엇보다도 상황의 일치 때문이다. 즉, 지리적 일치가 그것이다. 두 기사는 예루살렘과 안디옥 사이의 대화다. 거짓 형제들(2 : 4)의 본부는 예루살렘이었으나 그로 인한 충돌은 안디옥에서 있었다. 두 기사 모두에서 바울과 바나바는 안디옥에서 예루살렘으로 갔다가 회의 후 안디옥으로 돌아왔다. 적어도 우연이 아니라면 시간도 동시적이고, 그 참여자들도 같다. 거기에는 문제를 야기한 율법주의자들이 있었다. 안디옥 교회의 대표가 바울과 바나바라면 베드로와 야고보는 예루살렘 교회의 대표다. 토론 주제도 같다. 회의 성격도, 결과도 같다. 결과는 "안디옥, 수리아, 길리기아에 있는 이방인들이 유대인 풍습과 율법을 지키는 의무로부터 자유하다."라는 공적 선언이 있었음으로 바울이 승리한 것이다. 이와 같은 주장을 해 온 라이트훗(pp. 123 - 128)은 놀랍게 환경의 조화를 보여 준 것은 수년 내에 같은 공간에서 두 번 일어난 것으로는 보기 어렵다는 것이다. 바울이 그의 방문을 말한 것과 누가가 소위 기근 방문을 말한 것 사이에 일치되는 부분이 없는 것은 다른 선택일 뿐이라고 한다(p. 124).

갈라디아서 2장과 사도행전 15장을 연결시키려는 것은 난해한 것이 사실이다. 그러나 다른 해결책을 제시하는 이들도 있다. (칼빈은 갈라디아서 2장과 사도행전 11장의 기근 방문을 연결시켰다. 튀빙겐 학파의 주장처럼 같은 사건을 베드로와 바울이 각각 해석을 했던 것처럼 사도행전 15장과 갈라디아서 2장을 대조적으로 본 이들이 있다〈Weber, *Die Abfassung des Galaterbriefs vor dem Apostelkonzil*, 1900, p. 347〉. 사도행전 11장과 갈라디아서 2장의 사건을 일치시키는 것은 램지, 버드, 네일, 테니, 스토트가 그들의 주석책에서 주장한다. 갈라디아서 2장과 사도행전 15장의 사건을 동일시하는 이들은 렌달, 버튼, 디벨리우스, 리더보스, 스탬, 라이트훗 등이다.) 이 사이에는 분명한 불일치가 있다. 사도행전에서는 바울과 바나바가 사도와 장로들의 회의 이전에 자신들의 의견을 공개적으로 제시했다. 그러나 갈라디아서에서는 지도자 몇 사람들의 소그룹 모임에서 사사로이 논쟁점을 해결한다. 갈라디아서는 바울과 바나바와 함께 디도가 예루살렘에 동행했다고 한다. 그러나 사도행전에는 디도에 대한 언급이 없다. 바울은 갈라디아서에서 자신과 바나바는 계시를 따라 예루살렘에 올라갔다고 기록하고 있다(갈 2 : 2). 반면 사도행전에서 누가는 바울이 안디옥 교회 지도자들의 결심의 결과로 예루살렘에 갔다고 한다(행 15 : 2).

이 같은 불일치는 쉽게 지나칠 수 있는 것은 아니지만, 해결할 수 없을 만큼 난해한 것은 아니라는 입장이 있다. 대개 대형 공적 회의는 소규모의 모임을 동반한다. 디도의 이름이 누가에 의해 언급되지 않은 것은 갈라디아에서처럼 디도("그러나 나와 함께 있는 헬라인 디도까지도 억지로 할례를 받게 하지 아니하였으니"〈갈 2 : 3〉)가 중요한 인물로 떠오르지 않았기 때문이라고 한다. 그리고 바울을 예루살렘에 보낸 계시에 관하여는 안디옥 교회가 바울과 바나바를 위임할 때 그들이 하나님의 응답이 있었음을 기도하고 믿었기 때문에 다른 표현을 한 것이라 한다. 같은 사건에 대한 두 개의 다른 표현은 사도행전 9 : 29~30과 22 : 17~18에서도 보인다.

이 문제보다 더 심각한 것은 사도행전 11장에 언급된 회의의 법령이나 예루살렘 방문 언급을 빠뜨렸다는 것이다. 왜 회의의 결과를 언급하지 않았을까? 바울이 갈라디아서를 쓸 때 회의에 호소할 것을 싫어했기 때문이었나? 어떤 학자들은 그 이유가 회의 결과안은 안디옥, 수리아, 길리기아에 있는 이방인들에게 주어진 것이므로 로마 세계에 있는 이방인들에게는 의미가 없기 때문이라 한다. 더군다나 회의 결과가 타협안이었다는 것이다. 율법에 충실해야 할 이방인들을 빠져나갈 수 있게 했다는 것이다. 그러나 양심을 위하여 어떤 제한을 첨가했다. 바울이 그들이 도출해 낸 법령을 그 당시에는 동의했으나, 후에 갈라디아서를 기록할 때에는 오해할 여지가 있는, 즉 위험한 양보를 한 것이라 생각했을 것이라 한다. 그 법령을 언급하지 않은 이유는 대적자들이 주장하는 것에 대해 자기보다 예루살렘 사도들이 인정한 것처럼 보일 것이기 때문이라 한다. 바울은 할례에 관하여 다른 사도들이 자신과 같은 입장임을 보이고 있다.

사도행전 15장의 회의가 갈라디아서 2 : 1~10 회의와 같은 것이라면 왜 바울은 누가가 사도행전 11장에서 기록한 예루살렘 방문을 언급하지 않았는가? 정직하지 못했기 때문일까? 바울의 대적자들의 손에 이 일이 들어가지 않을 것이기 때문이었을까? 갈라디아서 2장의 방문이 사도행전 15장의 방문과 동일한 것이라면 언급하지 않을 이유가 무엇인지 말하기가 어렵다. 그러나 그 정황에서 설명할 수는 있다. 사도행전 11장의 방문 시기는 사도들에 대항하는 혼란기며, 정치적 격동기였다. 세베대의 아들 야고보는 헤롯에게 죽임을 당했고, 베드로는 투옥되었다. 이러한 상황에서 많은 크리스천들은 도성을 빠져 나갔으며 이 같은 증거는 사도행전 11장에서도 찾을 수 있다. 열두 사도나 바울과 사도들 사이에 회의가 있었다는 기록은 없다. 그 대신 누가는 기근을 위해 장로들에게 사울과 바나바의 손으로 구제금을 전달했다고 한다. 그러므로 이 시기는 이방인으로서 율법과 할례에 충실해야 하느냐 하는 중요한 문제를 충분히 토론하기에 불가능한 가장 어려운 시기였을 것이라는 견해다.

갈라디아서를 공부하는 이들이라면 바울이 그의 초기 사역 동안에 그의 활동을 충분히 보고하지 않고 있음을 보기가 어렵지 않을 것이다. 오히려 바울은 율법주의자들로부터 받고 있는 비판에 대답하려는 것을 볼 수 있다. 율법주의자들의 첫 번째 비판은 바울의 복음은 다른 사람으로부터 받았다는 것이다. 바울은 예루살렘 방문 이전이나 이후에도 또 그곳에 머무는 동안에도 자신의 복음이 사도들과의 대화에서 영향받은 것이 아니라는 것을 보여줌으로 대답한다. 이것은 1장에서 역사적 부분으로 답한 것에서 알 수 있다. 두 번째 비판은 바울은 다른 사도들이 설교한 복음과 다른 것을 설교한다는 비판이다. 이 비판은 2장에 있다. 여기서 구제 방문과 연관된 사건들을 또다시 말할 이유가 없었다는 것이다.

사도행전 11장 이론에 유리한 것들도 있다. 그러나 사도행전 15장과 갈라디아서 2장이 같은 사건이라 보는 것이 더 좋을 것이다. 하나는 공적회의이고, 다른 하나는 개인적인 서로 다른 방문 목적이 있었지만, 이는 동일한 사건에 대한 다른 두 입장으로 해석할 수 있을 것이다(이종윤, 「신약개론」, pp. 426-431).

D. 본서의 기록 연대와 장소

북갈라디아설하에서 본 서신의 기록 연대는 비교적 늦은 시기로 잡을 수 있다. 즉, 사도행전 18 : 23의 사건 이후로 보는 견해다. 그러나 남갈라디아설을 택할 경우, 좀 더 일찍 연대를 잡을 수 있을 것이다. 그러나 갈라디아서 2장의 회의와 사도행전 15장의 회의를 일치시킬 경우, 서신의 연대와 기록 장소를 결정하기란 불행하게도 불가능하다.

위의 결론이 유효하다면 다음과 같은 사항을 확인할 수 있다. (1) 서신은 바울의 회심 이후 14년 또는 17년 후에 있었던 사도행전 15장에 기록된 예루살렘 회의 후에 기록되어야 한다. 예루살렘 회의는 49년 또는 50년으로 본다. (2) 게바(베드로)는 안디옥을 방문하는 동안 바울에게 책망을 받았다(갈 2 : 11-14). 이 사건은 예루살렘 회의 후 일어난 것이다. 사도행전 15 : 35에 기술된 것처럼 바울이 안디옥에 머물다 떠날 때쯤으로 추정된다. (3) 갈라디아서를 기록할 때에 바울은 주후 58년에 예루살렘에 마지막 방문하는 동안(행 21장) 잃어버린 자유를 누리고 있는 것같이 보인다. 대강 8년 내지 9년 사이에 바울은 2차, 3차 전도여행을 했고 그 무렵 갈라디아서를 기록했다. 바울은 서신을 기록하기 전 갈라디아에 두 차례 방문을 했다. 첫 번 방문은 1차 전도여행 시, 그 다음은 2차 전도여행 시다(갈 4 : 13). 바울은 2차 전도여행 시 고린도에 도착한 후에 갈라디아서를 기록했다. 그러나 북갈라디아설에 의하면 제3차 전도여행 시 고린도에서 본서를 썼다고 할 수 있다(행 19 : 1).

이처럼 갈라디아서를 기록한 장소는 사도행전 18 : 1~17 시기의 고린도로 볼 수 있다. 기록 시기는 57년(59년설)쯤으로 본다(이종윤, 「신약개론」, pp. 426－431). 사도행전 18 : 22의 시기에 안디옥에서 또는 사도행전 19장의 시기에 에베소에서, 사도행전 20 : 1~3의 시기에 아가야나 마게도냐에서 기록했다는 설도 있다.

E. 본서의 기록자

갈라디아서의 기록자 또는 저작권에 대해 의심하는 이는 고대로부터 지금까지 거의 찾아보기 어렵다. 본서의 내증도 강하게 나타나 있다. 바울은 처음 시작(1 : 1)뿐 아니라 서신의 마지막 부분(5 : 2)에서 기록자로 언급되었고, 서신 전체에서 이방선교의 창시자로서 역사적 상황을 보게 한다. 19세기 독일의 튀빙겐 학파와 비평주의자들까지도 갈라디아서, 고린도전·후서, 그리고 로마서의 바울 저작설을 받아들이고 있다.

다만 바우어(Bauer)와 19세기 후반기의 소위 화란학파(로만, 피어슨, 나베르, 반 마넨), 그리고 스위스 학자 스테크가 의심했으나, 그들의 견해는 일반적으로 인정을 받지 못했다. 갈라디아서로부터 인용 또는 베드로전서, 바나바서신, 제1클레멘트서, 빌립보에 보낸 폴리캅서신, 저스틴 마터, 이레니우스, 알렉산드리아의 클레멘트, 오리겐에 나타난 분명한 암시들이 있다. 또한 본서는 마르시온과 무라토리 정경에도 바울의 것으로 기록되었다.

본서의 외적 증거를 고대 교부들의 문서에서 볼 수 있는 것은 이종윤의 「신약개론」, 432쪽을 참조하면 도움을 받을 것이다.

F. 참고문헌

아래의 참고문헌 목록은 갈라디아서 연구를 위해 선택된 목록이다. 정기간행물(Periodical)은 주석 전체에서 찾을 수 있을 것이다.

Alford, Henry, *Alford's Greek Testament, An Exegetical and Critical Commentary*, Vol.Ⅲ., Guardian press, Grand Rapids, Michigan, 1871.

Askwith, E. H., *The Epistle to the Galatians*, New York : Macmillan, 1899.

Barclay, William, *The letter to the Galatians and Ephesians*, ICC., Edinburgh : St. Andrew press, 1954.

Barns, Albert, Notes on the N. T., *Corinthians to Galatians*, Baker Book, Grand Rapid, Michigan, 1985.

Bauer. W., Arndt. W. F., and Gingrich. F. W., *A Greek-English Lexicon of the New Testament and other early christian Literature*.

Becker, J/Luz, U, *Die Bref an die Galater, Epheser und Kolosser* 18. Aufl., Göttingen 1998(NTD 8/1).

Betz, Hans Dieter, *Galaterbrief*, 1979, Hermeneia-Kiritische und historische Kommentar der Bible(영어번역본, 1979, 한글번역본, 1987).

Bruce, F. F., *Commentary on Galatians*, WM. B. Eerdmans publi. co., Grand Rapids, Michigan, 1982.

Burton, Ernest de Witt, *A Critical and Exegetical Commentary on the Epistle to the Galatians*, Edinburgh : T & T Clark, 1921.

Calvin, John, *The Epistle of Paul the Apostle to the Galatians, Philippians and Colossians*, Grand Rapids : Eerdmans, 1965, Original edi. 1548.

Cole, R. A., *The Epistle of Paul to the Galatians*, TNTC, London, Tyndale, 1965.

George, Timothy, *Galatians*, The New American Commentary, Broadman & Holman Publishers, 1994.

Guthrie, Donald, *Galatians*, NCB, Camden, NJ. : Nelson, 1969.

Hendriksen, William, *Galatians & Ephesians*, The Banner of Truth Trust, 1999.

Lee, Jong Yun, *Paul & The Historical Jesus*, Pilgrim Publish, Co., Seoul, 1998.

Lightfoot, J. B., *The Epistle of St. Paul to the Galatians*, Grand Rapids : Zondervan, 1957 Original edition 1865.

Luther, Martin, *Commentary on Galatians*(trans. by Erasmus Middleton), Kregel Publishing Co., Grand Rapids, 1979(한글번역본, 2003, 갈라디아서 상, 하).

Morris, Leon, Galatians, Intervarsity press, Downers Grove, ILL, 1996.

Mussner, Franz, *Der Galaterbrief*(H Th K 9), Freburg : Herder 1974.

Ramsey, Michael M., *An Historical Commentary on St. Paul's Epistle to the Galatians*, New York : G. P. Putnam's Sons, 1900.

Ridderbos, Herman N., *The Epistle of Paul to the Churches of Galatia*(trans. by Henry Zylstra), WM. B. Eerdmans

Publishing Co., Grand Rapids, Michigan, 1974.
Schlier, Heinrich, *Der Brief an die Galater*(KEK 7), Gttingen : Vandenhoeck & Ruprecht, 1971, 14판.
Stott, John R. W, *The Message of Galatians*, Intervarsitypress, Downers Grove, ILL. 1988.
Stuhlmacher, Peter, *Das Paulinische Evangelium I : Vorgeschich te* (FRLANT 95), Gottingen ; Vanderhoeck & Ruprecht, 1968.
Williams, A. Lukyn, *The Epistle of Paul the Apostle to the Galatians*, The Cambridge Bible for Schools and Colleges, Cambridge : Cambridge Univ. Press, 1911.
Zahn, Theodor, *Der Brief des Paulus and die Galater*(KNT 9), Leipzig : Deichert, 1905(1993, 3판).
이종윤, 「신약개론」, 개혁주의신행협회, 2006(2판, 7쇄).

G. 갈라디아서 구조 개요

Ⅰ. 서신의 서두(1 : 1 - 10)
  A. 문안인사(1 : 1 - 5)
  B. 서신을 쓰는 이유(1 : 6 - 9)
  C. 전이(transition, 1 : 10)

Ⅱ. 바울의 사도직에 대한 방어(1 : 11 - 2 : 21)
  A. 하나님으로부터 직접 받은 바울의 복음(1 : 11 - 12)
  B. 바울의 개인 경력(1 : 13 - 24)
    1. 바울의 초기와 회심(1 : 13 - 17)

2. 바울의 그리스도인으로서의 초기(1 : 18 – 24)

C. 바울의 다른 사도들과의 관계(2 : 1 – 21)

1. 예루살렘 회의(2 : 1 – 5)

2. 바울과 기둥 같은 사도들(2 : 6 – 10)

3. 베드로가 안디옥에 오다(2 : 11 – 14)

4. 오직 믿음만으로 의로워진다(이신득의, 2 : 15 – 21)

Ⅲ. 바울의 복음방어(3 : 1 – 4 : 31)

A. 교리적 문제 : 믿음이냐 행위냐(3 : 1 – 5)

B. 교리적 논의(3 : 6 – 4 : 7)

1. 아브라함의 아들들(3 : 6 – 9)

2. 율법의 저주(3 : 10 – 14)

3. 아브라함의 자손(3 : 15 – 18)

4. 율법과 언약(3 : 19 – 22)

5. 아브라함과 함께 상속자(3 : 23 – 29)

6. 하나님의 상속자들(4 : 1 – 7)

C. 갈라디아 사람들에게 바울의 호소(4 : 8 – 31)

1. 노예로의 회귀(4 : 8 – 11)

2. 그들의 과거와 현재의 관계(4 : 12 – 20)

3. 은유로부터 호소(4 : 21 – 31)

Ⅳ. 경건한 삶으로의 부름(5 : 1 – 6 : 10)

A. 개요와 전이(5 : 1)

B. 은혜로부터 떨어진 자의 위험(5 : 2 – 12)

C. 성령 안에서의 삶(5 : 13 – 26)

1. 자유는 면허증이 아니다(5 : 13 – 18)

2. 육체의 일(5 : 19 - 21)

3. 성령의 열매(5 : 22 - 26)

D. 실제적 권면(6 : 1 - 10)

1. 서로 짐을 지라(6 : 1 - 5)

2. 돈의 사용(6 : 6 - 10)

Ⅴ. 결론(6 : 11 - 18)

제 I 부

서신의 서두

갈라디아서 1 : 1~10

A. 문안인사(1 : 1-5)

B. 서신을 쓰는 이유(1 : 6-9)

C. 전이(transition, 1 : 10)

| 갈라디아서 1 : 1~10 |

서신의 서두

A. 문안인사(1 : 1－5)

[1]사람들에게서 난 것도 아니요 사람으로 말미암은 것도 아니요 오직 예수 그
리스도와 그를 죽은 자 가운데서 살리신 하나님 아버지로 말미암아 사도 된
바울은 [2]함께 있는 모든 형제와 더불어 갈라디아 여러 교회들에게 [3]우리 하나
님 아버지와 주 예수 그리스도로부터 은혜와 평강이 있기를 원하노라 [4]그리
스도께서 하나님 곧 우리 아버지의 뜻을 따라 이 악한 세대에서 우리를 건지
시려고 우리 죄를 대속하기 위하여 자기 몸을 주셨으니 [5]영광이 그에게 세세
토록 있을지어다 아멘

기록자의 이름, 수신자의 이름, 그리고 수신자에게 은혜와 평강을 비는 축복과 예수 그리스도에 대한 영광송으로 구성된 인사말은 비인격적으로 표

현된 짧은 문안으로 구성되어 있는 전통적인 헬라적 서두(행 15 : 23 ; 23 : 26 ; 약 1 : 1)와는 달리, 두 부분으로 구성되어 헬라적, 그리고 동방의 서두 양식을 취하고 있다(1 : 1-3, 4-5). 이러한 서두 양식은 데살로니가전서 1 : 1과 로마서 1 : 1~7에서도 포괄적으로 사용되었다. 이와 같은 서두의 내용들은 편지를 쓰게 된 상황과 내용을 철두철미하게 드러내 주고 있다(J. Becker, NTD 8/1, p. 18). 특히 갈라디아서는 서신의 특성을 분명하게 보여 준다.

놀라운 사실은 다른 서신들(로마서, 고린도전·후서, 에베소서, 빌립보서, 골로새서, 데살로니가전·후서)처럼 수신하는 교회를 칭찬하는 표현이 갈라디아서에는 없다는 것이다.

중요한 것은 갈라디아 교회를 뒤엎은 사람들에 의해 부인되었던 바울의 사도권을 갑자기 재언급했다는 사실이다. 앞의 몇 절에서 바울 사도는 본 서신의 중요한 세 가지 주제를 언급한다 : 종교 신앙에 있어서의 권위의 출처, 은혜 교리, 죄의 권능으로부터 완전한 구원을 약속한 것은 하나님의 주권과 은혜와 연관되어 있다는 것이다.

[1 : 1] 바울의 히브리어 이름은 '사울'(행 13 : 9)이었다. 그가 사도라는 말 앞에 관사가 없이 자신을 '바울 사도'(개역개정 : '사도 된 바울')로 기록하고 있는 것은 바울 사도가 거의 그의 공식 명칭이라는 것을 보여 준다(G. A. Harrer, *Saul who is also called Paul*, HTR 33, pp. 19-33). 다른 곳에서 자주 발견되는 속격 형태의 '그리스도 예수의' 라는 표현이 여기에서는 누락되어 있다. 바울은 즉시 기독교를 세우고 권위 있게 복음을 전하기 위해 자신이 예수 그리스도와 그를 죽은 자 가운데서 살리신 하나님 아버지로 말미암아 사도로 위임받은 자임을 천명하고 있다. 바울은 자신의 사도직이 예수 그리스도의 부활과 어떠한 관계가 있는지는 말하지 않았지만, '예수 그리스도와 그를 죽은 자 가운데서 살리신' 하나님의 사역이나 다름없는 하나님의 온전한 능력으로 말미암은 것임을 암시하고 있다. 이 위임이 갈라디아의 율

법주의자들에 의해 도전을 받았던 것이다. 초기 헬라사회에서 사도란, 외교를 위해 헬라국을 대표해 파송한 함대를 의미했으므로 헬라어를 사용하는 유대교에서 이 말은 권위 있는 개인이나 단체, 즉 대표자를 가리킨다. 이 말은 그리스도가 오심으로 복음을 소지한 자, 즉 그리스도가 위임한 자로 적용되었다. 사도는 그리스도로부터 나온 모든 권위를 가진 자로 신약성경에서 79회 나타난다.

사도행전 1 : 21~26에는 사도가 되기 위한 두 가지 선행 조건이 주어진다. 사도는 (1) 세례 요한이 예수께 세례를 베풀 때부터 그리스도의 부활의 때까지 있었던 그리스도의 사역에 대한 목격자이어야 하고, (2) 부활하신 주님에 의해 직분자로 선택받아 부활을 증거할 자이어야 한다. 위임받은 최초의 사도는 열두 제자였다(맛디아는 가룟 유다를 대신하여 뽑혔다). 그러나 사도행전이나 다른 곳을 보면 사도의 수가 항상 제한된 것은 아니었다. 바울은 다메섹 도상 체험의 결과로 자신은 사도의 요건을 충분히 갖추었다고 주장한다. 바울의 사도직을 분명하게 인정하고 있는 누가는 바나바를 사도로 부른다. "그 후에 (주의 형제) 야고보에게 보이셨으며"(고전 15 : 7a) 실루아노도 사도로 부름받았다(살전 2 : 7 ; 1 : 1).

문제는 예수께서 열두 사도 외에 다른 사도를 더하신 적이 없었다는 데에 있다. 그것은 충분히 가능하지만 바울의 대적자들은 바울이 사도의 조건을 갖추지 못했다고 했다. 그들은 바울이 예수를 만난 적이 없다는 것이다. 사실 바울은 그리스도의 사역에 대한 목격자는 아니었기 때문이다. 또한 그들은 바울이 사도로 위임을 받지도 않았다고 한다. 그러나 바울은 다메섹 경험을 맛디아를 선택하여 열두 사도의 반열에 세운 공적 행위와 대조하면서 자신의 사도권은 합법적이라고 주장했다. 바울의 대적자들은 다른 사도들과도 관계가 없는 바울의 사도권은 문제가 있다고 했다. 이에 바울은 자신의 사도직은 하나님으로부터 왔으며, 아버지 하나님과 주 예수 그리스도를 통하여 직접적으로 온 것이라고 주장한다(이종윤, 「예수에 대한 바울의 지식」 : "고후

5 : 16을 중심으로, 하나님 말씀과 우리말 성경", 〈장로회신학대학교출판부, 1997〉, pp. 116－127).

바울은 자신이 사도로 부름받은 것을 부인하는 이들에게 자신의 사도권이 사람으로부터(apo) 또는 사람을 통하여(dia) 온 것이 아님을 강조하기 위해 특별히 두 개의 전치사(apo와 dia)를 사용했다. 바울은 자신이 하나님으로부터 위임받지 못한 거짓 사도와는 다르며, 하나님으로부터 직접 위임받은 열두 사도와 같은 반열에 있음을 주장한다.

바울은 자신이 하나님으로부터 주 예수 그리스도를 통하여 부름을 받았음을 적극적으로 강조한다. 여기서 전치사 'apo'는 빠졌지만, 하나님으로부터 부름을 받았다는 진리가 지워진 것은 아니다. 오히려 단순한 전치사가 다메섹 도상에서 역사적 경험을 통해, 즉 예수께서 그에게 나타나신 것을 통해 그를 부르신 것을 흐리게 할 수 있다. 바울은 하나의 전치사 아래 아버지와 아들을 연결시킴으로 자신이 사도로 임명되는 것에는 차이가 없다는 것을 강조한 것이다. 또한 바울은 부활을 언급하면서 부활하사 교회의 주로 영광을 받으신 주님에 의해 자신이 사도로 위임받았다는 점을 강조한다.

바울에게 위탁된 복음은 우리가 소유해야 할 위대한 복음이다. 이 복음은 부활하신 주님께 특별히 선택된 사람들에 의해 믿는 자들에게 항상 전달되고 분명히 말씀된 역사 속에 고정된 것이다. 바울은 그 복음의 사명을 위해 주님으로 말미암아 권능을 받은 것이다. "예언은 언제든지 사람의 뜻으로 낸 것이 아니요 오직 성령의 감동하심을 받은 사람들이 하나님께 받아 말한 것임이라"(벧후 1 : 21). 구약처럼 신약도 같은 원리, 즉 성령의 감동으로 된 것으로 바울의 복음도 위탁된 것이다.

바울은 다른 서신에도 자신이 사도의 칭호를 편지의 서두에서 표명하였던 것처럼 여기서도 자신의 사도 됨을 명백히 표명하고 있다. 반대되는 것을 부정하기 위하여 긍정적인 진술을 순수하게 수사학적으로 승화시키는 것과 같다(마 16 : 17 ; 롬 2 : 29 ; 고전 14 : 2). 이러한 부정은 또한 자연히 갈라디아 성도들에게 반론을 제기하는 것도 된다.

[1 : 2] 이제 바울은 2절에서 '함께 있는 모든 형제와 더불어', 즉 자신의 주장이 자신만의 생각이 아니라 자신과 함께 있는 모든 형제들의 생각이라는 사실을 전하기 위하여 동료 발신자를 거명한다. 이러한 편지 양식은 바울의 다른 편지에서도 발견된다(고전 1 : 1, 형제 소스데네 ; 고후 1 : 1, 형제 디모데 ; 몬 1 : 1, 형제 디모데 ; 고후 1 : 1 ; 빌 1 : 1 ; 살전 1 : 1 ; 골 1 : 1 ; 살후 1 : 1 등). 갈라디아서에는 공동 발신인으로 동료들과 일행 전도자들이 포함되어 있다. 바울은 이들의 이름을 일일이 거명하지 않았지만 그들은 갈라디아 교우들에게 익히 잘 알려진 동료 전도자이지, 바울이 현재 거주하면서 편지를 쓰는 지역 교회에 속한 전도자들은 아닐 것이다. 빌립보서 4 : 21~22에서 '나와 함께 있는 형제들'과 로마에 있는 크리스천의 구별은 갈라디아서 1 : 2의 '모든 형제'는 바울의 선교 동역자들을 말한다 할 수 있다. 여기에는 예루살렘 율법주의자들과 대적하는 바울을 돕는 친구들이 포함된다. (이러한 주장을 하는 사람들 : Adolf Hilgenfeld, Lightfoot, Richard Adelbert Lipsius, Friendrich Sieffert, E. Earle Ellis, Eduard Lohse, Zahn, Bousset, Ramsay, Lietzmann 등) 왜냐하면 갈라디아서의 기록 연대를 고린도후서 이후라고 보고 기록 장소를 고린도로 잡을 경우(이종윤, 「신약개론」, p. 428), 그때에 바울 사도는 이미 디도와 같은 선교 동역자들과 함께 선교를 하였기 때문이다(고후 8 : 16ff).

편지의 수신인이 '갈라디아 여러 교회들에게'(1 : 2b)라고 표현된 것으로 미루어 보아, 갈라디아의 교회 주변에는 지리적으로 가까이 있는 여러 교회가 있었으며, 이 교회들은 틀림없이 우리에게 알려지지 않은 어떤 조직에 의해서 서로 결합되어 있었을 것이다(國際聖書註釋 39.123). 당시 갈라디아에 있는 여러 각 교회들은 동일한 문제들을 가지고 적지 않은 소요를 겪고 있었을 것으로 예측된다. 함께 모이는 우주적 교회를 가리키는 'ekklesia'는 그리스도인들의 공동체로 개체교회에 대한 이름이기 때문이다(고전 1 : 2 ; 고후 1 : 1 ; 살전 1 : 1 ; 몬 1 : 2 ; Hans Conzelmann, *1 Corinthians*, pp. 21f., Klaus Berger). 따라서 갈라디아서는 한 개체교회에 보내진 편지가 아니라 동일한 문제로 소요를 겪고 있는 여러 교회가 회람하도록 쓴 것이 분명하다. 그래서 바울은 일반적인 공손한 인사말을 빼고 수신자를 간결하게 표현하고 있다(롬 1 : 7 ; 고전 1 : 2 ; 고후 1 : 1 ; 빌 1 : 1 ; 살전 1 : 1과 비교가 된다).

[1 : 3] 바울 사도는 3절에서 개인적으로 거의 표준형의 크리스천 축원과 인사를 한다. "우리 하나님 아버지와 주 예수 그리스도로부터 은혜와 평강이 있기를 원하노라" 이러한 인사는 우선 기도의 형태로 되어 있다(Lyder Brun, pp. 35ff). 이러한 인사 속에는 갈라디아 사람들이 그리스도 안에서 하나님의 구속에 참여하는 사람들로 남아 있기를 바라는 바울의 소망이 은연중 표현되어 있다(1 : 4). "은혜와 평강이 하나님 아버지와 주 예수 그리스도로부터 너희에게 있기를 원하노라." 바울은 전통적인 헬라의 인사법(Charein 동사)을 (Johannes Weiss, pp. 4f., Koskenniemi, p. 162) 중요한 그리스도인의 말인 '은혜' (charis 명사)로 바꾸었다. 이것은 놀랄 만한 일이다.

은혜로 구원을 받은 교회에 보내는 편지에서 바울의 사도권이 문제가 되거나 심지어 부인된 것은 더 놀랄 일이다. 같은 방법으로 '평강' (eirēnē, 히브리어 'shalom' 과 동의어)은 십자가 위에서 그리스도가 죽으심으로 가져다 준 좋은 상태로 하나님의 오래 참으시는 은혜로 유지된다. 갈라디아 성도들은 율법을 선택하기 위해 은혜에서 떨어졌다. 행위로 구원받기 위해 하나님과 평화를 잃어버린 것을 그리스도의 속죄로 하나님은 성도들을 사셨다.

아버지와 아들의 이름을 연합하여 은혜와 평강의 기원으로 삼고 있는 것이 바울의 특성이다. 그러나 1절에서 쓰인 '예수 그리스도' 와 '하나님 아버지' 의 순서가 3절에서는 '하나님 아버지' 와 '주 예수 그리스도' 의 순서로 바뀌었다. 이것은 예수께서 '아버지께서 내 안에, 네가 아버지 안에' (요

17 : 21) 있다고 말씀하신 것과 동일한 것으로 예수의 완전한 신성을 가르친 좋은 예다.

[1 : 4] 그리스도인의 신앙교리는 이미 유아기적 형태로 언급되었다. – 종교 신앙의 권위의 출처.

하나님의 인격과 품성, 그리스도의 신성, 부활, 은혜, 평강, 여기에 바울은 주 예수 그리스도의 대속적 죽음을 확인하고, 그 결과 죄에서 우리가 구원을 얻게 된 것을 첨부하여 선언한다.

이 모든 것이 아버지의 뜻을 따라 이루어졌다고 바울은 주장한다. 구원받는 것이 인간의 의지나 공로로 되었다는 생각은 할 수가 없다는 것이다. 이와 같은 말은 갈라디아에 있는 잘못된 그리스도인들을 위해 바울의 다른 어떤 책에서도 찾을 수 없는 것을 첨부한 것이다.

구원은 하나님의 영원하신 섭리 속에서 시작된다. 이것은 하나님의 뜻에 의한 것이지 인간의 의지가 아니다. "그런즉 원하는 자로 말미암음도 아니요 달음박질하는 자로 말미암음도 아니요 오직 긍휼히 여기시는 하나님으로 말미암음이니라"(롬 9 : 16). 인간을 구원하시기 위한 하나님의 뜻은 죄인인 인간을 위한 대속적 죽음에 초점을 맞추고 계신 주 예수 그리스도께로 인도하시는 것이다. 마침내 목적은 분명해졌다. 주 예수 그리스도의 죽음은 아버지의 뜻에서 기인되었고, '현재의 이 악한 세대에서' 우리를 건지시려고 계획하신 것이다. '건지시려고' (exelētai)에 숨겨진 뜻은 단순히 '~로부터의 구출' 이 아니라 '권세로부터의(power of) 구출' 을 말한다. 이 같은 개념은 5장 초두에서 절정을 이룬다. 바울은 그리스도가 우리를 율법으로부터 자유롭게 하신 자유를 언급하면서 "그러므로 굳건하게 서서 다시는 종의 멍에를 메지 말라"라고 한다(5 : 1b).

여기서 '우리를 건지시려고' 는 현재 악한 세상에서의 구원이 아니라 악한 권세로부터의 구원을 뜻한다. 그리스천 안에 계시는 부활하신 그리스도의 권세를 통해 세상적 가치관으로부터 구원됨을 말한 것이다.

[1 : 5] 서신의 시작 부분에서 송영을 사용한 것은 바울이 자주 쓰는 양식이 아니다. 그러나 여기서(5절) 송영은 중요한 목적을 가지고 있다. 주 예수 그리스도의 탁월성과 인간의 비평이나 찬양을 넘은 그분의 사역에 초점을 맞춘 복음을 세운 것이다. 하나님의 영광과 하나님께 영광을 돌리는 것은 지나가 버릴 이 악한 세대와 대조되는 세세토록 있을 영원한 것이다.

B. 서신을 쓰는 이유(1 : 6 - 9)

> [6]그리스도의 은혜로 너희를 부르신 이를 이같이 속히 떠나 다른 복음을 따르
> 는 것을 내가 이상하게 여기노라 [7]다른 복음은 없나니 다만 어떤 사람들이 너
> 희를 교란하여 그리스도의 복음을 변하게 하려 함이라 [8]그러나 우리나 혹은
> 하늘로부터 온 천사라도 우리가 너희에게 전한 복음 외에 다른 복음을 전하
> 면 저주를 받을지어다 [9]우리가 전에 말하였거니와 내가 지금 다시 말하노니
> 만일 누구든지 너희가 받은 것 외에 다른 복음을 전하면 저주를 받을지어다

대개 바울은 문안인사를 드린 후 수신자들이 있는 교회를 칭찬하고 가벼운 제안을 하는 것이 상례였으나, 여기서는 칭찬 대신 갈라디아 사람들 안에서 일어난 일들에 대해 갑자기 경악스러운 분개를 터뜨리며 이 편지를 쓰는 이유를 밝힌다. 바울은 예수 그리스도를 믿음으로 은혜로 구원받는다는 복음을 그들에게 전했고, 그들은 그 복음을 받았다. 그러나 지금 바울이 받은 보고에 의하면 그들이 그리스도의 복음을 떠나 복음이 아닌 율법을 지켜야 구원을 받는다는 율법주의를 쫓아갔다는 것이다.

여기서 바울의 대적자들, 곧 다른 복음을 전하는 자들의 실태와 주장을

미리 알아보는 것이 유익할 것이다.

첫째, 대적자들은 밖으로부터 안으로 살며시 들어온 자들로 교회 안에서 다른 복음, 즉 할례를 전함으로써 바울이 전한 그리스도의 죽음과 부활의 복음을 듣고 그리스도인이 된 교우들의 신앙을 혼란스럽게 만들었다(1 : 6-7 ; 5 : 10). 그리고 갈라디아 교우들은 이러한 대적자들의 가르침을 아무런 생각 없이 아주 쉽게 받아들이고 따랐다.

둘째, 대적자들은 바울을 경멸하였다. 그들은 바울이 갈라디아 교회 교우들을 선동하여 '사람들의 호감을 사려 하는 것'(1 : 10)이고, 그의 복음은 '사람이 만들어 낸 것'(1 : 11)이며, 또한 그의 복음은 '사람에게서 받은 것'(1 : 12)이라 주장한다.

셋째, 대적자들은 이방 그리스도인들에게 유대의 할례를 요구한다(5 : 2 ; 6 : 12-13).

넷째, 이를 통해 대적자들은 구약의 율법이 아직도 유효함을 가르치려 한다(4 : 21 ; 5 : 4 ; 6 : 13).

다섯째, 대적자들은 특정한 날과 달과 절기와 해를 숭상하라고 요구한다(4 : 10).

바울의 대적자들이 어떠한 입장을 취하였는지는 논쟁의 여지가 있다. 슈미탈(W. Schmithals)은 그들을 유대 그리스도교적 영지주의자들로 보고 있으며, 무쓰너(F. Muβner)는 그들이 유대교화되어 가는 유대 그리스도인이라고 주장한다(W. Schmithals, *Paulus und die Gnostiker*, 1965 ; F. Muβner, *Der Galaterbrief*, 1974, pp. 11ff).

바울이 느낀 간단한 표현 속에서 그는 상상할 수 없는 사건에 대해 경악을 금치 못한다고 말하면서, 은혜의 복음을 변질시킨 사람들에게 심판을 선언하고 우리에게 구원을 주는 복음 외에 다른 복음은 없다고 반복하여 선언한다.

그들이 교회 공동체에 끌어들인 것은 복음을 증언하고자 하는 의도에 기초한 것이 아니라 하나의 혼돈을 일으키기 위한 것이었다. 그들은 자신들이 오해한 것을 변호하고 있기 때문에 그들에게는 저주가 합당하다는 것이다.

[1 : 6] 바울은 이러한 갈라디아 사람들의 신앙태도에 대해 "내가 이상하게 여기노라." 혹은 "놀라지 않을 수 없다."라는 회의적이면서도 섭섭하며 슬픈 소감을 표현한다(루터, 「갈라디아서」〈상〉, p. 77). 억양이나 단어에서 바울의 감정의 동요를 느낄 수 있다.

바울이 동요하게 된 이유는 다음과 같다. 첫째, 갈라디아 사람들이 예수 그리스도를 믿도록 은혜로 불러 주신 이를 재빨리(houtōs tacheōs, so soon, so quickly, 바울이 갈라디아 사람들에게 복음을 전하던 때와 그들에게 서신을 쓰던 때 사이에 아주 조급하게〈딤전 5 : 22, 경솔히 ; 살후 2 : 2〉) 버렸기(metatithesthe, 등을 돌리고 떨어져 나갔기) 때문이다. 이것은 단순히 다른 것으로 옮겨 갔거나 무모하게 다른 길로 가 버린 것이 아니다. 문제는 그들이 그들이 속한 공동체를 버렸다는 데 있다. 군사혁명 또는 자세의 변화를 말하는 헬라어 'heteros'(another)는 같은 말인 'allos'(other)와 구별된다. 이는 같은 종(種)이 아닌 완전히 다른 것을 의미한다(allos는 같은 종류의 것이지만 수적으로 다른 것을 표시할 때 사용된다). 갈라디아 사람들이 바울이 전한 복음을 버리고 질적으로 다른 복음을 따라갔다는 것이다. 바울은 고린도전서 15 : 39~40에서 사람, 짐승, 새, 물고기의 육체가 다르다는 표현에는 'allos'를 썼으나, 지상의 몸과 부활의 몸이 다르다는 말에는 'heteros'를 사용했다. 율법주의자들의 복음은 바울이 계시로 받아 선포한 복음과 완전히 다르다(heteros)는 것이다. 이 동사는 수동태라기보다 중간태(middle voice)이기 때문에 그들의 행위가 외부로부터 영향받은 결과였다고 주장할 수 없다. 이 행위는 그들 자신 안에서 이루어진 것이고, 그러므로 그 책임도 그들에게 있다. 그들에게 소망의 빛이 있다면 그들은 아직도 버리는 과정에 있고, 개선의 여지가 있다는 것이다.

둘째, 바울이 그들의 상태를 묘사한 바에 의하면 비관적, 개인적 요소가 있기 때문이다. 그들은 깊은 생각 없이 신앙 운동 단체인 교회를 버린 것뿐만 이 아니라 그들을 믿음으로 부르신 아버지 하나님을 버린 것이기 때문이다. 율법주의를 포용하는 것은 우리의 삶 속에서 하나님을 인간으로 대치하는 것이기 때문에 바울의 논리로는 하나님을 거부하는 것이 된다. "그리스도의 은혜로 너희를 부르신 이를 이같이 속히 떠나"(6a절). 이 말씀에서 바울은 복음의 성격을 재음미하고 있다. 즉, (1) 하나님이 부르셨으니 너희는 하나님의 것이다. (2) 공로로 부름받은 것이 아니고 은혜로 부름받은 것이다.

셋째, 바울은 갈라디아 사람들이 하나님을 아주 조급하고 경솔하게(houtōs tacheōs) 버렸기 때문에 동요했다. 이 구절은 여러 의미를 내포한다. 그중 하나가 이 서신을 기록한 연대에 대한 것이다. 그들은 회심 직후 곧 믿음을 버렸다는 것이 일반적 견해다.

마지막으로, 갈라디아 사람들이 율법주의를 포용한 결과 바울은 동요했다. 그들은 실제로 다른 복음을 수용하기 위해 복음을 버린 것이다. 그러나 다른 복음의 이름으로 부름을 받은 것은 아니다.

[1 : 7] 여기서 바울은 전에 기록한 복음의 정확성과 그 내용을 설명하고 있다. 갈라디아 성도들이 좇아간 다른 복음을 말하면서 그것은 크리스천들이 여러 복음 중 선택할 수 있는 또 하나의(allos) 복음이 아니라고 한다. 그리스도 안에서 하나님의 구원의 길을 보여 준 복음은 오직 하나뿐이다.

바울은 여기서 처음으로 거짓교사를 언급한다. 바울은 거짓교사들의 행동에 있어 두 가지를 문제로 삼는다. (1) 그들은 복음을 왜곡시켰다. (2) 그들은 교회를 어지럽혔다. 이 두 가지는 함께 온다. 복음을 함부로 변경하는 것이 교회를 어지럽힌다. 교회의 가장 큰 문제아는 교회를 밖에서 반대하거나 조소하거나 핍박하는 이들이 아니라 내부에서 복음을 변질시키려 하는 이들이다. 따라서 훌륭한 성도란 훌륭한 복음을 가진 사람이다. 교회를 섬기는 최선의 길은 교회가 복음을 믿고 선포하도록 돕는 것이다.

그들이 주장하는 다른 복음, 곧 할례의 복음은 복음이 아니다. 거기에는 그리스도의 은혜가 없기 때문이다. 그들은 복음의 근본적 내용에 수정을 가하려 하였다. 그래서 바울은 '교란시키다'(tarassontes, troubling), '혼란시키다'(metastrepsai, pervert)라는 정치적 용어를 사용하여 대적자들의 행위가 정치적 선동자의 행위와 다름없음을 역설한다. 루터는 "율법의 의가 다스리는 곳에는 은혜의 의가 다스릴 수 없다. 그리고 은혜의 의가 다스리는 곳에 율법의 의가 다스릴 수 없고, 둘 중 하나는 상대방에 양보해야 한다." (루터, 「갈라디아서」, pp. 90f.)고 한다.

[1 : 8] 바울이 가르친 복음에 논리적 대적을 한 소위 다른 복음은 복음이 아니다. 이것이 사실이라면 갈라디아 사람들은 그들이 받은 교훈의 근거를 평가해 보아야 한다. '우리가 너희에게 전한 복음'(8절)과 '너희가 받은 것'(복음, 9절)은 동일한 것이다. 율법주의자들이 예루살렘 사도들의 공적 대표자들이었다면 바울은 그렇지 않았다. 그러나 바울은 이 비난의 공격을 피했다. 바울은 복음이 인간에게서 기인한 것이 아니라 심지어 천사에게서 기인되었다 해도 다른 복음은 인정할 수 없다는 논지를 폈다. 바울은 누가 전한 복음인가 하는 것보다 복음 자체에 강조점을 둔다. 사탄은 자기를 광명의 천사로 또는 의의 일꾼으로 가장하기 때문이다(고후 11 : 14－15). 그러므로 갈라디아 성도들은 그들의 교사를 평가할 수 있어야 했다. 그 밖에 바울은 참 복음을 변질시키려는 시도는 비난받아야 할 것이고, 다른 복음을 가르치려 하는 자들은 저주를 받아야 할 것이라 한다.

다른 복음을 전하는 이들에 대한 비난과 함께, 바울은 맹렬한 공격을 마침내 "저주를 받을지어다."로 끝을 냄으로 많은 독자들과 주석가들을 당황하게 했다. 그러나 이것은 하나님의 은혜의 복음이 얼마나 이해되지 못하고 적게 감사되었는지를 보여 준 것이고, 크리스천들이 성경적 진리에 대한 진술에 얼마나 관심을 갖고 있지 않은지를 보여 준 것이다.

'저주' (anathema)는 히브리어로 'herem' 이다. 이것은 하나님께 헌신하는 것을 파괴한 자에게 쓰인 단어다. 이는 영적인 영벌과 저주를 의미한다. 우리는 바울이 과도하게 자기분출을 했거나 부분적으로 공분을 터뜨린 것으로 생각해서는 안 된다. 바울은 공평무사한 자기 판단을 한 것이다. 그는 남의 험담을 하는 이가 아니다. 그는 자신을 저주받은 자 안에 포함시키기도 했다. 그는 "우리나 혹은 하늘로부터 온 천사라도…… 다른 복음을 전하면 저주를 받을지어다."라고 한다(8절). 그는 하나님의 심판이 우주적임을 다른 복음을 가르친 모든 사람을 그 대상에 포함시킴으로 나타냈다(9절).

다른 복음이 진리라면 예수 그리스도의 영광과 인간의 구원은 위험에 처한다. 인간이 행위로 구원을 얻을 수 있다면 그리스도는 헛되이 죽으셨고(갈 2 : 21), 십자가는 의미가 없다. 사람들이 거짓 복음을 가르치면 그들은 자신을 구원할 수 있다는 것으로 이끌림을 받게 되고 자신도 멸망으로 떨어지게 된다(마 18 : 6).

[1 : 9] 바울은 저주를 강조하기 위해 다시 한번 반복하여 말한다. 반복 사용은 갈라디아에서 일어난 상황과 밀접한 관계를 보여 준다. (1) 우리가 전한 것은 너희가 받은 것에서 바뀌었다. (2) 사실 같지 않은 요소들이 멸시되었다. 우리나 하늘에서 온 천사라도 다른 복음을 전하면, 즉 (3) 우리가 전한 것을 현재 가정된 것으로 대치하면 저주를 받으라 한다.

로마 가톨릭에서 파문법을 갈라디아서 1 : 9과 연결시키고 있는 것은 크게 잘못된 것이다. 교회 견책 기준과 종말론적 심판의 결과를 가져올 저주는 분리되어야 한다. 바울은 지금 '다시 말하노니 만일 누구든지 너희가 받은 것 외에' (par 'ŏ, beside what, contrary to)라고 한다. 이는 바울이 '다른' (heteros, allos)이라는 말 대신 그것을 강조하기 위해 사용한 단어다. 즉, 반대명제(contrary to)를 의미한다. 소위 율법주의자들의 복음은 바울이 전한 계시로부터 온 복음과 완진히 다른 반대되는 것이다.

C. 전이(transition, 1 : 10)

> [10]이제 내가 사람들에게 좋게 하랴 하나님께 좋게 하랴 사람들에게 기쁨을 구하랴 내가 지금까지 사람들의 기쁨을 구하였다면 그리스도의 종이 아니니라

본서를 기록하게 된 이유를 설명한 후 바울은 그의 중요한 논지로 옮겨가고 있다(11－12절). 그러나 먼저 그는 10절에서 이후 논지로 넘어가는 전이를 이룬다. 접속사 '왜냐하면'(gar)은 앞에 있는 절, 즉 격한 분위기와 사람과 하나님을 반복 사용하면서 연결하고 있다.

[1 : 10] 바울은 그의 대적자들로부터 사람을 기쁘게 하는 자로 공격을 받았다. 그래서 바울은 "사람들에게 좋게 하랴, 하나님께 좋게 하랴?" 하고 반문한다. 그러나 전자의 인간적인 것과 후자의 신적인 것은 서로 상충되고 있다. 이렇게 서로 상충되는 것을 동시에 제시함으로써 바울은 갈라디아 교회 성도들로 하여금 양자택일하도록 간접적으로 촉구하고 있다. 그러나 실상은 바울이 그 대답을 제시하고 있는 것이나 다름없다. 왜냐하면 아무리 율법 혹은 할례를 주장하는 대적자들이라 할지라도 자신들이 주장하는 근본이 하나님을 위한다는 것은 부인할 수 없기 때문이다. 이러한 고도의 수사학적 표현 혹은 질문은 바울 자신이 선포한 복음이 바로 근본적으로 하나님께 좋게 하기 위한 것임을 암시하고 있는 것이다. 이어서 반어적으로 자신은 하나님을 좋게 하는 자임을 강조한다. 즉, 그는 "내가 지금까지 사람들의 기쁨을 구하였다면 그리스도의 종이 아니니라."라고 했다.

바울은 앞에서(6－9절) 언급한 모든 것에는 하나님을 좋게 하기 위한 목적 이외에 다른 의도가 없었음을 다시 한번 강조하는 것이다. 이렇게 자기의 논증의 객체적 의도로서 하나님을 언급하는 것은, 심각하게 질문을 제기함으로써 보다 깊은 이해를 촉구하는 일종의 역설적 혹은 반어적 비약이다. 그

러한 비약은 계속해서 약간의 변화를 가지고 있는 반어적 축약형으로 다시 한번 제시되고 있다. "사람들에게 기쁨을 구하랴."와 같은 이러한 제안은 갈라디아 성도들에게뿐 아니라 유대교 적대자들에게까지 제시하고 있는 것이다. 만일 바울이 사람들, 즉 유대인들에게 기쁨을 구하였다면 자신은 유대인들이 거부하는 그리스도의 종이 되지 않았을 것이라는 말이다. 이를 "내가 그리스도의 종이 아니니라."라고 표현했다.

바울은 갈라디아 성도들에게 율법으로부터의 자유를 얻는 것을 통하여, 율법을 준수하지 못한 과실을 가볍게 함을 얻게 해 줌으로 백성들을 그리스도인이 되도록 증언하고 있다. 따라서 바울은 그가 전하는 복음의 모든 것을 측정하는 잣대로 그리스도를 끌어들인다. 바울은 자신이 부름을 받은 이래로(1 : 15 이하) 그 잣대 아래 서 있다고 강조한다. 그래서 그는 오직 그 잣대로부터 모든 것을 측량하고 또한 그 잣대를 그가 저주를 통한 위협으로 설파한 최종적인 결론으로 판단한다.

바울은 '그리스도의 종'이라는 말을 한다. "한 사람이 두 주인을 섬기지 못할 것이니……"(마 6 : 24). 그는 이런 점에서 자기가 서야 할 자리를 확실히 했다. 자유에 관한 서신에서 종(doúlos, 노예)이라는 단어를 사용한 것은 매우 흥미롭다. 진정한 자유는 속박, 즉 그리스도께 매일 때 찾아진다는 교훈을 역설적으로 가르치고 있다.

제 II 부

바울의 사도직에 대한 방어

갈라디아서 1 : 11~2 : 21

A. 하나님으로부터 직접 받은 바울의 복음(1 : 11 - 12)

B. 바울의 개인 경력(1 : 13 - 24)

1. 바울의 초기와 회심(1 : 13 - 17)
2. 바울의 그리스도인으로서의 초기(1 : 18 - 24)

※ 설교를 위한 묵상("예수 그리스도의 최고 권위를 인정해야", 갈 1 : 1-5)

C. 바울의 다른 사도들과의 관계(2 : 1 - 21)

1. 예루살렘 회의(2 : 1 - 5)
2. 바울과 기둥 같은 사도들(2 : 6 - 10)
3. 베드로가 안디옥에 오다(2 : 11 - 14)
4. 오직 믿음만으로 의로워진다(이신득의, 2 : 15 - 21)

※ 설교를 위한 묵상("내가 그리스도와 함께 십자가에 못 박혔나니", 갈 2 : 19-21)

| 갈라디아서 1 : 11~2 : 21 |

바울의 사도직에 대한 방어

A. 하나님으로부터 직접 받은 바울의 복음(1 : 11 - 12)

[11]형제들아 내가 너희에게 알게 하노니 내가 전한 복음은 사람의 뜻을 따라 된
것이 아니니라 [12]이는 내가 사람에게서 받은 것도 아니요 배운 것도 아니요 오
직 예수 그리스도의 계시로 말미암은 것이라

갈라디아서 서론 부분에서 중요한 요점은 이미 언급되었다. 그러나 이 두 절에서 바울은 독자들을 아주 중요한 논제로 초청한다. 바울은 복음은 오직 하나뿐임을 말하면서 6~9절에서 다른 복음은 없음을 말하였다. 그러나 질문들이 제기된다 : 바울 사도여, 왜 당신의 복음이 표준이 되어야 하는가? 왜 다른 복음은 안 되는가? 하나의 복음만 있다면 완전히 다른 복음은 표준이 될 수 없는 것인가? 이런 질문에 대해 바울은 복음의 기원을 강조하면서

자신이 말하는 복음은 다른 복음처럼 인간에게 기인된 것이 아니라 하나님으로부터 직접 받은, 즉 신적 기원임을 강조한다. 본 장의 남은 부분과 2장 전체에서 바울은 자신의 종교체험에 호소함으로 이 논지를 방어하고 있다(Jong Yun Lee, *Paul & The Historical Jesus*〈Pilgrim, 1998〉, pp. 283–315).

[1 : 11] 동사 'gnōrizō'(to make clear, to certify)는 다음에 언급하는 공식적 선언의 결과가 분명하다는 것을 뜻한다. 바울은 1절에서 사도 됨의 부적절한 근원을 부인함으로 자신의 사도성을 주장한 것처럼 여기서는 복음의 출처가 부적절한 사람의 뜻에 따라 된 것이 아님을 강조하면서, 자신이 전한 복음은 계시로 하나님으로부터 직접 온 것임을 주장한다.

바울은 그의 교훈을 위한 세 가지 가능한 근원을 11~12절에서 부인한다. 첫째, 사람의 뜻에 의한 것(kata anthrōpon)을 부인한다. 복음은 인간에 의한, 또는 인간 권위에 기인한 것이 아니라는 것이다. 인간은 항상 자기를 기쁘게 하는 것을 좋아하고, 인간의 선을 주장한다. 그러나 십자가와 부활 중심의 신앙은 인간이 만든 종교가 아니다.

[1 : 12] 둘째, 바울은 사람에게서 받은 것을 부인한다. 이것은 11절에서 부인한 것과는 다른 것이다. 'para'(from) 전치사와 'paralambanō'(received) 동사는 둘 다 종교적 교훈의 전달을 언급한다. 게할드슨(Gerhardsson)에 의하면 랍비들이 랍비적 전승을 학생들에게 전달할 때 기억에 의존하여 하듯이 바울은 고린도전서 15 : 1, 3에서 그리스도의 삶, 즉 그의 죽으심, 장사 지냄, 부활 같은 기본적 사실을 그리스도에게서 받은 그대로 그의 독자에게 전달했다고 한다. 중요한 것은 바울이 고린도전서 15 : 1, 3에서 전달했던 방식대로 여기에서도 사람에게서 받은 것이 아님을 말한다. 그가 말하는 복음은 인간의 어떤 단체나 다른 사도들에게서 받은 것이 아니라는 것이다.

셋째, 배운 것도 아니라 한다. 그가 진리에 이르게 하는 방법인 가르침을 부인한 것이다. 오늘날 대부분의 사람들이 복음을 받는 방법은 배워서 알고 믿게 되는 것이다. 갈라디아 사람들도 바울의 가르침을 배워 믿게 되었다. 그러나 이것이 바울이 복음을 받게 된 방법은 아니라는 것이다. 바울은 사람의 뜻을 따름도, 사람에게서 받은 것도, 배운 것도 아님을 주장하며 긍정적이고 적극적인 면, 즉 계시로 복음이 자신에게 왔다고 말한다. 바울에게 온 복음의 계시는 그의 앞에 있었던 사도들의 경험에 비하면 아주 특별하며 전혀 기대할 수 없었던 비밀이 열린 경험이었다. 이 체험은 우리들의 것과도 다르다. 그런 체험으로 주어진 복음은 매우 독특하게 우리의 것이 되었다. 우리의 것이 되었다는 것은 그 출처가 바울이 아니고 하나님 자신이셨기 때문이다. 크리스천들은 이 사실을 그들의 삶의 전체를 구성하는 필수 요인으로, 그리고 다른 이들과 반드시 나누어야 할 가장 확실한 가치로 삼는 것이다.

예수 그리스도는 여기서 목적격이나 또는 주격 소유격이 될 수 있다. 목적격으로 읽을 경우, 예수는 바울이 받은 계시의 내용 자체가 될 것이고, 아버지 하나님이 그 출처가 되실 것이다. 소유격이 주어로 될 경우 예수는 계시의 출처가 된다. 두 가지 해석 모두 가치가 있다.

B. 바울의 개인 경력(1 : 13 – 24)

1. 바울의 초기와 회심(1 : 13–17)

13내가 이전에 유대교에 있을 때에 행한 일을 너희가 들었거니와 하나님의 교
회를 심히 박해하여 멸하고 14내가 내 동족 중 여러 연갑자보다 유대교를 지
나치게 믿어 내 조상의 전통에 대하여 더욱 열심이 있었으나 15그러나 내 어
머니의 태로부터 나를 택정하시고 그의 은혜로 나를 부르신 이가 16그의 아들
을 이방에 전하기 위하여 그를 내 속에 나타내시기를 기뻐하셨을 때에 내가

곧 혈육과 의논하지 아니하고 [17]또 나보다 먼저 사도 된 자들을 만나려고 예루살렘으로 가지 아니하고 아라비아로 갔다가 다시 다메섹으로 돌아갔노라

바울의 복음은 사람의 뜻을 따라 된 것도 아니고, 사람에게서 받은 것도 아니며, 배운 것도 아니라 오직 그리스도 예수의 계시로 말미암은 것이라 했다(11-12). 바울은 어떻게 이것이 가능했는지를 갈라디아 성도들에게 증명해 주어야 했다. 그래서 바울은 개인의 삶을 보여 줌을 통해 그 대답을 한다. 그의 회심 전과 회심 시, 그리고 회심 후를 통해 그가 다른 사도들(특히 예루살렘 사도들)로부터 복음을 받지 않았음을 보여 준다. 그의 복음은 그가 언급한 대로 하나님으로부터 직접 왔다는 것을 보여 주면서 이 기간 동안 율법주의자들에 의해 자신이 고립되어 있었다고 한다.

[1 : 13-14] 첫 부분에서 바울은 자신이 회심하기 전 예루살렘에서의 삶에 대한 이야기를 하고 있다. 그는 실제로 교회를 반대하여 박해한 사람이었다. 그가 갖고 있던 이전의 삶의 양식(anastrophē, conduct, way of Life)은 유대교 신앙에 적합했다. 그는 날 때부터 유대인으로, 유대교의 가장 극우파인 바리새인이었으며, 열심으로는 교회를 박해하고 율법에 특별히 집착하였다. "너희가 들었거니와"라는 말은 바울의 교훈에 대한 어떤 논쟁이 일어나기 오래전에 이미 갈라디아 성도들은 바울이 어떤 사람이었는지를 알고 있었음을 알려 준다.

그의 이런 삶의 두 가지 양태는 특별히 그가 앞으로 할 일에 대한 전망을 보여 준다. 첫째로 그는 교회를 박해했다(13절). 둘째로 그는 그 시대에 살던 여러 연갑자보다 유대교 전통에 더욱 열심이 있었다(14절). 이 두 가지 면에서 바울은 광신적이었다. 그는 자기의 광신적 신앙을, 교회를 박해(kath' hyperbolēn, to an extraordinary degree, beyond measure, excessively)함으로 나타냈다. 그리고 교회를 멸하려는 노력을 했다. 그리스도인들을 죽이려고까지 했다.

13절의 'èporthoun' 은 'portheo' 의 imperf.indi.act., 'destroy, 파멸하다, 파괴하다' 로 사도행전 9 : 21, 갈라디아서 1 : 23에도 나타난다.

루터는 13~14절에 있는 바울의 증언을 반어적으로 해석한다. "나는 너희나 너희 거짓 선생들보다 한때는 더 열성적으로, 그리고 확고부동한 바리새주의와 유대주의 옹호자였다. 따라서 율법의 의가 무슨 가치가 있었다면 나는 바리새인으로 남아 있었을 것이다. 그리고 나는 바리새인으로서 너희 거짓 사도들보다 더 열정을 가지고 족장들의 전통을 추구했다. 그러나 나는 지금 그들과 모든 유대주의를 전혀 가치 있는 것으로 생각하지 않는다"(마틴 루터, 김선회 역, 「갈라디아서 강해」〈루터신학대학교출판부, 2003〉, p. 110).

13절에 '하나님의 교회' 가 단수형으로 쓰였지만, 이는 개교회라기보다는 크리스천 공동체를 말한다. 하나님의 교회인 이 공동체의 특성은 지역공동체로서 개교회와 크리스천 공동체(2, 22절)일 뿐 아니라, 교회라는 하나의 실제에 이미 연합되어 있는 개교회라는 것을 보여 준다. 이 한 몸 된 교회는 하나님의 선민처럼 바울의 마음에 이미 세워져 있었다. 크리스천 교회는 이스라엘 백성으로 인해 이미 있었던 공동체가 계승된 것이다.

[1 : 15-16] 연결 접속사로 15절을 시작한 'hote de'(when but〈but when〉, and when)는 빌립보서 3 : 7의 'alla'(but, rather, on the contrary)와 비교된다. 여기서 바울은 대조적이라기보다는 점증적 표현을 함으로써 그의 회심 때에 사람의 영향권에서 자유로웠음을 말한다. 그리스도인을 박해하던 사울과 유대 백성들의 사도 사이에는 관계의 단절이 있다. 바울은 하나님의 아들을 전하는 일이 갑자기 주어진 것이 아니라 하나님의 계획에 의한 선택과 부름에 의한 것임을 증언하고 있다. "그러나 내 어머니의 태로부터 나를 택정하시고 그의 은혜로 나를 부르신……"(15절). 구약성경 전승에서 볼 때 소명은 두 단계가 있다(사 42 : 6 ; 49 : 5-6 ; 렘 1 : 5). 그 첫 번째 단계는 특별한 신적 임무를 위해서 사람을 따로 세우는 일(aphorizein)이다. 바울은

먼저 '나를 택정하시고'(ho aphorisas me, separated me)라고 증언한다. 바울은 택정함을 받은 때를 '어머니의 태로부터' 라고 한다. 두 번째 단계는 부름(kalein), 그 자체다. 바울은 이 부름이 '그의 은혜로'(dia tēs charitos autou, through the grace of him) 일어났다고 강조한다. 이렇게 바울은 예언 소명 전승에 따라서 자신을 그리스도의 복음을 선포하게 하시려고 부르신 소명받은 자라고 말한다. 이러한 하나님의 선택과 부름이 역사 속에서 결정적으로 나타난 것이 다메섹 도상에서 부활하신 예수를 만난 사건이다.

"그의 은혜로 나를 부르신 이가 그의 아들을 이방에 전하기 위하여 그를 내 속에 나타내시기를 기뻐하셨을 때"(15-16a절), 그때가 바로 바울이 그리스도인들을 박해하려고 다메섹으로 가던 도상이었다(행 9 : 1ff). 따라서 바울은 그의 소명은 처음부터 하나님의 일방적인 행동이었음을 강조한다(갈 1 : 1, 11f. ; 롬 1 : 1-7 ; 고전 15 : 10 ; 엡 3 : 1-13 ; 골 1 : 9-23). 그러므로 여기서 바울은 자신의 이방 선교 사역의 근원과 기원에 있어서 예루살렘 사도들을 방문하는 일이 전제되어 있지 않았음을 암시한다. 그래서 "내가 곧 혈육과 의논하지 아니하고"(16b절), "또 나보다 먼저 사도 된 자들을 만나려고 예루살렘으로 가지 아니하고"(17a절)라는 말은 이러한 사실을 간접적으로 암시해 준다. 결국 바울은 자신이 하나님의 아들 예수 그리스도를 이방에 전하게 된 것은 결코 인간적인 사적 결정에 의한 것이 아니라 처음부터 자신을 향하신 하나님의 계획이며, 이 계획에 따라서 자신은 택정함과 부르심을 받았다고 주장한다. 바울은 자신에게 어떤 일이 일어났으며, 어떠한 조건에서, 어떤 환경에서 일어났는지에 대하여 더 자세히 말하면서 "……나를 부르신 이가…… 내(바울) 속에 나타내시기를 기뻐하셨을 때"(15-16a절)에 대하여 역사적으로 설명하지 않는다. 이러한 점에서 볼 때 바울이 그리스도를 따르게 된 것을 개종으로 볼 것인지, 아니면 구약성경의 예언자 전승, 즉 소명으로 볼 것인지, 아니면 둘을 종합하여 볼 것인지에 대한 논의를 더해야 할 것이다.

바울은 자신이 사도이기 때문에 자신의 복음이 그리스도의 복음이 되는 것이 아니라 역으로 그가 전한 복음이 자신이 참 사도 됨을 입증해 준다는 것이다. 그러므로 16절에서 바울은 사도직의 인간적 관계를 모두 배제해 버린다. 1 : 12보다 더 기술적으로 바울은 자신의 소명이 그리스도의 계시에 의한 것임을 강조한다.

바울은 자신의 소명이 신적 근원을 가지고 있다는 것을 부사 '곧' (eutheōs, immediately, at once)이라는 말로 강조한다. 이 '곧' 이라는 말이 어느 문장까지 지배하는지에 대하여는 논란이 있다. 즉, 곧 이 16절의 '혈육과 의논하지 아니하고' 만 지배하는 것인지, 아니면 17절까지 지배하는 것인지에 대한 의견이 구구하다(라이트훗, 버튼, 리츠만은 전체로 본다). 한편, 여기서 '곧' 이란 바울이 아나니아를 통하여 성령을 받기 위하여 다메섹으로 간 것이나(행 9 : 10－19), 그 이후 아라비아로 간 사건들이 중단 없이 연속적으로 이루어졌다는 것을 강조하기 위한 것이요, 다른 한편은 자신의 소명의 신적 근원과 독립성을 강조하기 위한 것이라고 이해할 수 있다(Hans D. Betz, *Galathians*, 1979, p. 73). 따라서 바울이 소명을 받았던 다메섹의 기독교 공동체도, 그리고 바울보다 시간적으로 앞서 있는 예루살렘의 사도들도 바울의 대화 상대가 아니었다.

[1 : 17] 바울이 회심 전이나 회심 때에 그의 복음을 사람들로부터 받지 않은 것처럼 그 후에도 마찬가지다. 16b~17절은 그가 사람들과 의논하지 않았음을 보여 준다. 특히 바울은 예루살렘으로 사도들을 만나러 가지 않고 아라비아로 갔다. 3년이 지날 때까지 그는 그렇게 했다(18절). 그 후 3년 만에 게바를 만나기 위해 예루살렘으로 올라갔다.

바울이 아라비아로 간 기사가 누가가 기록한 사도행전에는 나타나지 않으므로, 바울의 행동이 갈라디아서에서의 기록과 충돌된다는 점을 지적하는 이들이 있다. 그러나 이것은 난해한 구절이 아니다. 사도행전 9 : 22과 9 : 23

사이에 아라비아로 간 사건이 언급되지 않았을 뿐이다. 거기에서 있었던 수개월 또는 수년 동안의 일들에 역사적 중요성이 없다면 생략할 수도 있는 것이다.

바울은 아마도 아카바만의 남동쪽에 위치하면서 다메섹의 입구 앞까지 이르는 지역, 당시 아레다(Aretas Ⅳ왕, 주전 8년－주후 40년 지배) 왕이 지배하던 나바태르(Nabataer) 지방으로 갔을 것이다. 나바태르는 주후 106년까지 '아라비아' 라는 이름을 가진 로마의 속령이었다(G. W. Bowersock, *Roman Arabia*〈Harvard University Press, 1998〉, pp. 228ff).

"사울(바울)이 다메섹에 있는 제자들과 함께 며칠 있을 새 즉시로 각 회당에서 예수가 하나님의 아들이심을 전파하니"(행 9 : 19b－20)라고 기록되어 있듯이 바울은 다메섹에 머물러 있었다. 그러나 바울이 나바태르 지방에서 행한 것은 알려지지 않았다. 아마도 바울이 아라비아로 간 것은 전도하러 가기보다 묵상하고 생각을 정리하러 갔기 때문에 역사적으로 중요한 의미가 없다고 보여 누가가 생략했다고 보는 이들이 있는가 하면, 이방 백성에게 복음을 전하기 위해 부름을 받은 바울이 첫 번 선교여행을 아라비아로 갔을 것이라고 하는 이들이 있다(갈 1 : 17 ; 4 : 25 ; 행 2 : 11 ; 1Clem. 25. 1, 3, A. von Harnack, pp. 699ff. ; G. Bornkamm, p. 27 ; Mu*ß*ner, p. 92). 왜냐하면 고린도후서 11 : 32 이하에서 "다메섹에서 아레다 왕의 고관이 나를 잡으려고 다메섹 성을 지켰으나 나는 광주리를 타고 들창문으로 성벽을 내려가 그 손에서 벗어났노라"라고 했기 때문에 바울은 다메섹에서 이방 복음 선교를 위해 나바태르 지방에 갔다가 다시 다메섹으로 돌아왔다는 것이다(17절). '다시' (Palin)라는 말은 중복을 의미한다. 이는 바울이 다메섹에서 아라비아로 갔고, 다시 다메섹으로 왔다는 것이다. 나바태르 지방의 아레다 왕이 다메섹까지 고관을 시켜 바울을 잡으려 했기 때문에 바울은 다메섹을 떠나야 했다.

2. 바울의 그리스도인으로서의 초기(1 : 18-24)

[18]그 후 삼 년 만에 내가 게바를 방문하려고 예루살렘에 올라가서 그와 함께
십오 일을 머무는 동안 [19]주의 형제 야고보 외에 다른 사도들을 보지 못하였
노라 [20]보라 내가 너희에게 쓰는 것은 하나님 앞에서 거짓말이 아니로다 [21]그
후에 내가 수리아와 길리기아 지방에 이르렀으나 [22]그리스도 안에 있는 유대
의 교회들이 나를 얼굴로는 알지 못하고 [23]다만 우리를 박해하던 자가 전에
멸하려던 그 믿음을 지금 전한다 함을 듣고 [24]나로 말미암아 하나님께 영광을
돌리니라

[1 : 18] '그 후 삼 년 만에'(meta etē tria, after three years)는 그 시기를 특정 짓기가 쉽지 않다. 유대인의 셈법에 의하면 이 기간이 얼마나 긴 것인지도 알 수 없다. 완전한 1년에다가 두 개 해의 다른 월 또는 날을 말할 수도 있다. 3년이 지난 후, 또는 3년의 일부분들로 계산한 것인가가 문제가 아니다. 그가 다메섹으로 돌아온 때로부터인지, 아니면 그의 회심 때로부터인지가 더 문제다. 바울의 회심이 36년에 있었다면, 사도행전 9 : 26~29의 예루살렘 방문은 39년이 될 것이다(Frank J. Goodwin A, *Harmony of the Life of St. Paul*〈Baker Book House, 1977〉, p. 7). 바울의 회심기를 36년으로 계산한 것은 아라비아 왕이었던 아레다 왕이 바울을 잡으려고 다메섹 성을 지켰다는 기록(고후 11 : 32)과 요세푸스로부터 얻은 것이다. 그리고 요세푸스에 의하면 헤롯 아그립바 1세의 죽음(행 12 : 23)이 44년으로 바울이 예루살렘 2차 방문에서 안디옥으로 돌아온 때를 알 수 있게 한다. 아마도 바울이 회심 이후 아라비아 선교여행을 떠났다가 다시 돌아와 아레다 왕이 보낸 고관의 박해를 피해 피신한 사건으로 해석해야 할 것이다. 바울은 자신의 회심 이전이나 회심 시, 또는 그 이후에도 복음을 받기 위해 사도 중 누구와도 접촉한 적이 없다는 것을 강소했다. 그러나 어느 정도 시간이 흐른 다음

에는 예루살렘의 제자 중 한 사람인 게바와 15일을 함께 있는 동안, 주의 형제 야고보도 만났다고 한다. 바울은 복음을 사도들로부터 받은 것은 아니지만, 먼저 사도 된 이들의 권위를 부인하지는 않았다.

바울은 왜 베드로를 만나러 예루살렘으로 갔는가? 두 큰 사도들과 15일 동안 예루살렘에서 날씨 이야기만 하면서 시간을 보내지는 않았을 것이다. 그들은 그리스도에 대한 이야기를 나누었을 것이다. 바울은 베드로로부터 예수의 삶과 교훈에 대한 말씀을 들음으로 이미 자기가 견고하게 붙잡은 복음을 더 확실하게 했다. 바울은 이것들을 아는 것이 얼마나 중요한가를 부인하지 않았다. 바울은 베드로와 교제하기 위해 예루살렘에 갔다. 헬라어 'historeō' (visit, get to know)에서 영어의 'history' 라는 단어가 나왔다. 이는 이야기를 나누는 것을 뜻한다. 바울은 자신의 이야기를, 베드로도 자신의 이야기를 나누기 위해 만났다. 이방인의 사도인 바울과 유대인의 사도인 베드로는 서로 교제하고 미래 사역을 위해 피차 격려했을 것이다. 바울은 이것이 개인적 방문이며, 어떤 인간적 권위를 얻기 위한 것이 아니었음을 강변한다. 예루살렘 방문 동안 바울이 선교 활동을 한 기록은 없다. 단지 주의 형제 야고보만 만났다. 바울의 이 같은 보고는 예루살렘 방문과 갈라디아에서의 선교와는 아무런 관계가 없다는 것을 말해 준다.

[1 : 19] 바울의 대적자들은 결국 바울이 예루살렘 사도들과의 관계를 보여주기 위해 베드로를 방문했다고 할 것이다. 바울은 후일 예루살렘 회의 때 중요한 역할을 한 주의 형제 야고보 외에 다른 사도들을 보지 못했다고 한다. 사도행전 9 : 26~29에 의하면 바나바가 바울을 데리고 모든 사도들에게 가서 그가 길에서 어떻게 주를 보았고, 주께서 그에게 말씀하신 일과, 그리고 다메섹에서 그가 어떻게 예수의 이름으로 담대히 말하였는지를 전하였다고 한다. 그러나 갈라디아서에서 바울은 두 사람만 만났다고 확인한다.

헬라어 'eimē'(- 외에, except)는 사실 불확실한 표현이다. 여기서

'eidon' (I saw) 동사를 사용했다면 야고보를 사도로 명시할 필요는 없다. 앞의 문장 전체를 생각해 볼 때 야고보는 그들 가운데 포함된다. 이것은 바울이 예루살렘 방문 시 베드로와 아고보 외에 아무도 만나지 않았다는 것이다. 2장에서도 언급되었지만, 주의 형제 야고보는 사도로 간주된 것이다. 야고보는 '기둥 같은 이' (갈 2 : 9)라고 불렸으나 열두 사도의 한정된 수에 든 것보다 광의의 개념의 사도로 불린 것이다(Lightfoot, pp. 252-291 ; Zahn, pp. 70f. ; Schlier, Oepke, Bonnard, Muβner). 이러한 바울의 증언으로 미루어 볼 때 예루살렘 공동체 가운데서 주님의 형제들이 가진 사도적 위상은 베드로가 예루살렘을 떠난 후에야 부여됐을 것이다.

'adelphos' (brother)는 (1) 같은 부모에게서 낳은 형제, (2) 하나님의 형제(양자 된 형제), (3) 사촌을 의미한다. 그러나 주의 형제 야고보는 마가복음 6 : 3에 있는 마리아와 요셉의 자녀 중 하나다. 마리아는 예수 외에 6명의 자녀를 낳았다. 로마가톨릭에서 주장하는 마리아의 영원한 처녀성 교리는 어떤 해석의 가능성도 없는 잘못된 교리다.

[1 : 20] 바울은 자기가 쓴 것이 정확하고 분명하다고 단언한다(롬 9 : 1-2 ; 고후 1 : 23 ; 11 : 31 ; 살전 2 : 5 ; 딤전 2 : 7 참조). 앞에서 언급한 말들이 틀림이 없다는 것이다. 열두 사도들과 바울의 관계가 잘못 전해진 것에 대한 바울의 대답이 된 것이다. 갈라디아서에 있는 역사적 사건들은 바울의 대적자들이 일으킨 특별한 논쟁에 대한 바울의 대답과 관계가 있는 것으로 본다(G. Machen, *The Origin of Paul's Religion*, 1921. reprint, 1947, pp. 85-86). 바울은 하나님 앞에서 거짓말이 아니라고 서약함으로 자신의 증언이 진실임을 확언하고 있다(하나님 앞에 맹세하는 것이 일반적이지만, 맹세의 다른 예들이 있다 : 롬 1 : 9 ; 9 : 1 ; 고전 15 : 31 ; 고후 1 : 23 ; 11 : 31 ; 빌 1 : 8 ; 살전 5 : 2, 10 ; 딤전 5 : 21 ; 딤후 2 : 14 ; 4 : 1, Theodor Klauser, RAL2, pp. 218-224).

[1 : 21] 정확한 연대기적 기사는 이 구절에서 관심이 아니다. 만일 연대기적으로 살펴볼 때, 바울은 사도행전 9 : 30에 의하면 가이사랴로 내려가서 다소로 갔다. 그리고 사도행전 11 : 25~26에 언급된 대로 바나바가 사울을 찾으러 다소에 가서 만나매 안디옥으로 데리고 와서 1년간 함께 섬겼다.

그러나 본문에는 예루살렘 방문 후 수리아와 길리기아에 왔다고 한다. 바울의 고향인 다소는 길리기아 지방에 있다. 그리고 안디옥은 수리아의 수도였다. 바울과 바나바는 안디옥 교회 공동체의 사자로 예루살렘 사도회의에 참석하였다(갈 2 : 1). 그리고 바울은 길리기아 지방의 다소 외에 수리아 지방의 안디옥을 제2고향으로 삼고, 그곳을 자신의 선교 교두보로 삼는다.

[1 : 22] 바울의 팔레스틴 북부지방에서의 이방인 사역과 예루살렘 방문에서 새로운 것은 나타나지 않았다. 그 결과 바울은 상대적으로 유대 지방의 '그리스도 안에 있는' (en Christō) 크리스천들에게는 알려지지 않았다. 일시적으로는 이름이 알려질 수 있었다. 그러나 지속적으로 알려지지는 않았다. 바울이 크리스천을 박해하다가 성령께서 안디옥에 있는 성도들을 통해 부르시어 선교사로 활동하고 있다고 듣는 정도였다(13 - 16절 참조). 하나님의 교회는 이방이나 유대에 있으나 모두 '그리스도 안에' 있기 때문에 그리스도인들을 박해하던 바울은 멀리 예루살렘의 사도들로부터 인정을 받는 것보다 그리스도 안에 있는 믿음을 전하였다.

[1 : 23 - 24] '다만' (monon de, but only)이라는 단어는 바울의 길리기아와 수리아 선교 기간 동안, 유대에 있는 성도들의 마음에 좋은 인상을 가졌을 것으로 우리가 추측하지 않도록 경고하는 말이다. 그리스도인들은 바울의 회심 소식을 들었다. 그러나 얼마 되지 않아서 그는 그들의 기억에서 완전히 사라졌다. 오래전 교회를 박해했던 이가 지금은 복음을 전한다는 소식 정도였다. 이 말씀은 그가 예루살렘에서 일어났던 모든 일에서 완전히 분리되어

있음을 강조한 것이다.

또한 바울이 하나님의 직접 계시를 받아 이방인들에게 복음을 전하게 된 것은 유대의 예루살렘 교회의 교우들도 인정한 것이고, 자신이 독립적으로 이방에 복음을 전하는 것을 강조하는 것이다. 루터는 이것을 다음과 같이 풀어서 쓰고 있다. "나는 모든 교회의 증거에 호소한다. 또 유대에 있는 교회들에게 호소한다. — 다메섹, 아라비아, 수리아, 길리기아뿐 아니라 유대에 있는 교회들도 — 내가 한때 박해하고 반대하던 그리스도에 대한 신앙을 설교했다는 사실을 증거하고 있다. 그들은 오히려 나 때문에 하나님께 영광을 돌렸다. 그것은 내가 할례와 모세의 율법을 지키라고 가르쳤기 때문이 아니라 내가 그리스도를 믿는 믿음을 설교하고, 나의 복음사역으로 교회들을 세웠기 때문이다. 그러므로 너희는 다메섹과 아라비아 사람들뿐만 아니라 온 유대에 있는 보편교회의 증거를 가지고 있다"(루터, pp. 125ff).

설교를 위한 묵상 : "예수 그리스도의 최고 권위를 인정해야"(갈 1 : 1-5)

우리는 권위가 실종된 시대에 살고 있다. "나에게 진정한 권위자가 있는가?" 하고 자문해 보아야 한다.

① "근신하라 깨어라 너희 대적 마귀가 우는 사자같이 두루 다니며 삼킬 자를 찾나니"(벧전 5 : 8). 너희 믿음을 굳건하게 하여 그를 대적하라고 베드로 사도는 경고하고 있다.

우리 주님께서 아버지 하나님으로부터 우리를 받으시고, 보전하며 지키심으로 하나도 멸망당하지 않을 것이지만(요 17 : 12), 우리는 영적으로 잠을 자서는 안 되는 존재다. 우리는 언제나 하나님의 도우심을 필요로 한다. 하나님의 실패 없는 확실한 사랑을 우리의 믿음이 확인해 주지만, 우리는 깨질 수 있는 연약한 그릇임을 알아야 한다. 그러므로 우리는 하나님께 흔들리지 않는 충성을 하도록 기도해야 한다. 믿음은 세상을 이기는 승리다(요일 5 : 4). 그럼에도 불구하고 우리는 전쟁 중에 있나. 우리는 하나님께 싸울 힘을 요청해야 한다.

바울은 갈라디아 지방에서 설교를 했다. 그 거대한 지역에서 바울은 많은 교회를 세웠다. 하나님이 베푸신 성령의 은혜로 무장을 한 바울은 그 지역을 복음화할 수가 있었다.

② 그러나 사탄은 사도들의 명예와 위치를 쉼 없이 공격하려고 교회 안에서 스캔들을 만들기도 하고, 사도들로 하여금 시험에 빠지도록 하며, 교만하고, 자랑하게 하며, 사도들이 우상 앞에 절하게 하고, 사도들이 세운 교회를 파괴시켰다. 사탄은 항상 이런 방법으로 하나님이 베푸신 은혜를 의심하게 하고 하나님께 돌릴 영광을 찬탈해 갔다.

③ 오늘날도 우상의 이름만 바뀌었을 뿐 사탄은 여전히 우리를 공격하고, 우리로 하여금 우상을 섬기도록 미혹한다.

오늘날 여러분의 최고 권위는 무엇인가? 대법원 판결인가? 총회, 당회, 사장님 혹은 회장님인가? 자기 자신, 남편 또는 아내인가? 아니면 물질, 명예인가?

④ 우리는 먼저 하나님의 말씀에서 배워야 한다. 바람 앞에 갈대처럼 흔들려서는 안 된다. 우리 자신의 힘으로는 안 된다. 천지만물을 창조하시고 다스리고 계신 하나님이 최고의 권위자라고 믿는 우리는 성령으로 변화되기 위해 모든 겸손과 열심으로 하나님께 기도해야 한다. 우리는 하나님의 뜻을 찾기 위해 오래 참고 기다리며 세상과 타협하지 않을 것이다. 거짓말하지 않으시는 하나님께서 자기 뜻을 우리에게 말씀하고 계시하실 것이다. 그럼에도 불구하고 사탄은 계속해서, 심지어 하나님의 이름을 도용하면서까지 거짓과 야합하도록 우리를 흔든다. 우리 인간은 어디까지나 인간일 뿐이고 하나님만 참 신이심을 믿어야 한다. 하나님만이 우리의 주가 되시고 교회의 머리가 되신다.

우리의 믿음은 인간의 지식에 의존된 것이 아니다. 인간의 지혜나 도덕, 거룩에서 나온 것도 아니다. 우리 주 예수 그리스도는 유일하신 분으로 우리를 창조하시고 보전하시며 붙잡고 계심을 믿는 우리의 믿음이 하나님의 순결함과 불변의 진리에 근거하지 못한다면 우리는 거짓을 따르는 자가 된다. 이것이 바울이 갈라디아 성도들에게 선포한 진리다.

⑤ 바울은 갈라디아 성도들에게 아주 엄격하게 대하고 있다. 그들은 하나님을 쉽게 떠나고, 복음을 저버리고, 주 예수 그리스도를 모독하고, 우상을 좇고, 구약의 모세 율법을 따랐다. 율법은 하나님이 주신 것이므로 이것을 지켜야 한다고 했다. 여러

가지 제사 형식의 문제들, 즉 어떤 날을 지킬 것인가, 돼지고기를 먹어도 되는가 하는 식의 질문이 쏟아졌다. 바울은 이런 것들은 예수 그리스도의 은혜를 배반하고 저버리는 일이 된다고 쉽게 대답을 한다. 그리고 그들을 배교자로 간주했다. 그리고 다른 복음을 전하는 자는 저주를 받으라고까지 말했다(갈 1 : 9).

⑥ 우리는 본래 지혜가 없기 때문에 우리의 최고 지도자이신 하나님의 지도를 받아야 한다. 하나님은 지혜와 총명의 영이라고 스스로 말씀하신다(사 11 : 2). 하나님은 자기 안에 있는 지혜를 우리가 찾도록 하신다. 하나님을 우리의 피난처로 삼고 그에게 피할 길을 찾게 하신다.

복음 외에 어디서도 하나님의 순수한 말씀을 찾을 수 없다. 우리의 믿음은 이 사실 위에 세워진다. 여기서 조금이라도 벗어나면 우리는 위험에 빠지고 천박해진다. 바울이 전파한 복음을 따라 은혜를 기다리자.

(1) 바울은 거절당한 사도의 권위를 확인한다

바울을 대적하고 반대한 이들은 바울이 가르친 복음과 다른 것을 가르쳤다. 그들은 바울이 33년간 세상에서 사셨던 예수 그리스도와 함께한 적도 없고 배운 적도 없기 때문에 다른 사도들보다 열등하고, 심지어 사도가 될 수 없다고 했다.

그들은 계속하여 바울은 사도직을 사칭한 뻔뻔스런 사기꾼이라 했다. 따라서 바울은 자신이 하나님으로부터 보내심을 받은 진정한 사도임을 증명해야 했다.

① 바울은 그리스도와 하나님 아버지의 부름을 받고 (복음을 받아) 보내심을 받았다. 그러나 사탄은 예루살렘에서 온 다른 이들에게 예루살렘 모교회는 자기들의 것이며 바울은 거기에 설 자리가 없다고 한다. 바울은 자신이 사도로 진급한 것도 아니고 사도직을 강탈한 자도 아니다. 그는 하나님의 부르심에 순종했고 예수 그리스도가 그를 사도로 임명했다. 당시 베드로, 야고보, 요한처럼 교회의 기둥 같은 사도들과 바울은 동일하게 부름을 받았다는 것이다(갈 2 : 9). 바울은 결코 그들보다 열등한 사도가 아니라고 했다. 왜 바울은 이런 말을 했나? 바울의 교훈은 하나님으로부터 받은 것(고전 15 : 3)이라고 한다. 바울은 자신이 받은 복음을 갈라디아 교회 성도들에게 전하고 복종하게 했다. 예수 그리스도의 피로 산 그들을 위한 자유를 사용하지 않으면 복음을 버린 자가 된다고 설명했다. 따라서 우리는 더 이상 모세의 의식법에 매여 있어서는 안 된다고 했다. 우리가 아직도 모세 율법에 얽매여 산

다면 하나님의 아들이 우리에게 주신 구속의 열매와 구원의 열매를 즐길 수가 없을 것이다.

② 바울의 사도적 권위는 사람들에게서 난 것도 아니요, 사람으로 말미암은 것도 아니요, 오직 예수 그리스도와 그를 죽은 자 가운데서 살리신 하나님 아버지로 말미암은 것이라고 한다. 바울의 근거는 하나님의 법령(명령)과 규칙(decree & ordinance of God)이다. 따라서 누구도 교회에서 그에게 이런 영광을 줄 수 있는 자가 없으며 그의 메시지는 하나님께 받은 바요 자신은 하나님의 부르심을 받았다고 한다(히 5 : 4 참고).

③ 바울의 믿음이 인간에게 의존되었다면 그 믿음은 너무 유약할 것이다. 우리는 천사보다 더 확실한 믿음을 가진 자다. 그 믿음은 하나님과 그의 진리에 근거한 것이기 때문이다. 인간의 깊은 지혜와 큰 지식은 사탄의 속임수 외에 아무것도 아니다. 성경은 인간의 지혜를 완전히 어리석은 것이라 했다. 인간의 지혜는 하나님께 복종하는 것을 방해하기 때문에 하나님은 세상의 지혜를 미련하게 하신다(고전 1 : 20). 그러므로 인간과 피조물에 근거한 모든 것은 악한 것이다. 교회에서 가르치는 교훈이나 교회 봉사도 인간의 지혜로 감당하면 안 된다. 바울은 자신의 사도직이 하나님이 불러 주신 것 외에는 어떤 권위로도 되어진 것이 아님을 분명히 했다.

(2) 바울은 다른 많은 어리석은 지도자들처럼 조심 없이 자기 자랑을 한 사도는 아니었다

어리석은 지도자들은 큰 소리로 하나님이 그들을 보내셨다고 설교한다. 사탄의 졸개인 마귀들도 교회를 파괴하려고 보냄을 받았다고 주장한다. 반면에 바울은 부름을 받았을 뿐만 아니라 그가 회심할 때 즉시 복음을 받았다고 한다. 하나님은 바울의 생애에 놀랍게 개입하셨다. 안디옥에 있는 두세 사람에게 직접 계시가 있었으며, 바울은 이방인의 사도로 부름을 받고 보냄을 받았다(행 9 : 15 ; 22 : 21 ; 26 : 17). 하나님의 보냄을 받은 바울과 자기 자랑에 취해 스스로 하나님의 보내심을 받은 자리고 허풍을 떠는 자들과 어떤 차이가 있는지 구별하는 것은 우리가 해야 할 일이다.

① 초대교회 때의 바리새당, 제사장, 서기관들

중세기에 백성을 속이고 억압하며 권좌에 앉아 모든 것을 누리던 교황, 오늘날의 교황은 아니지만 감독회장, 총회장, 총재, 목사, 장로라는 높은 칭호를 갖고 있는 이들이 하나님의 부르심을 받은 자로서 복음에 합당한 열매를 맺고 있는지, 반대로 교회 위에 앉아 교만과 자랑을 일삼고 있지는 않은지 생각해 보아야 한다.

② 본인이 장로교의 날 행사 준비를 위해 교단 총회장들을 초청하여 기도회도 하고 설명회도 갖자고 했더니, 어떤 분이 총회장님들을 어떻게 교회에 모시겠느냐면서 호텔로 모셔야 한다고 했다. 나는 그 모임의 책임자로서 그날 그 호텔에 가지 않았다. 너무 부끄러운 일이다. 이것이 한국교회라면 총회장제도를 없애야 한다. 하나님과 성도를 섬기라고 부름받고 보냄받은 종이라면 교회에 오는 것을 기뻐해야지, 어찌 CEO도 아닌 총회장이 호텔에 가야 하는가. 개인 모임이라면 호텔에 갈 수도 있다. 그러나 교회 지도자 모임이다. 회개해야 한다.

바울이나 칼빈이라면 크게 진노했을 것이다. 그리스도와 참 사도들과 배치되는 교회 지도자들이 있다면 그들의 삶이 그리스도께로부터 인정을 받을 수 있을까. 하나님의 지도자들은 특히 조심해야 한다.

(3) 우리는 하나님의 권위를 축소시키고 있는 것은 아닌지 물어야 한다

자신이 하나님의 영광을 찬탈하고 있지는 않은지 스스로 살피자. 우리의 믿음은 하나님의 말씀을 믿는 것이다. 우리는 하나님의 말씀을 믿고 순종해야 한다. 하나님만이 최고 왕으로서 모든 권세를 쥐고 계신다. 권세와 권능은 다르다. 권능을 가졌으나 권세는 없는 이가 있다. 그러나 권세를 갖고 권능을 활용할 수 있는 것이다. 예수님은 아버지 하나님으로부터 하늘과 땅의 모든 권세를 받으셨다.

바울은 그의 부르심을 어떻게 말하고 있나?

"사람들에게서 난 것도 아니요 사람으로 말미암은 것도 아니요 오직 예수 그리스도와 그를 죽은 자 가운데서 살리신 하나님 아버지로 말미암아 사도 된 바울은"(1절) : 사람들의 사도가 아니요 예수 그리스도와 하나님 아버지의 사도다.

과거에는 하나님이 선지자를 보내기 위해 선택적으로 부르셨다. 오늘날에는 그의 백성을 가르치게 하시려고 목사를 부르시고 보내신다. 바울은 자신의 권위를 사람들로 말미암아 빼앗기지 않는다. 반면에 그는 우리에게 각각 맡겨진 사명을 자기 의지로 다스릴 자유가 없음을 보여 준다. 오히려 맡은 사명에 신실해야 함과 하나님께 복종하고 성령의 도구로 쓰임받아야 함을 가르친다. 사람으로 말미암아 보냄을 받은 이가 아닌 바울은 하나님을 섬기기 위해 하나님이 임명하셨다는 것이다.

① '사람으로 말미암아' 부름받은 것이 아니라 했다.

그러나 비록 하나님이 부르셨으나 그럼에도 불구하고 사람에 의해 부름받을 필요가 있다. 그 부름이 하나님의 부르심과 대치된 것이라면 바울은 그것을 허락하지 않았을 것이다. 바울이 가는 곳마다 그는 그 지역에 교회를 세우고 지도자와 목사를 임명했다.

이삭이 신부 리브가를 택할 때 하나님이 순조롭게 길을 여시듯 하나님의 종을 세울 때 하나님이 뜻하신 것은 모든 것이 순적하게 이루어진다.

② 사도는 인간의 투표와 교회의 규칙으로 세워지는 것이 아니다.

교회의 머리 되시는 그리스도와 그를 죽은 자 가운데서 살리신 하나님 아버지가 임명하시는 것이다. 가룟 유다를 대신하여 맛디아를 택할 때도 "그들이 기도하여 이르되 뭇 사람의 마음을 아시는 주여 이 두 사람 중에 누가 주님께 택하신 바 되어 봉사와 및 사도의 직무를 대신할 자인지를 보이시옵소서"(행 1 : 24 – 25b)라고 했다. 예루살렘 교회나 안디옥 교회에 목사를 선택할 때에도 그들은 먼저 하나님께 기도하고, 그 직분을 감당할 만한 사람인지를 고려하여 한 사람을 선택했다. 하나님의 뜻에 복종하기 위해, 인간적 토론을 하지 않고 기도한 후 제비를 뽑았다. 초대교회는 왜 그렇게 했나? 사도는 하나님의 특권으로 위로부터 임명을 받는 직분이기 때문이다. 온 세상에 복음을 전파해야 할 사명과 양을 돌보고 양육해야 할 책임이 있는 직분이기 때문이다. 사도 바울은 하나님께서 직접 임명을 한 사도라고 주장했다.

놀랍게도 바울은 하늘로부터 직접 계시를 받고 사도가 된 것이다. 그는 셋째 하늘에 올라간 특별한 경험도 했다(고후 12 : 2). 바울은 성령께서 말씀하신 것을 들었다. 바울은 하나님의 선택받은 사도이기 때문이다.

부름받은 목사, 하나님 말씀을 받은 목사를 우리가 존경하지만 그는 위에서부터 하나님의 인정을 받아야 한다. 주 예수 그리스도가 교회의 머리 되시기 때문이다. 이것을 확실히 붙잡지 못하면 사람에 의한 판단을 할 수가 있다. 목사로 부름을 받고 그 사명을 온전히 감당하지 못하면 오히려 하나님의 이름을 모독하게 된다. 사도로 부름받은 바울은 사도의 직분이 예수 그리스도와 아버지 하나님으로부터 온 것에 대한 확신을 갖고 하나님께 복종하는 사도였다.

③ 바울은 자신이 예수 그리스도와 아버지 하나님으로 말미암아 보내심을 받은 사도라고 한다.

그는 예수 그리스도를 언급함으로 우리가 하나님께 복종하고 그리스도께 순종할 소원이 있음을 나타낸다. 아들을 공경하지 않는 자는 아버지를 공경하지 않는 자다(요 5 : 23). 바울은 예수 그리스도의 영광을 우리에게 계시한다. 그가 말씀할 때 그 앞에서 잠잠하라. 그의 교훈을 겸손히 받고 순종하라. 그는 우리의 목자시고 우리는 그의 양이기 때문이다.

바울은 예수 그리스도의 이름 다음에 하나님 아버지를 더해 주고 있다. 신성의 충만하심이 그리스도 안에 있다(골 1 : 19, 2 : 9). 다른 신을 찾는 이는 저주를 받을 것이다. 예수 그리스도는 인간으로 오셨지만 하나님이시다. 그래서 하나님 아버지께서는 그의 말을 들으라 하셨다. "나를 저버리는 자는 나 보내신 이를 저버리는 것이라 하시니라"(눅 10 : 16b). 예수님은 하나님 아버지와 자신을 동일시하셨다. 바울은 '그를 죽은 자 가운데서 다시 살리신 하나님 아버지' 라고 말했다.

그들이 주장하는 대로 바울은 예수를 지상에서 본 적이 없다. 그러나 죽었던 예수를 살리신 하나님 아버지와 다시 살아나신 예수 그리스도가 그를 사도로 임명했다는 것이다. 예수 그리스도의 가장 큰 영광은 그의 부활을 통해 나타났다. 그의 부활은 예수 그리스도를 하나님의 아들로 선언하게 했다(롬 1 : 4).

(4) 맺는 말

① 우리는 복음을 전하는 사람의 유명세로 복음을 잴 수 없다.

인간은 무기력하다. 우리 구원은 사람의 공로가 아닌 예수 그리스도의 은혜로부터 주어진다. 아버지이신 하나님이 아들이신 그리스도에게 주신 권위와 성령의 권능으로, 죽은 자 가운데서 살리신 하나님 아버지 권세로 바울을 사도로 임명하신 것이다. 그러므로 바울은 하나님과 그리스도 예수께 전적으로 복종했다.

② 우리는 예수 그리스도의 말씀을 받고 그가 우리 삶을 다스리신다는 사실을 인지해야 한다. 그의 이름으로 배운 것을 이루어야 한다. 그의 말씀이 선포될 때 비록 인간의 입술을 통해 전해졌지만 하나님의 권위로 전파해야 한다.

③ 우리 신앙은 완전히 하나님의 말씀 위에 근거되어야 한다.

하나님이 자기 백성을 모으시고 우리가 천국에 들어갈 때까지 우리는 이 세상에서 말씀을 배워야 한다.

④ 대주재 되신 하나님 앞에서 우리 실패를 인정하고, 최고 권위를 가지신 예수 그

리스도를 기쁘시게 할 수 있는 기도를 드리며, 성령의 인도로 회개하면서 엎드리자. 이 은혜를 우리뿐 아니라 모든 민족과 국가에게 허락하신 하나님께 찬양하자.

C. 바울의 다른 사도들과의 관계(2 : 1-21)

1. 예루살렘 회의(2 : 1-5)

> 1십사 년 후에 내가 바나바와 함께 디도를 데리고 다시 예루살렘에 올라갔나
> 니 2계시를 따라 올라가 내가 이방 가운데서 전파하는 복음을 그들에게 제시
> 하되 유력한 자들에게 사사로이 한 것은 내가 달음질하는 것이나 달음질한
> 것이 헛되지 않게 하려 함이라 3그러나 나와 함께 있는 헬라인 디도까지도 억
> 지로 할례를 받게 하지 아니하였으니 4이는 가만히 들어온 거짓 형제들 때문
> 이라 그들이 가만히 들어온 것은 그리스도 예수 안에서 우리가 가진 자유를
> 엿보고 우리를 종으로 삼고자 함이로되 5그들에게 우리가 한시도 복종하지
> 아니하였으니 이는 복음의 진리가 항상 너희 가운데 있게 하려 함이라

2장에서 바울은 논쟁점을 다른 것으로 시작한다. 물론 바울의 사도권 논쟁은 아직도 계속되고 있다. 그러나 1장에서는 바울이 열두 사도들과의 독립성에 초점을 맞추었지만, 지금 그는 자신과 열두 사도 사이에 근본적인 연합성을 드러내는 것을 원하고 있다.

2장의 처음 10절은 앞에서 언급된 것들과 4가지 중요한 차이가 있음을 알 수 있다. (1) 바울 복음의 기원이 아닌 새 주제, 즉 이방인의 할례 문제를 중심으로 한 복음의 본질을 말한다. (2) 바운과 열두 사도의 관계가 새로운

국면에 접어들었음을 말한다. 바울의 초기 사역 시처럼 열두 사도들과 독립된 관계가 아니라 조화와 협력의 관계에 있다고 한다. (3) 바울 사역과 초대 교회 역사의 새로운 시기임을 말한다. (4) 복음의 근본 내용, 선교 사역의 계획에서 바울과 열두 사도들은 하나라는 새로운 결론이 내려졌다.

바울은 갈라디아 교회들을 어렵게 한 이단들과 예리한 갈등을 갖고 있음을 보여 준다. 바울은 사소한 문제라도 쉽게 지나가 버리지 않았다. 그렇다고 해서 타협하거나 싸워서 끝을 맺었을까? 바울과 바나바는 당시에 문제의 심각성을 인식하고 있었다. 바울은 은혜의 복음을 견고하게 계속 주장함으로써 교회사의 방향을 바꾸어 놓았다. 오늘날 어떤 이들은 교리가 중요하지 않다고 생각하여 화평을 위해 타협의 길을 찾고 있다. 인간 역할의 가치가 하나님 은혜의 실체와 병행해야만 구원이 온다고 주장하며 바울은 할례를 수용하면서 은혜의 복음을 전개했어야만 한다는 비성경적, 반성경적 논리를 주장하는 이들이 있다. 물론 은혜로 구원받은 이는 그 은혜의 감격으로 인해 율법 때문에 강요되어 움직이는 것보다 행위의 변화와 헌신이 훨씬 깊고, 진실한 열매를 맺을 것이다. 그러나 그 행위 때문에 구원이 온 것이 아니다. 구원은 오직 하나님의 은혜로 오는 것이다. Sola Gratia!(grace alone, 행 15 : 11 ; 롬 3 : 24 ; 고전 15 : 10)

[2 : 1] 바울 사도는 예루살렘으로 여행과 관련된 사실들을 언급하고 있다. 바울은 '십사 년 후' 라는 시간과 '다시 예루살렘에' 라는 표현으로 여행지를 제시하고 있다. 그러나 언제부터 '십사 년 후' 인지, 혹은 '어디서' 부터 예루살렘으로 올라갔는지에 대한 정확한 정보를 찾을 수 없다.

2 : 1의 'epeita dia' (then〈afterwards〉 through, 그런데 그 후)가 어느 때를 중심으로 시점을 표현하는 것인지 몇 군데 관련 성구를 찾아보자. 우선 갈라디아서 1 : 18("그 후 삼 년 만에 내가 게바를 방문하려고 예루살렘에 올라가서 그와 함께 십오 일을 머무는 동안")을 근거로 이때를 시점으로 삼아 말하

고 있을 수도 있다. 그리고 다른 하나는 갈라디아서 1 : 21("그 후에 내가 수리아와 길리기아 지방에 이르렀으나")을 근거로 할 수 있지만, 여기에서도 '그 후에' (epeita elthon, then⟨afterwards I want⟩)로 시작하고 있기 때문에 '그 후' 를 어느 때로 계산해야 하는지 불분명하다.

그러나 '다시' (palin, again)라는 단어를 생각해 보면 갈라디아서 1 : 18의 처음 예루살렘을 방문한 때를 기점으로 하여 십사 년 후로 읽을 수 있다. 왜냐하면 '다시' 란 이전에 한 번 행한 일을 반복해서 행한다는 뜻이므로 첫 번 예루살렘 방문 후 십사 년 후에 다시 예루살렘에 올라간 것으로 볼 수 있다. 처음 방문했을 그때(갈 1 : 18)에 게바를 만났던 것처럼 갈라디아서 2 : 1의 예루살렘 방문 때에도 다시 게바를 만나 친교의 악수를 나누었다(2 : 9).

만일 '그 후' 를 바울이 그리스도로부터 계시를 받은 시점에서 계산을 하게 되면 그 계시를 언제 바울이 받은 것인지, 어느 때 받은 계시를 의미하는지도 정확하지 않기 때문에 바울이 '계시를 따라 올라갔다' (2 : 2)라고 한 말의 정확한 기점을 잡기란 문제를 미궁으로 끌고 가는 결과가 될 것이다. 그런데 '그 후' 는 지금까지 진술한 내용들을 이어서 계속해서 진술하겠다는 의미를 포함하고 있다. 즉, '그 후' 는 역사적 관련성이 있을 때 사용하는 언어다. 따라서 '그 후' 는 '곧' (eutheos, immediately, 갈 1 : 16)과는 구별된다. 그러므로 '그 후' 란 사건의 유사성이 있는 첫 번째 예루살렘 방문(갈 1 : 18) '그 이후' 인 십사 년 후로 이해하는 것이 좋다. 사실 바울은 바나바와 사도회의 참석을 위해 예루살렘을 방문하기 이전에, 그의 회심 후 1차 방문 외에도 몇 차례 예루살렘을 방문했다(행 11 : 27 – 30 ; 12 : 25 ; Georg Strcker, ZNW 53⟨1962⟩, pp. 66 – 77). 그러나 갈라디아서 2 : 1은 1 : 18을 시점으로 해서 '십사 년 후' 로 보는 것이 타당하다.

예루살렘 방문 시점과 간격을 언급한 후 바울 사도는 예루살렘을 방문한 사람들을 소개한다. 바울 사도는 바나바와 디도를 대동했다고 보고한다. 그러나 '대동' 이라는 말보다는 '함께' (meta)라는 단어를 사용하는 것으로 보아 그 당시 바울 사도와 바나바는 대등한 위상을 가진 동역자였고, 디도는 데리고(sumparalabōn, took with〈me〉, bring along with) 간 인물로 평가된다.

바나바는 원시 기독교 공동체가 형성되는 과정의 가장 중요한 인물 가운데 한 사람이다. 그는 그리스도 복음 전도자 가운데 한 사람으로 바울 사도에 의해 여기에서 처음 언급되고 있다(이 밖에 갈 2 : 9, 13 ; 고전 9 : 6). 바나바는 본래 구브로에서 난 레위족으로 이름이 요셉이었으나 사도들이 바나바(위로의 아들)라 일컫던 이다(행 4 : 36). 그는 구브로 출신의 유대인으로 예루살렘에 이주해서 그리스도인이 되었다. 그 후 바나바는 바울의 조언자가 되었으며, 바울을 사도들에게 소개했다(행 9 : 26－27). 그는 그리스도교 선교사로서 바울의 개종 이전부터 안디옥에서 지도자로 활동했다(행 11 : 22, 30 ; 12 : 25 ; 13 : 1－3 ; 14 : 12, 14 ; 15 : 2, 13). 사도행전 14 : 4, 14은 바나바를 바울과 같이 '사도'로 칭하고 있다. 바울에게는 예루살렘 교회로부터 신뢰를 받고 있는 바나바와 함께 예루살렘을 방문하는 것이 여러모로 도움이 될 것이라 생각되었을 것이다. 그렇다면 디도는 왜 데리고 갔을까?

디도는 헬라인이자(갈 2 : 3) 바울의 선교 동역자다. 아마도 디도는 바울의 설교를 듣고 개종하였을 것이다. 바울 사도는 자신이 전한 복음을 듣고 그리스도인이 되어 복음 선교에 함께 동역하는 사람을 '믿음 안에서 참 아들 된 자'라고 부르고 있다(딤전 1 : 2 ; 딛 1 : 4). 당시 디도는 예루살렘 공동체를 위한 구제 헌금 사업의 조직책을 맡고 있었다(딤후 4 : 10 ; 딛 1 : 5). 이런 디도를 데리고 예루살렘 교회를 방문한 것은 비록 디도가 율법에 따라 할례를 받지는 않았지만(갈 2 : 3), 그리스도 안에서 한 형제로서 예루살렘 교회를 위하여 헌신적으로 수고하고 있다는 것을 보여 주고, 그럼으로써 할례가 참 그리스도인이 되는 데 결정적인 요건이 아님을 증언하기 위한 것이었다고 해석할 수 있다. 또한 바울 사도는 디도를 통한 구제 헌금 운동 설명을 하여 예루살렘 공동체와 이방 그리스도 공동체 사이의 유대를 공고히 하려고 했다고 볼 수도 있다.

[2 : 2] 그렇지만 바울 사도는 바나바와 함께 디도를 데리고 예루살렘을 방문하게 된 목적을 넘어서 그가 예루살렘을 방문하게 된 근본적인 동기를 '내가 계시를 따라 올라(갔다)' 라고 한다. '계시를 따라' (kata apokaluphin, according to revelation, by revelation, 롬 16 : 26 ; 엡 3 : 3)라는 말에서 바울이 어떠한 계시를, 누구로부터, 언제, 어떻게 받았는지는 구체적으로 알 수가 없다. 구약이나 유대 전승에 의하면 이러한 표현은 전쟁 또는 여행을 시작할 때 계시에 의존하는 고대사회의 관행처럼 바울 사도가 자주 쓰는 표현이다(살전 2 : 18 ; 롬 1 : 13 ; 15 : 22). 그 계시가 꿈으로 온 것(행 16 : 9 ; 18 : 9 ; 23 : 11 ; 27 : 23)인지, 무아지경에 사로잡힌 것(행 22 : 17)인지, 또는 성령의 표징(행 16 : 6 이하, 19 : 21 ; 20 : 22 - 23)인지, 예언에 의한 표징(행 11 : 28 ; 21 : 4, 10 이하)인지 분명하지 않다. 그러나 바울 사도가 '계시를 따라' 예루살렘을 방문했다고 해서 당시 안디옥 교회의 현실적인 상황이 전혀 고려되지 않은 것은 아니다. 당시 안디옥 교회까지도 바울 사도에 대한 음모가 확장된 것(행 15 : 1 - 2)으로 보아 바울이 받은 계시와 현실적 문제를 풀기 위해 예루살렘을 방문한 것은 결코 모순되지 않기 때문이다. 그 당시 유대 그리스도교 공동체 대표단이 안디옥 교회에 내려와서 할례를 받아야 할 것을 요구한 것에 대해 바울 자신 및 바나바와 그들 사이에 논쟁이 있었고, 이 때문에 안디옥 교회는 바울과 바나바를 예루살렘 사도들에게 보내기로 결정하였던 것이다. 이런 상황에서 바울 사도는 어떠한 모양으로든 문제 해결을 위하여 하나님께 기도했을 것이고, 그 기도응답으로 어떠한 모양으로든 계시가 주어졌을 것이다. 그래서 바울은 예루살렘 방문을 '계시를 따라 올라갔노라' 라고 증언한 것이다. 안디옥 교회의 결정과 계시는 서로 상충되는 것이 아니라 상호보충적이라 할 수 있다.

2 : 2b은 예루살렘 회의에서 바울이 취한 행동(2 : 2b - 10)을 설명하는 내용의 도입이다. 바울은 2 : 2b~10에서 자신이 지금까지 그리스도의 복음을 전하여 왔음을 언급하고 있다. 바울은 지금까지 자신이 이방에서 전한 복

음을 소위 '유력한 자들' 이라고 하는 사람들에게 사사로이 전했다. 이는 지금까지 바울 자신이 전한 복음의 내용이 혹시라도 예루살렘의 유력자들에게 왜곡되어지지 않도록 하기 위함이었으며, 유력한 예루살렘의 사도들에게 자신의 복음이 인정받도록 애쓰기보다 복음을 통보함으로 거짓 형제들에게(갈 2 : 4) 바울 자신이 전하는 복음이 원사도들의 것과 합치됨을 역설하기 위함이다. 물론 바울 사도는 복음의 권위에 있어서 하나님과 그리스도 이외에 다른 세상적 권위를 인정하지 않았다. "하나님은 사람을 외모로 취하지 아니하시나니 저 유력한 이들은 내게 의무를 '더하여 준 것이 없고'"(ouden prosanethen-to, nothing added)라고 고백한다(갈 2 : 6).

따라서 이는 갈라디아 교회에 몰래 들어와서 할례 문제를 제기하는 거짓 형제들에게 바울이 전한 복음을 설명할 필요가 더 이상 없다는 것을 암시하는 것이다. 동시에 바울 자신이 기둥 같은 유력한 사람들(야고보, 게바, 요한)과 같이 사사로이 전한 복음을 상론할 수 있는 동일한 위상, 즉 사도권을 암묵적으로 인정받고 있음을 강하게 피력한 것이다(2 : 9). 바울이 예루살렘 원사도들을 '기둥같이 여기는' 이라 표현하며 강력하게 부른 것은 유대주의자들이 사용하는 말을 풍자적으로 인용한 것이다. 그렇다면 바울 사도는 왜 "내가 달음질하는 것이나 달음질한 것이 헛되지 않게 하려 함이라"라고 했을까? 여기서 '달음질하는 것이나 달음질한 것' 이라는 표현은 바울의 이방 선교 활동을 로마 시대에 있었던 달리기(trecho, run, 갈 5 : 7 ; 살후 3 : 1 ; 히 12 : 1) 경기에 비유하여 표현한 것이다. 바울 사도는 다른 곳에서는 '달리기' 를 자신의 선교활동의 투쟁(agōn, struggle, fight, 롬 9 : 16 ; 고전 9 : 24, 26 ; 빌 2 : 16)으로 표현하고 있다. 따라서 바울 사도가 그 당시까지 '달음질하는 것과 달음질한 것' 은 그리스도의 복음을 통해 율법으로부터 자유해지는 '자유의 투쟁' 이다. 율법의 할례가 구원의 전제조건이 되지 않고, 유대인이나 헬라인이나 모든 인간은 예수를 그리스도로 믿는 믿음으로 의롭게 된다는 진리를 선포하기 위해 투쟁을 했고, 투쟁을 하고 있다는 것이다(15 – 21절).

바울이 달음질하는 것이나 달음질한 것이 '헛되지 않게 하려 함이라' 라고 한 말은 'mē pōs' (that perhaps lest somehow), 즉 '~하면 안 되기 때문에', '~하지 않도록' 과 같이 우려를 나타내는 표현으로, 바울은 바나바와 함께 디도를 데리고 예루살렘에 자신이 전한 복음을 설명하러 나간 이유에 대해 말해 준다.

바울 사도가 실제로 두려워한 것은 자기 자신에 관한 문제가 아니라 자신이 전한 그리스도의 복음으로 설립된 이방 기독교 공동체의 존립에 관한 것이었다(고전 3 : 4-15 ; 살전 2 : 19f). 따라서 '헛되지 않게 하려 함' 이라는 말은 사도가 지금까지 전한 복음이 폐하여질까 염려하고 있다는 뜻이 함축되어 있다. 이미 그러한 일이 일어났었기 때문이다(행 15 : 1 이하, J. Becker, NTD 8/1, p. 34) 바울 사도에게는 주께서 자신에게 주신 사명(행 13 : 47)을 성실하게 수행하는 것이 무엇보다도 중요했다. 그러므로 바울 사도는 마음에 썩 내키지는 않지만 자신이 전한 복음의 내용에 대하여 예루살렘의 유력한 자들로부터 인정을 받고 싶었을 것이다. 그러나 여러 정황을 고려해 볼 때 이러한 의도가 단지 개인 의지가 아니라 교회의 일치와 화해를 원하시는 주님의 뜻으로 생각하여 바울 사도가 자신의 예루살렘 입성을 하나님의 계시로 받아들이고 시행했음을 알 수 있다.

[2 : 3-5] 바울 사도는 예루살렘 사도들과 만난 관계선상에서 구원의 방법으로 은혜와 함께 모세 율법을 혼합시키려는 이들의 잠식으로부터 복음의 순수성을 방어하려고 하나의 예를 들고 있다. 당시 유대인 율법주의자들은 디도에게 할례를 받도록 강요했다. 그러나 투쟁의 결과 바울은 그가 말한 대로 '나와 함께 있는 헬라인 디도라도 억지로 할례를 받게' 하지 아니함으로 복음을 성공적으로 방어했다.

본 단락은 부정적 등위접속사인 '그러나' (alla, but)로 시작한다. 바울 사도가 "달음질하는 것이나 달음질한 것이 헛되지 않게 하려 함이라"(2 : 2b)

라고 한 말에 대한 부정을 시사한다. "지금까지 내(바울)가 전한 그리스도의 복음이 헛되게 되지 않도록 바나바와 함께 디도를 데리고 예루살렘에 올라가서 유력한 자들과 내가 사사로이 전파하는 복음을 제시하여 합의를 보았지만 '그러나' 나는 나와 함께 있는 헬라인 디도까지도 억지로 할례를 받게 하지는 아니하였다."라는 뜻으로 이해할 수 있다. '~까지도'로 번역된 'oude'(neither, not)는 디도가 바울과 함께 있는 사람임을 강조한 것이다. 바울의 동반자인 디도는 유대인 그리스도인들과 끊임없이 만났고, 그를 향한 회유적 자세를 취했을 것이다. 또한 율법주의자들에게 디도는 강한 압박을 받았을 것이다. 그러나 나 바울은 디도에게 억지로 할례를 받게 하지 아니했다는 것이다.

그렇다면 "억지로 할례를 받게 하지 아니하였으니"(3절)라는 말은 무슨 뜻인가? '억지로~ 하지 아니하였으니'(ēnagkasthe, was compelled, anagkakso〈force, compel〉)의 단순과거, 직설법, 수동태로서 '억지로 ~하게 되었다'라는 뜻이다. 그렇다면 이 말은 바울 사도가 디도로 하여금 할례를 받지 않도록 강하게 만류했다는 뜻인가, 아니면 디도가 강요에 의해서 억지로 할례를 받은 것이 아니라 자발적으로 할례를 받았다는 뜻인가? 즉, 이는 디도가 할례를 받았느냐, 받지 않았느냐의 질문이다. 바울 사도가 할례를 구원의 방법으로 채택하는 것을 강력히 거부한 것은 부인할 수 없는 명백한 사실이다. 반면에 유대인 할례파 사람들은 억지로라도 할례를 받도록 강요하였다(갈 6 : 12-13). 따라서 이 말은 바울이 억지로 할례를 강요하는 유대인 할례파 사람들의 행위를 간접적으로 비난하면서, 바울 자신의 선교 동역자인 디도까지도 억지로 할례를 받도록 하지 않았다고 말한 것으로 해석된다. 바울은 자신이 전한 복음의 정당성을 주장하기 위하여, 즉 일종의 과시용으로 할례받지 않은, 그러나 하나님의 구원에 참여한 크리스천이 된 디도를 예루살렘에 데리고 간 것이다.

그러나 디도가 할례를 받지 않았나는 해석에 반대하는 학자들도 있다.

그들은 바울 사도가 디도에게 '억지로' 는 아니지만 디도 자신이 자발적으로 할례를 받았을 가능성을 시사해 준다고 보는 것이다. 바울 사도는 이미 디모데가 할례받도록 허락하였기 때문이다(행 16 : 3). 그들은 만일 바울 사도가 디모데나 디도를 믿음 안에서 낳은 아들 된 자로 생각했다면, 유대인들이 제자들의 할례 문제로 인하여 반론을 제기하기 이전에 어떠한 모양으로든 할례의 문제를 해결하였을 것이라고 생각한다. 디모데의 아버지가 헬라인이었던 것처럼 디도의 아버지도 헬라인이었을 것이기 때문이다. 그들은 디도가 바울의 강요로 억지로 할례를 행한 것이 아니라 자발적으로 할례를 받았다고 이해해야 한다고 주장한다. 루터도 "바울은 디도에게 할례받기를 허락하였을지 모른다."(M. Luther, works 27, p. 137)고 말한다. 그럼에도 불구하고 루터는 '할례받는 것이 허용될 수 있으나 할례는 필요한 것이 아니다. 그리고 이것은 사람들이 전체 율법을 생각해야 하는 방법이라는 것을 증명하는 것' 이라고 부연한다(M. Luther's, p. 200).

헨헨(E. Haenchen)과 콘첼만(H. Conzelmann)에 의하면 바울 사도가 때때로 할례를 동의했었다는 소문이 있었으며(갈 5 : 11 ; 행 21 : 20 이하), 전승으로 이어진 이 소문들을 누가가 사도행전 16 : 3에서 쉽게 받아들이고 있다는 점을 지적하고 있다. 그것은 바울 자신이 충실한 유대인임을 유대인들에게 입증하기 위한 것으로 해석한다. 헨헨과 콘첼만은 '억지로 할례를 받게 하지 아니하였으니' 라는 말, 그것은 '할례를 자발적으로 받았다' 는 것을 암시한다고 해석한다(E. Haenchen, *Die Apostelgeschichte*, pp. 472-482, H. Conzelmann, *Apostelgeschichte*, pp. 88f).

그럼에도 불구하고 '억지로' 할례를 강요하는 자들이 유대인 할례파였다는 점을 고려해 볼 때(갈 6 : 12), 그리고 갈라디아까지 와서 이방인 그리스도인들에게까지 할례를 강요한 사람들이 바로 유대인 할례파인 점을 고려해 볼 때 바울 사도는 디도에게 수동적으로라도 할례를 허락하지 않았을 것이다. 왜냐하면 바울이 갈라디아서를 쓰게 된 동기가 거짓 형제들이 주장한 다른 복음, 즉 할례를 받아야 구원을 받는다는 주장을 반박하기 위한 것이기 때문이다. 또한 바울 사도는 갈라디아 교회 교우들에게 "형제들아 내가 지금까지 할례를 전한다면 어찌하여 지금까지 박해를 받으리요……"(갈 5 : 11)라고 호소했을 뿐 아니라 유대인 할례파 사람들을 향하여 너희들이 그렇게 할례를 좋아하거든 너희들 것을 "스스로 베어 버리기를 원하노라"(갈 5 : 12)라고까지 말할 정도로 할례를 거부하고 있기 때문이다.

4절은 대적자들의 특징을 말한다. "이는 가만히 들어온 거짓 형제들 때문이라" 'dia de' (그러나 – 때문에)로 시작하는 이 문장은 번역하기가 쉽지 않다. 서두의 전치사 구문이 앞뒤로 연결되지 않기 때문이다. 바울 사도는 안디옥 교회에 가만히 들어온 자들을 거짓 형제로 규정하고 갈라디아 성도들에게 경계심을 갖게 한다. 그들은 예루살렘 교회의 사도들의 지시도 받지 않고, 단지 말로서 안디옥 교회 성도들을 괴롭히고 마음을 혼란하게 했기 때문이다(행 15 : 24). 바울 사도가 안디옥 교회에 대한 기억을 상기시키는 것은 그 당시 갈라디아 교회에서 다른 복음(갈 1 : 6 – 7)을 전파한 이들도 안디옥 교회에 가만히 들어온 자들과 다를 바 없다는 것을 주장하기 위해서이다.

여기서 '가만히 들어온' 것은 '비열한 방식으로', '부정적인 방법으로', '속임수로' 라는 뜻이다. 이는 곧 긍정적인 의도를 가지고 들어오는 것이 아니라 좋지 못한 의도를 갖고 몰래 들어오는 것을 뜻한다. '가만히 들어온 자' 란 공적 기관의 지시를 받고 들어온 자가 아니며, 그들의 목적은 '그리스도 예수 안에서 우리가 가진 자유를 엿보고 우리를 종으로 삼고자 함' 이라 했다(갈 2 : 4).

'가만히 들어온 자' (Pareisaktoi, brought in under false pretenses)라는 말은 신약에서만 발견되는데, 본래 군사적 또는 정치적 음모를 행하는 자를 뜻했다. 기독교 문헌에서는 이단(벧후 2 : 1)이라는 의미로 자주 쓰였다. 그렇다면 바울이 지적하고 있는 거짓 형제들은 누구를 가리키는가? 거짓 형제들이란 그들에 대한 바울 사도의 부정적 판단과 개인적인 역겨움의 표현이기도

하지만, 구체적으로는 예루살렘에 있는 그의 반대자들 곧 유대 그리스도인들을 말한다(고후 11 : 13, 26 ; 롬 9 : 3). 거짓 형제들이란 그들의 성품을 가리키킨다기보다는 그리스도인이면서 아직 율법에 매여 있어 그리스도 복음에 대하여 다른 생각을 갖고 있는 사람들이었다. 이방인들이 하나님의 은혜로 구원을 얻는다는 것을 부인하고(갈 2 : 21), 이방 그리스도인들이 먼저 유대인이 되지 않는 한, 형제로 받아들일 수 없다고 하였다. 그러므로 바울 사도는 그들을 거짓 형제라 불렀다. 이 말은 당시 갈라디아 교회에서 바울의 복음을 반대하는 자들, 즉 예루살렘 교회에 있는 유대 그리스도인들뿐 아니라 갈라디아 교회에 가만히 들어온 자들을 가리키는 말이기도 하다(J. Munck, *Paul and the salvation of Mankind*. E. T. by F. Clarke〈Richmond, 1959〉, pp. 86f). 이 가만히 들어온 자들은 엿보기(kataskopēsai, spy on) 위하여 들어온 자들이다. 그러므로 바울 사도는 거짓 형제들이 가만히 들어온 목적을 그리스도 안에서 우리가 가진 자유를 엿보고 우리를 종으로 삼고자 함이라 했다.

그렇다면 그리스도 안에서 우리가 가진 자유란 구체적으로 무엇을 말하는가? 그리스도인들이 그리스도 예수 안에서 가진 자유는 '모든 율법의 요구로부터의 자유', 좀 더 구체적으로 말하면 할례로부터의 자유다(갈 2 : 17 ; 3 : 14, 28 ; 5 : 1, 6). 따라서 거짓 형제들이 우리(이방인 그리스도인)를 종으로 삼고자 하는 것은 다름 아닌 억지로 할례를 받도록 강요하여 이방인 그리스도인에 대한 유대 그리스도인의 우위권을 주장하려 한 것이다.

갈라디아서의 헬라어 사본은 5절의 번역에 큰 차이를 보인다. 'ois oude' (to whom not)가 생략된 사본들이 있기 때문이다. 이 사본들은 매우 부드럽게 읽을 수 있다. "그러나 거짓 형제들 까닭에…… 우리는 한 번 굴복했다." 그것은 바울이 디도에게 할례를 받도록 허락했거나, 율법주의자들에게 바울이 양보했거나(Tertullian과 Zahn), 복음의 진리가 이방 그리스도인들과 계속되게 하기 위해 그에게 양보를 요구한 사도들에게 양보한 것으로 읽을 수 있다.

반면, 여기에 중요한 문제가 있다. 첫째, 바울이 디도로 하여금 할례를 받도록 양보했다는 것과 바울이 복음의 진리를 사수하는 것을 계속 주장하고 있는 것을 어떻게 조화시킬 수 있을까 하는 문제다. 바울은 갈라디아서 1~2장에서 복음을 거듭거듭 말하고 있다(1 : 6, 9, 11 ; 2 : 2, 5). 앞서 말한 그것이 사실이라면 바울은 왜 그토록 복음을 방어하려고 힘을 쓴 것인가? 디도가 할례를 받았다는 이론도 믿기가 어렵지 않은가. 비록 한 번이지만 바울이 그런 정도의 이유로 율법주의자들인 거짓 형제들과 그리스도인의 자유를 엿보기 위해 몰래 들어와 이방 그리스도인들을 율법의 종으로 만들려는 이들에게 양보할 수 있었을까?

그러나 대부분의 중요한 사본들(P[46], 시내산 사본, 알렉산드리아 사본 등)은 'ois oude'(to whom not)를 갖고 있다. 그러므로 이 사본들은 '우리가 한 번도 복종하지 아니하였으니' 라고 읽을 수 있다. 그럴 경우 갈라디아서의 목적과 일치한다. 그러나 여기에도 문제가 있다. 'ois'(관계대명사 복수 남성〈중성〉여격, to whom)로 5절을 시작할 경우 4절을 완성시키기가 어렵다. 이는 어떤 구조로 시작된 글이 다른 구조로 끝나는 파격구문으로 문법적 관계없이 연결되는 것이다. 본서 기록자의 주장이 파격구문임에도 불구하고 더 어렵게 표현된 것이다. 그럼에도 불구하고 본문은 본문 비평학에 의해 최고의 지지를 받고 있다.

한글 번역 성경에서는 'ois'(to whom)가 번역되어 있지 않으나, 대부분의 영어성경 번역에서는 이를 번역하고 있다 : 'to whom'(KJV), 'why'(TCNT), 'but'(Mof, NEB)으로 번역하고, 'oude' 부정사도 번역한다. 그 근거는 다음과 같다. (1) 대부분의 헬라어 소문자 사본들과 영국의 수집가 체스터 베티(Chester Beatty)가 1930~1936년 사이에 애굽에서 수집한 바울서신의 파피루스 사본(p. 46)은 3세기 초의 것으로 판명된 파피루스임에도 'ois oude'가 남아 있다. (2) 성경 본문 연구를 할 때 완전한 문법을 요구할 이유가 없기 때문이다. 난해한 문법적 구조는 그것을 수정하려던 다양한 시도가 있었다는 것을 보여 줄 뿐 문법상 곤란하다는 이유만으로 거부할 이유는 없는 것이다. (3) 부정문을 제거하려던 서기관들이나 주석가들이 본문을 고친 노력의 흔적들을 바울서신의 다른 곳에서도 찾을 수 있다(갈 5 : 8 ; 롬 5 : 14). (4) 가장 어렵게 읽게 되는 난해한 본문은 수정된 것처럼 보이게 된다. 변이들의 본문은 더 잘 이해할 수 있도록 하거나 난해한 부분을 삭제했기 때문이다. 'ois oude'를 원문에 있던 것으로 읽을 수 있는 이유는 그 문장을 해석상 야기되는 문제들을 없애기 위하여 여러 변이된 것들이 있는 것으로 보아 알 수 있기 때문이다.

그러나 'ois oude'를 살릴 경우 4절과 연결하기가 어렵다. 일반적으로 이 문제를 이해하기 위한 몇 가지 시도들이 있었다. (1) 4절의 파격구문과 다음에 따라오는 단어와의 관계를 갖도록 한 시도, (2) 앞에 있는 것을 제한시키려는 시도, (3) 선행사로부터 제시된 어떤 것으로 한정시키려는 시도다(Burton, pp. 79-82). 가장 좋은 해석은 4절이 거짓 형제들과 다른 예루살렘 지도자들에 의해 바울에게 적용된 강압된 생각을 연결시키는 것이다. 그러나 바울은 이방인의 자유를 방어하는 일에 성공적으로 대처했다.

여기에서 역사적 상황이 중요하다. 예루살렘의 사도들은 중립적 입장에서 흔들렸다. 바울에게 복종할 것을 충고하려는 경향과 마침내 율법에서의 자유를 공적으로 선언함으로 바울의 손을 들어 주는 일로 나타났다. 이런 태도는 다음의 구절들에서 나타났다. 바울은 예루살렘에서 충돌하여 유보하는 태도를 보이고(2 : 6, 9) 안디옥에서 베드로의 비겁한 행동으로 보아 알 수 있다(2 : 11-14). 더욱 분명한 것은 갈등은 주로 거짓 형제들과 바울 사이에 있었고, 그 시간 전에 동요가 있었든지 없었든지 간에 마침내 사도들은 바울과 바나바와 함께 굳게 섰다. "가만히 들어온 거짓 형제들 때문에"(4절) 그들에게 일시라도 복종하지 아니했다는 것이다.

4절에서 '거짓 형제'(pseudadelphous, trator, spy)는 신약성경에 두 번만 나오는(갈 2 : 4 ; 고후 11 : 26) 파괴적인 군사용어다. '침투시킨다'

(pareisaktous, infiltrated)는 말은 같은 방법으로 베드로후서 2 : 1에서 교회를 약화시키고 파괴하려고 멸망하게 할 이단을 가만히 끌어들였다고 한다. 칠십인역 성경의 사무엘하 10 : 3에서 '스파이'(kataskopeō)는 다윗의 부하들에게 그의 원수들이 붙여 준 이름으로 나타난다. "다윗이 그의 신하들을 당신에게 보내 이 성을 엿보고 탐지하여 함락시키고자 함이 아니니이까" 이와 비슷하게 바울은 율법주의자들이 우리를 종으로 삼으려고(katadoulōsousin, to make us slave) 가만히 들어왔다고 한다.

바울이 하나님으로부터 받은 복음을 방어하는 것은 어떤 개인적 이유 또는 이기심이 있어 한 것이 아니다. "복음의 진리가 항상 '너희'(형제들) 가운데 있게 하려 함"(5절)이기 때문이다. 여기서 진리는 앞에서 언급한 거짓과 대조된다. 그러므로 여기서 진리는 복음의 그 진리(the truth)나 복음의 참된 메시지만이 아니라 거짓 형제들이 가르친 거짓 복음에 대칭되는 참 복음을 의미한다. 앞서 언급한 다른 복음, 즉 전혀 복음이 아닌 것(1 : 6 - 7)을 생각했을 것이다. 진리의 복음 개념은 '수정되지 않는 복음'(Ridderbos), '완전한 복음'(Lightfoot), 순전한 성결, 즉 순결하고 온전한 교리(Calvin)를 말한다.

바울은 거짓 형제들의 가르침과 주장에 한시도('oude pros hōran' 〈not for an hour, 한순간도〉) 복종하지 아니하였으니, 이는 할례를 인정하지도 않았고 받지도 않았다는 뜻이다. 바울 사도는 굽힐 줄 모르는 진리 수호 의식(5a절)과 자신의 목적(5b절)을 상기시키고 있다.

2. 바울과 기둥 같은 사도들(2 : 6 - 10)

6유력하다는 이들 중에 (본래 어떤 이들이든지 내게 상관이 없으며 하나님은 사람을 외모로 취하지 아니하시나니) 저 유력한 이들은 내게 의무를 더하여 준 것이 없고 7도리어 그들은 내가 무할례자에게 복음 전함을 맡은 것이 베드

로가 할례자에게 맡음과 같은 것을 보았고 [8]베드로에게 역사하사 그를 할례
자의 사도로 삼으신 이가 또한 내게 역사하사 나를 이방인의 사도로 삼으셨
느니라 [9]또 기둥같이 여기는 야고보와 게바와 요한도 내게 주신 은혜를 알므
로 나와 바나바에게 친교의 악수를 하였으니 우리는 이방인에게로, 그들은
할례자에게로 가게 하려 함이라 [10]다만 우리에게 가난한 자들을 기억하도록
부탁하였으니 이것은 나도 본래부터 힘써 행하여 왔노라

[2:6] 4절의 문장구조처럼 여기서도 헬라어 본문의 처음 6개의 단어가 삽입됨으로 문장이 깨졌다. 'apo de tōn dokountōn einai ti' (But of these who seemed to be somewhat〈KJV〉, But from those who were held in chief reputation〈W. J. Conybeare〉, But as for the men of high reputation〈NEB〉의 번역이 있다.) 여기서 'dokountōn' ('dokeo' 는 헬라어 명사 'doxa' (glory)의 동사형으로 'believe', 'to think', 자동사로는 'to have an appearance of', 'to seem' 의 뜻이 있다. 'do keo' 의 현재분사, 복수 소유격, 남성, 'men of recognized')은 바울이 2절의 주제로 되돌아가기를 원한 것을 보여 준다. 바울이 전한 복음을 기둥 같은 사도들 앞에 가져다 놓았을 때 그들은 바울의 복음에 더한 것이 없음을 확인했다. 그가 6절을 아무런 방해 없이 새로운 시작으로 계속하려면 유명하다는 이들로부터 받은 것이 없다는 말을 해야 할 것이다. 그렇지 않으면 바울의 사상은 저항을 받아 원사도들이 예수를 육체로 알았던 것을 더하기 위하여 서둘러야 했을 것이다. 그러나 그것은 바울에게나 하나님에게 중요한 것이 아니므로 원사도들은 바울의 메시지에 아무것도 더하지 않았다.

바울은 갈라디아서 2장에서 4번이나(2절에서 1번, 6절에서 2번, 9절에서 1번) 예루살렘의 세 명의 유력한 이들을 언급한다. 9절에서는 분명히 야고보, 게바, 요한의 이름을 밝히고 '유력한 자들', '기둥같이 여기는 자들' 로 불렀다. 왜 바울은 흔히 사용하지 않던 방법으로 그들의 이름을 높였을까?

많은 주석가들이 바울은 자신 앞에 있는 사도들에게 강력하게 반대 의사를 표하기를 꺼렸을 것이라 한다. 그러나 버튼 같은 이들은 여기서 바울의 분명한 의도는 사도들과 영적으로나 교리적인 연합을 보여 주려는 것이라 말하며 그와 같은 이론을 즉각적으로 부인한다. 그는 바울이 같은 상황에서 그들에 대하여 가볍게 말한 것 같지 않다고 보았다. 이러한 본문의 문법적 난해를 어떻게 설명할 수 있는가?

① 유력한 이들(oi dokountes, those of reputation, those who seemed to be important〈NIV〉)은 결과적으로는 바울을 반대한 것이 아니다. 그럼에도 불구하고 의미상으로는 그와 같은 뜻을 전달하고 있다.

② 헬라어 본문에서 이 구절의 반복은 기분 좋은 느낌을 주지 않는다. 셰익스피어의 희곡 중 「줄리어스 시저」의 장례식 조사 중에 브루터스에 대하여 안토니가 '존경하는'이라는 말을 반복한 것과 같은 효과를 보여 주는 것이다. 그 말을 반복할수록 브루터스는 존경할 수 없는 사람으로 떨어진다.

③ 바울은 먼저 '유력하다는 이들 중에'(tōn dokountōn, those who seemed to be leaders)라는 표현으로 사도들을 불렀고, 그 다음에는 '저 유력한 이들'(oi dokountes, those who seemed to be important)로 불렀다. 마침내 바울은 그들을 '기둥같이 여기는 이들'(oi dokountes stuloί einai〈those who seemed to be pillars〉) 즉 야고보, 게바, 요한의 이름으로 불렀다. 이와 같은 진전은 바울의 일어나는 분노가 2 : 2에서 보였던 예의를 유지하기가 어려웠음을 보여 준다. 세상도 이들에 의해서 그 당시 공동체가 주도되고 있었음을 알고 있었다. 그 이름의 순서로 보아, 그리고 '야고보에게서 온 어떤 이들'(2 : 12)이라 표현한 것으로 보아, 그 당시 예루살렘 교회에서 야고보가 주도권을 잡고 있었음을 알 수 있다.

④ 안디옥에서 베드로가 행한 이야기가 연이어 나온 것은 예루살렘 지도자들의 신앙과 교리적 위기감에 대한 바울의 실망감을 나타낸 것이다. 실패한 지

도자들을 다시 회복시키려고 사도회의를 다시 말하고 다시 살리는 일을 본서에서 점진적으로 유출시키고 있다. 바울은 예루살렘 사도들이 사도회의에서나 그 후 베드로의 경우에서도 그들의 명성에 상응하는 수준의 일을 행하지 못했다고 느꼈다. 그들이 문제에 대한 경계심을 가졌었다면 율법주의자들이 교회에 들어오는 것은 성공하지 못했을 것이다.

⑤ 이 구절들 배후에 있는 예민한 상황만이 문법적 난해함을 설명해 준다. 그것들을 이해하기 위해 우리는 바울과 열두 사도 사이에 있었던 기본적 연합을 강조하려는 관점과 위기 상황에서 사도들이 바울의 관심만큼 잘 수행하지 않은 것을 정직하게 지적할 필요가 있다는 관점 사이에서 격분하고 있는 바울을 보아야 한다. 이와 같이 바울은 2절에서 사도들에 대한 암시가 너무 막연하다고 여겨 두 번째 생각을 표현한 것이다. 바울은 디도의 사건을 깨뜨렸고 디도에게 억지로 할례를 받게 아니했다고 설명한 것으로도 사도들과 화합을 이루는 데 충분하지 않아 다시 6절에서 사도들을 거론하고, 마침내 9절에서는 그들의 이름까지 끌어냈다. 여기서 바울은 기둥 같은 사람들의 대부분이 복음을 지지하는 일에 실패했다는 것을 지적하고 있는 것이다.

우리는 2~10절이 문법적으로 문제가 있음을 보아야 한다. 그러나 이 부분을 위에 언급한 역사적 상황에 기대어 고려한다면 의미가 있을 뿐 아니라 사도 바울에 대한 칭찬이 늘어날 것이다. 바울과 같이 크게 도전받는 상황에서 누가 감정적 균형을 유지할 수 있겠으며, 동시에 서신에서 그들이 필요한 것을 지적할 수 있겠는가?

바울은 다음과 같은 일을 해냈다. (1) 자신의 권위를 조금도 축소시키지 않으면서 예루살렘 사도들의 권위와 위치를 인정했다. (2) 율법주의자들이 주장한 바를 반대하기 위해 사도들은 초기 응답이나 행동에서 완전하지 못했음을 지적했다. (3) 열두 사도의 복음과 정책들을 율법주의자들의 복음과 징책으로부터 결정적으로 분리했다. (4) 율법주의자들과 열두 사도들보다,

바울 자신과 열두 사도가 함께 서 있다는 사실을 확인했다. 마침내 그는 자신과 열두 사도 사이의 협정을 통해 사역의 영역을 각각 정한 것으로 나타내 보여 주었다(7–10절).

바울이 전한 복음에 관한 한 예루살렘 회의는 두 가지 결과를 가져왔다. 부정적으로 열두 사도는 바울에게 더하여 준 것이 없었다. 바울의 복음은 완전히 계시로 받았기 때문이다. 긍극적으로는 기둥 같은 사도들이 바울과 친교의 악수를 함으로써 그들과 바울이 같은 복음을 전한다는 것을 인정했고, 다른 것이 있다면 사역의 대상이 각각 다르다는 것뿐임을 확인했다. '본래 어떤 이들이든지 내게 상관이 없으며' 에서 왜 바울이 '어떤 이들' 이라고 표현했을까?

바울 사도가 이 편지를 쓸 때 이미 베드로, 야고보, 요한은 순교했기 때문에 '어떤 이들' 이라 해석하는 이(Karl Heussi, *Die römische Petrustradition in Kritischer Sicht*〈Tübingen, 1955〉)가 있는가 하면, 이를 반박하는 이들도 있다(Kurt Aland, Gunter Klein, pp. 110f). 이들은 사도의 두 번째 예루살렘 방문 때는 상황이 바뀐 상태로, '유력하다는 이들' 과 '기둥 같은 이들' 이라는 표현은 사도회의 자체의 상황이라기보다는 바울이 갈라디아 사람들에게 편지를 쓰던 때의 상황을 반영한 것뿐이라고 한다. 이때 야고보의 영향은 커지고 베드로의 영향은 감소되었다고 본다(Gunter Klein, Rekonstruktion, pp. 112f, 124f). 첫 번째 예루살렘 방문 때는 베드로가 최고의 감독자인 것 같았으나(1 : 18) 후에 야고보가 우세해졌다는 것이다. '본래 어떤 이들' 은 이러한 변화를 암시하는 것으로 본다. 바울은 하나님은 "사람을 외모로 보지 아니하신다"(신 10 : 17)는 말씀을 인용하여 설사 유력한 자들이라 할지라도 바울 사도 자신과의 관계에 있어서는 그들이 '더하여 준 것이 없다' 는 것을 말하고 있다는 것이다. 즉, 바울은 이방인 그리스도인들에게 율법의 의무를 다하여 할례를 받아야 한다고 요구한 적이 없다는 것을 뜻한다(4 : 9, 5 : 1).

[2 : 7-10] 7절의 '보았고'(idontes, holao의 단순과거분사 복수, having seen, when they had seen)라는 표현은 바울과 바나바가 이방인 가운데서 그들을 통해서 하나님이 하신 일에 대한 결과를 보고 열두 사도들의 심경의 변화를 말한 것이다(행 15 : 4). 처음에 그들은 회의적이고 확신을 갖지 못하다가 후에는 그들이 바울과 같은 자리에 섰다. 분사형은 9절에서 그들의 사역의 결과를 본 후 열두 사도들이 바울과 바나바에게 친교의 악수를 하게 된 이유를 주고 있다. 불행하게도 흠정역 성경(KJV)에서는 '무할례자의 복음'(the Gospel of the Uncircumcision)과 '할례자의 복음'(the Gospel of the Circumcision)이라고 번역하여 두 개의 복음이 있는 것처럼 번역했다. 이것은 바울이 의도한 것은 아니다. 그러나 개역개정판이나 NIV 번역판에서는 '무할례자에게 복음'(the Gospel to the Gentile)과 '할례자에게 복음'(the Gospel to the Jew)이라고 번역함으로 바울의 신학과 일치시켰다. 무할례자에게 복음이란 이방인에게 전한 복음을 말한다.

7절은 '도리어'(alla, but)라는 반어(反語) 접속사로 시작한다. 이는 바울의 복음이 예루살렘의 유력하다는 이들에 의해 배척된 것이 아니라 도리어 공적으로 정당하게 인정되었음을 강조한다. 바울 사도는 7~9절에서 그 내용을 설명한다. 여기서 바울 사도는 이방인을 무할례자로, 유대인을 할례자로 쓰고 있다(7-9절). 그리고 복음 선교의 대상을 바울은 이방인에게, 베드로는 할례자에게로 분담되었다고 한다(7, 9절). 이것은 원칙적 업무 분담일 뿐 실제로는 베드로도 이방인에게 전도하였고(행 15 : 7 ; 벧전 1 : 1) 바울도 가는 곳마다 유대인에게 먼저 전도했다(행 13 : 16 ; 17 : 1-2 ; 18 : 4 ; 19 : 8-9). 바울도 베드로처럼 (이방인을 위한) 사도로 인정되었음을 시사하고 있다(8절). 이러한 합의가 이루어졌다는 의미로 그들은 친교의 악수를 하였다(9절).

예루살렘에서 가만히 들어온 자들이 이 같은 합의사항을 무시하려 해도 소용이 없다는 것이다. 이와 같은 선교적 협력관계를 암시하는 의미에서 사도 바울은 지금까지 사용하던 '게바'(1 : 18 ; 2 : 11)라는 아람어 이름 대신

'베드로' (2 : 7 - 8)라는 헬라어 이름을 쓰고 있다. 여기서 베드로라는 이름으로 바꾸어 쓴 것은 유대인에 대한 베드로의 선교나 이방인에 대한 바울의 선교가 동일한 가치를 가지고 있음을 암시한 것이다(J. Becker, p. 35). 따라서 사람들은 자연스럽게 복음 선교의 대상은 다를 수 있으나 바울과 베드로에게 복음 사명을 위임시키시고 능력 주신 분은 하나님이시기 때문에 복음은 하나라는 사실을 수용하게 된다(갈 1 : 15f).

9절에서 지도급 사도들의 이름을 순서로 나열하고 있는 것을 유의해 볼 필요가 있다. 먼저 사도행전에 기록된 대로 야고보와 베드로의 상대적 위치와 사역에 상응하는 순서임이 틀림없다고 본다. 베드로는 대사도였다. 그래서 바울이 유대인에게 하는 전도를 말할 때 저명한 인물이었던 베드로는 언급했지만, 야고보는 언급하지도 않았다(7 - 8절). 예루살렘 교회의 특별한 활동과 공식활동을 말할 때에는 아마도 예루살렘 회의 의장이었던 야고보의 이름이 게바와 요한의 이름과 함께 먼저 언급되었다.

'주의 형제 야고보' (갈 1 : 19)로 불리던 그를 여기서는 '야고보' 로만 부른 것도 사도행전 기사에 의해 분명히 설명되었다. 이전 예루살렘 방문 시, 거기에는 두 명의 유명한 야고보가 있었다. 주의 형제 야고보와 세베대의 아들 야고보다. 그 방문을 기술할 때 바울은 야고보들을 확인한다. 그러나 이번 방문(행 15장) 시에 세베대의 아들 야고보는 헤롯에 의해 이미 죽었다.

9절의 '알므로' (gnontes, recognized, knowing)는 7절의 '보았고' (idontes, saw)와 다르다. 이는 정황에 대한 외적 지식에 반하는 내적 확신을 말한다. 사도들은 많은 회심자를 낳게 한 바울의 사역이 하나님에 의한 축복이었음을 보았다. 이런 지식으로부터 하나님의 은혜가 그와 함께 있었던 것에 대한 더 깊은 확신을 얻게 된 것이다. 게바를 베드로로 고치고, 어떤 사본에는 야고보 앞에 베드로를 놓은 것은 2세기의 서기관들에 의해 만들어진 것이기는 하지만, 보충된 말이 삽입되거나 교회의 목적을 이루기 위해 자유롭게 변경된 것이 있는 서방 텍스트(Western Text, D.)에 나타나 있다. 베드로를 게바로 변형시킨 곳은 1 : 18 ; 2 : 11, 14로 이들 사본에는 나타나 있다.

10절에서 바울은 안디옥 교회의 대표로서 바나바와 함께 예루살렘 방문시 기근을 당한 가난한 사람들에 대한 관심을 이미 보여 주었다(행 11 : 27-30). 예루살렘 회의에서 그는 이 선한 일을 상기하게 되었고, 그것을 추진하도록 격려를 받았다. 바울은 이 요구로부터 큰 동정심을 갖고 그의 후기 사상과 기록에서 아주 상당 부분을 이방교회 중에서 헌금하는 일을 했다(행 24 : 17 ; 롬 15 : 26 ; 고전 16 : 3-4 ; 고후 8-9장). 복수 1인칭(우리, we)에서 단수(나, I)로 바뀐 것은 연보를 거둘 그때까지 바울과 바나바가 팀으로 함께 한 것을 보여 준다.

왜 바울은 사도들을 기둥같이 여긴다고 했나? 이것은 하나님의 성전을 받치고 있는 기둥을 은유적으로 표현한 것이다(고전 3 : 16 이하 ; 고후 6 : 16 ; 엡 2 : 21 이하, Becker, p. 35). 그들은 하나님의 성전이다. 하나님의 영이 공동체 안에 있기 때문이다. 그래서 그들은 성전을 지탱하고 있는 세 기둥들이다(계 3 : 12). 그러나 이것이 그들만이 기둥이며 바울과 바나바는 기둥이 아니라는 뜻은 아니다. 그들은 예루살렘 교회의 기둥이고, 자신들은 이방교회의 기둥이라 볼 수 있다. 베드로를 할례받은 자의 사도로 삼으신 이가 바울을 이방인의 사도로 삼으셨기 때문이다(8절). 여기서 베드로의 사도직이 비록 먼저 언급되었지만 두 사도직이 동일하게 언급된 것은 같은 하나님께서(8절 두 소절의 주어는 동일한 하나님이다.) 두 사람을 통해서 일하시기 때문이다(8절).

8절이 사실이라면 바울은 왜 사도권에 대해 문제를 제기하는 사람들에 대하여 그토록 민감하였는가? 이 문제에 대하여 학자들 간에 의견이 다르다. 베드로만이 사도직을 인정받은 반면에 바울의 선교에는 특별한 명칭이 주어지지 않고 단지 동등한 지위만 인정되었다는 견해(H. D. Betz, 「국제성서주석, 갈라디아서」〈서울 : 한국신학연구소, 1987〉, pp. 220f)와 예루살렘 회의의 주요 성과 중 하나로 바울의 사도직과 사도적 은총이 인정된 점을 강조하는 이들이 있다(Schlier, pp. 76-81, Mußner, pp. 117f). 베츠(Betz)는 바울 사도가 자신만이 인정하는 사도 칭호를 사용한 것은 사도행전과 서신에서 알 수 있는 것처럼 반대파들에게 맞서기 위한 것으로 본다. 그는 갈라디아서 1 : 17의 사도에 대한 언급은 부기(附記)로 보아야 한다고 했다. 갈라디아서 2 : 8은 예루살렘 회의 때까지 바울은 사도로 불리지도 않았고, 자신을 사도로 칭하지도 않았으나 그 후에 자신을 사도로 칭했다고 한다(갈 1 : 1). 그러므로 예루살렘 회의는 '사도회의'로 불려서는 안 된다고 주장한다(H. D. Betz, 「국제성서주석, 갈라디아서」, p. 232, 각주 395). 그러나 베츠의 해석은 사도회의를 예루살렘 교회의 지도자 중심으로 해석한 것이다. '보냄을 받은 자'라는 의미를 가진 사도 의식은 바울에게 더 강하였다. 바울은 항상 자신은 복음 전파를 위해 부활하신 예수 그리스도로부터 부름을 받고 이방인에게 보냄을 받았다는 의식을 가지고 있었다(갈 1 : 1, 16 ; 행 9 : 6 ; 20 : 24 ; 22 : 10, 15, 21). 뿐만 아니라 바울은 예루살렘 지도자들도 자신과 같이 부름받은 사도로 보냄을 받았다고 인정하였다(갈 1 : 17).

3. 베드로가 안디옥에 오다(2 : 11-14)

[11]게바가 안디옥에 이르렀을 때에 책망받을 일이 있기로 내가 그를 대면하여
책망하였노라 [12]야고보에게서 온 어떤 이들이 이르기 전에 게바가 이방인과
함께 먹다가 그들이 오매 그가 할례자들을 두려워하여 떠나 물러가매 [13]남은
유대인들도 그와 같이 외식하므로 바나바도 그들의 외식에 유혹되었느니라
[14]그러므로 나는 그들이 복음의 진리를 따라 바르게 행하지 아니함을 보고 모
든 자 앞에서 게바에게 이르되 네가 유대인으로서 이방인을 따르고 유대인
답게 살지 아니하면서 어찌하여 억지로 이방인을 유대인답게 살게 하려느냐
하였노라

예루살렘 회의의 이야기는 다른 역사적 사건으로 즉시 이어진다. 그것은 다른 사도와 동등한 권위를 가진 것과 다른 사도들의 권위와는 독립되었다는 바울의 주장을 극적으로 지지하고 있다. 2장 초두에서 바울은 자기보다 앞서 있는 사도들과 본질적으로 연합되었음을 나타냈다. 안디옥에서 베드로의 행위가 복음을 타협하는 위태로움으로 끌고 갈 때 그를 공적으로 대적하여 복음에 든든히 세워질 것을 보여 준다.

어떤 이유로 베드로는 예루살렘의 유대 공동체를 떠났다. 그리고 수리아의 이방도시 안디옥에 갔다. 이것이 예루살렘 회의 이후에 일어난 것이라면 이 방문은 바울이 하나님의 일에 관해 보고한 것을 보고자 한 것에서 기인되었거나 안디옥 교회에 문제가 있다는 소식을 듣고 그 사정을 알아보려고 야고보에게서 온 사람들보다 먼저 온 것인지, 아니면 신변에 위협을 느껴 피신했는지(행 12 : 17) 확인하기가 어렵다. 그러나 어떠한 이유에서든지 안디옥에서 베드로는 유대인 공동체와 이방인 기독교인들이 함께 살고 있는 것을 보았다. 특별히 그들은 유대인 음식법을 무시하고 함께 먹고 있었다. 이것은 예루살렘 회의 이후에도 예루살렘에서 행하는 것과는 대조되는 것이었다. 그러나 하나님께서는 그와 같은 상황에서 그가 하신 바를 베드로에게 이미 보여 주셨다. 하나님은 베드로에게 큰 환상으로 말씀하셨다. "……하나님께서 깨끗하게 하신 것을 네가 속되다 하지 말라 하더라"(행 10 : 15). 베드로는 이 말씀을 기억하고 유대인과 이방인의 조화의 모범을 보이려고 이방인 형제들과 다른 유대인들이 모여 먹는 일에 함께했다. 바울에 의하면 베드로는 이런 일을 얼마 동안 행했다. 미완료동사의 시제는 그가 이방인과 한 번이 아닌 규칙적이고 관습적으로 먹었음을 지적한다. 이와 같은 결단 속에서 베드로는 예루살렘 회의 결의문 이상으로 행했다. 예루살렘 회의는 이방인에게 율법에서의 자유를 인정했지만, 유대인에게는 율법 준수를 계속 유지시켰다. 그러나 이제 베드로는 유대인도 이방인처럼 모세 율법에서 자유를 얻었다고 선언했다.

얼마 후 어떤 영향력 있는 유대인들이 예루살렘으로부터 안디옥에 도착했다. 그들은 야고보의 대리인들로 모두 율법주의자들이거나 아니면 엄격한 유대인들이었다. 베드로의 행동은 그들을 놀라게 했다. 그의 행동이 예루살렘 협정 요구가 아닐 뿐 아니라 실제로 그에 반(反)하는 것이었기 때문이다. 베드로는 유대인 크리스천들로 인해 모세 율법을 무시하도록 격려한 것이다. 베드로는 유대인 성도들에게는 모호하게 보였지만, 유대인 성도들은 베드로에게 그런 행동을 하도록 요구를 한 것이다. 결국 베드로는 점진적으로 이방인들과 교제하고 유대인 하고만 먹던 일에서 자신을 떼어 놓았다. 더욱이 그의 행동은 바울이 왔을 때 그와 다른 사람을 떼어 놓게 했다(이때 바울이 어떻게 거기에 오게 됐는지는 설명하기 어렵다. 저항 없이 그들을 떠나게 했다).

바울은 교회가 분열된 것을 보았다. 분열을 받아들이든가 아니면 분열을 피하기 위한 수단으로 유대교에 대한 율법주의자들의 표준을 확인하든가 하는 부당한 강압 아래 있는 이방인들을 보게 되었다. 바울은 무엇을 했나? 분열이 공개되었기 때문에 바울은 베드로를 게바로 부르면서 공개적으로 면박을 주었다. 그의 일관성 없는 행위와 율법이 그리스도의 죽음을 통해 온 하나님의 구원계획 안에 자리가 없음을 지적했다. 이 같은 태도로부터 갈라디아 사람들은 바울이 스스로 인정받은 사도나 열두 사도에 의해 지명되었거나 인준받은 사도가 아님을 알게 되었다. 바울은 필요하다면 다른 사도들과 충돌할 수 있는 완전한 권위를 갖고 말하는 완전한 사도로 인정을 받았다.

[2 : 11] 베드로가 언제 안디옥에 왔는지 정확하게 알려진 것은 없다. 그러나 사건의 흐름으로 보아 예루살렘 회의 이후였던 것으로 볼 수 있다. 게바가 안디옥에 '이르렀을 때에' (hote de ēlthen, but when came, 동사 'ēlthen'은 'elchomai' 〈come〉의 단순과거형)는 바울이 더 일찍 여기에 돌아와 있었음을 암시한다. 그렇다면 사도행전 15장에 나타난 예루살렘 회의 시 두 사람 간의 대립과 대화가 안디옥에서 자연스럽게 반영된 것으로 볼 수 있다. 베드

로가 예루살렘 회의를 따라서 행동하지 않았다는 것을 근거로 이와 같은 주장을 하는 이들이 있다. 그러나 그것은 심지어 지도자라 할지라도 인간의 일관성 없는 현실과 안디옥 사건은 완전히 새로운 상황을 반영한 것임을 간과한 것으로 보는 이들도 있다.

안디옥의 상황은 할례 문제보다는 음식 문제였고, 구원의 기본보다 오히려 크리스천의 삶, 즉 신앙 문제였고, 이방인 크리스천의 자유보다 유대인의 자유 문제였다. 이 상황은 예루살렘 회의에서 화합을 본 사항에 자연스럽게 일치를 이룰 수가 있었다.

사건의 명확성에도 불구하고 이 부분은 역사적, 그리고 교리적 이유로 항상 논쟁이 되어 왔다. 로마가톨릭교회는 베드로가 위선자로 낙인찍힌 것을 방어하려는 다양한 시도를 한다. 어떤 이는 여기에 나온 게바는 시몬 베드로가 아닌 다른 사람을 말한다고 한다. 또 어떤 이들은 이 논지를 안디옥 크리스천들을 교육시키기 위해 문제를 드라마틱하게 하기 위한 연출이었다고 한다. 19세기 튀빙겐 학파의 바우어에 의하면 초대교회 역사를 역사적으로 재건하기 위해서 이 구절들이 주로 근거가 되었다고 한다.

이 학파에 의하면 베드로 복음과 바울 복음을 헤겔식 정반(正反)으로 보고 초기 가톨릭교회가 이를 합(合)이 되게 했다고 본다. 이 견해는 콘텍스트와 맞지 않는다. 본문은 두 위대한 사도들 사이에 대립이 있었다는 것이 아니다. 그들은 실제로 하나였다. 베드로는 자기 신념대로 살지 않았고, 그래서 바울에게 바르게 고침을 받을 필요가 있었다.

[2 : 12] 베드로가 왜 단순한 잘못된 행동을 하고 책망을 받아야 했는지, 그 이유를 여기에서 볼 수 있다. 베드로는 고넬료의 집에 가기 전에 비전을 받았고, 예루살렘 회의에서 바울을 옹호했던 그가 율법주의자들의 논쟁으로 어리석은 자가 된 것은 아니다. 문제는 그가 무엇이 옳은 것인지를 알고 있었지만 율법주의자들의 압력에 점진적으로 순응했다는 것이다. 다른 말로

말하면 베드로는 위선자가 된 것이다. 베드로가 한 여종 앞에서 주님을 부인했듯이 이번에는 할례자들이 두려워 다시 주님을 부인하게 되었다(J. Stott, p. 52). 그는 여전히 복음을 믿었으나 실천하는 일에 실패했다.

예루살렘에서 온 이들이 할례당에 속한 이들이라는 것에는 의심의 여지가 없다. 그러나 바울의 언급에서는 아무것도 찾을 수 없다. 야고보에게서 온 이들이 교회의 공무상 방문자라고 볼 필요는 없다. 야고보가 그들의 위치를 인준했는지도 의문이다. 바울에게 이방인과의 식탁교제는 이미 자연스러운 것이었다(갈 3 : 28 ; 5 : 6 ; 6 : 15). "게바가 이방인과 '함께 먹다가'" ('sunēsthien' 은 미완료동사)라는 문장에서 '함께 먹다가' 는 '함께 먹어 왔다' 로도 번역할 수 있으므로 베드로도 이런 식탁교제에 익숙해 있었음을 알 수 있다.

바울이 게바의 처신을 묘사하면서 '그가 할례자들을 두려워하여 떠나 물러가매' 라고 표현하고 있다. 여기서 동사 '물러가다' (hupestellen)는 'hupostello' 의 미완료동사로 눈에 뜨이지 않는 곳으로, 곧 숨을 곳으로 후퇴하다는 군사적, 정치적 용어(K. Heinrich Regstorgh, 'hupostello', TDNT, pp. 597f.)로 전쟁에서 적군이 두려워서 전투의지를 상실하고 스스로 은신처로 숨어 들어간 것처럼 할례자들을 피하여 게바가 숨은 것으로 묘사하고 있다. 그리고 '떠나' (kai aphōriksen)라는 단어는 부정한 자로부터 제의적 분리를 묘사하는 유대교 전문용어다(K. Ludwig Schmidt, "Aphodiorikso", TDNT 5, p. 455). 그리고 '두려워하다' (phoboumenos)는 심리적 공포, 신앙적 확신의 결여로 염려와 회의 등을 묘사하는 말이다(O. Cullmann, "petrus", TDNT 6, p. 10). 이상의 단어들을 갖고 살펴보면 바울은 게바가 신앙적 확신, 즉 갈라디아서 4 : 28과 6 : 15에 대한 말씀 인식이 없음을 지적하고 있는 것이다. 그리고 이미 자신의 환상을 통하여 주님의 뜻을 명백히 이해했음에도 불구하고(행 10 : 15) 아직도 이방인들과 함께하지 말라(행 11 : 8)는 유대교 정결의식에 사로잡혀 이방 그리스도인들과 함께 식탁교제를 나누다가 적군이 무서워 도망가는 나약한 병사처럼 할례자들이 두려워 물러가 숨은 것은 게바가 아직도 복음의 참된 의미를 모르고 살고 있다는 것을 바울 사도가 지적하는 것이다. 유대인이면서 유대 율법대로 살지도 않고, 복음을 믿는 그리스도인이면서 복음의 자유를 누리지도 못한다는 것이다. 이런 신앙적 불확실성 때문에 게바가 유대인 그리스도인들에게 비난을 받았을 것이다(행 11 : 2-3).

[2 : 13] 불행하게도 베드로와 같은 행동은 예나 지금이나 많은 이들이 모순된 것으로 여기지 않는다. 그래서 다른 유대인들, 심지어 바나바까지도 베드로의 위선에 끌려갔다('sunapēchthe'는 '유혹되었다'고 번역되었으나, '함께 끌려가다'가 더 정확한 번역이다). 베드로가 덜 중요한 사람이거나 덜 유명한 이었다면 그의 변절은 덜 심각한 문제였을 것이다. 그러나 기둥 같은 사도요 주님의 지상 사역 동안의 동반자였던 베드로이기에 다른 사람을 움직이게 했다. 이는 더 높고 책임 있는 위치에 있는 지도자들의 행동이 얼마나 조심스러워야 하는지를 말해 준다.

[2 : 14] 바울은 베드로가 잘못 행하였기 때문에 베드로를 대면하여 책망했다(11절). 그러나 우리는 바울이 과오를 폭로하거나 자기 위신을 상승시키기 위해 이런 행동을 했다고 보지 않는다. 바울의 참된 관심은 복음의 진리를 위한 것이다. 개인 인격에 관한 것이 아니다. 그는 고린도인들에게 보내는 서신에서 "그런즉 아볼로는 무엇이며 바울은 무엇이냐……"(고전 3 : 5)라고 했다. 사소한 행동 양식이나 의식의 문제가 아니라 복음 자체가 위기에 처한 것이 문제였다. 그러므로 바울은 베드로의 결여된 부분에 대한 깊은 관심에서 행동한 것이다.

여기서 바울이 '복음의 진리'라는 말을 두 번째 한 것이다(5, 14절). 그 복음은 예수 그리스도의 죽으심과 부활에서 보여 주신 하나님의 은혜에 근거한 것 외에 사람이 행한 것이나 행할 수 있는 것 때문에 하나님이 사람을 받아들이는 것이 아니라는 진리다. 더욱이 믿는 모든 이들은 예수 그리스도의 이 죽음에 기초하여 하나님께 열납이 되었고, 동일하게 열납된다. 그러나 베드로의 행위는 종족과 전통에 기반을 둔 어떤 크리스천들이 더 우수하다는 것을 명시함으로 이 원리를 타협한 것이다. 베드로가 행한 것이나 예루살렘에서 복음을 옹호한 것도 복음을 이해하고 수용하기에 적절하지 않았다. 크리스천은 복음을 그의 행동의 모든 영역에서 일관성 있게 실천해야 한다. 곧 복음진리를 따라 사는 삶은 신행일치(信行一致)의 삶이어야 한다.

4. 오직 믿음만으로 의로워진다(이신득의, 2 : 15-21)

[15]우리는 본래 유대인이요 이방 죄인이 아니로되 [16]사람이 의롭게 되는 것은
율법의 행위로 말미암음이 아니요 오직 예수 그리스도를 믿음으로 말미암는
줄 알므로 우리도 그리스도 예수를 믿나니 이는 우리가 율법의 행위로써가
아니고 그리스도를 믿음으로써 의롭다 함을 얻으려 함이라 율법의 행위로써
는 의롭다 함을 얻을 육체가 없느니라 [17]만일 우리가 그리스도 안에서 의롭게
되려 하다가 죄인으로 드러나면 그리스도께서 죄를 짓게 하는 자냐 결코 그
럴 수 없느니라 [18]만일 내가 헐었던 것을 다시 세우면 내가 나를 범법한 자로
만드는 것이라 [19]내가 율법으로 말미암아 율법에 대하여 죽었나니 이는 하나
님에 대하여 살려 함이라 [20]내가 그리스도와 함께 십자가에 못 박혔나니 그런
즉 이제는 내가 사는 것이 아니요 오직 내 안에 그리스도께서 사시는 것이라
이제 내가 육체 가운데 사는 것은 나를 사랑하사 나를 위하여 자기 자신을 버
리신 하나님의 아들을 믿는 믿음 안에서 사는 것이라 [21]내가 하나님의 은혜를
폐하지 아니하노니 만일 의롭게 되는 것이 율법으로 말미암으면 그리스도께
서 헛되이 죽으셨느니라

본장의 결론 부분에서 기독교의 가장 중요한 진리를 요약 정리한 증언이 나타난다. 이신득의(以信得義) 사상은 율법폐기론으로 간주한 전통적 주장에 대항하여 믿음을 통한 은혜로 의로워진다는 교리를 확실하게 언급한다. '의롭게 되는 것'(dikaioutai, is justified)과 '의롭다 함'(dikaiōthōmen, might be justified)은 16절에서 세 번, 17절에서 한 번 처음 나오는 동사다. 바울은 21절에서는 명사로 쓰면서 본서의 중심 메시지로 발전시키기 시작한다. 이것은 법정적 용어로서 '의롭다' 또는 '무죄'라고 선언하는 것이다.

이 증언은 안디옥 교회의 상황에서 일어났고 3~4장에서 동일한 교리들을 다루고 있다. 서신의 남은 부분은 다 섭렵한 후 이 구절로 돌아와서 전체 진리를 그 안에서 발견할 수 있게 된다.

[2 : 15-16] 안디옥에서 베드로의 위선에 대한 바울의 책망 이후 바울은 갈라디아의 그리스도인들에게 직접 진술하고 있다. 바울은 자신을 포함한 갈라디아 교회 교우들을 유대인으로 부른다. 15~17절에 나오는 '우리는'(hemeis)은 모든 유대인 그리스도인을 포함하고 있기 때문이다(2 : 13-14 ; 3 : 28). 바울은 여기에서 태어나면서부터의 유대인을 의미한 것 같다(롬 2 : 27 ; 엡 2 : 3 ; 갈 1 : 13, 14). 유대 전통에 의하면 이방인으로 할례를 받고 유대인이 된 사람도 있었다. 그래서 바울은 유대인이라는 용어로 이방 죄인과 유대인이라 칭하는 자신을 포함한 갈라디아 교우들을 구분한다('이방사람들'〈ta ethne〉이란 본래 '이방으로부터'〈eks ethnon〉라는 말에서 유래한 것으로, 롬 9 : 24, 고후 11 : 26에도 나온다. 그리고 다른 곳에서 나오는 '이방사람들'〈ta ethne〉은 갈라디아 교회들을 포함한다〈갈 1 : 16 ; 2 : 2, 8, 9, 12, 14 ; 3 : 8, 14〉). 따라서 15절의 '이방 죄인'이라는 말은 이방인들은 죄인이라는 유대 신앙적 판단을 전제한다. 왜냐하면 유대인은 비유대인으로서 구원에 참여하고자 하는 사람들을 이방 죄인으로 구별하였기 때문이다. 유대인들은 율법을 범한 자를 죄인으로 규정하는데, 이방인들은 유대 율법을 지

키지 않고 있다 해서 죄인으로 규정한 것이다. 즉, 이방인은 죄인으로 율법(Torah) 밖에 있는 자이며 구원이 없다고 생각했다.

그러나 16절에 이르러 15절에 나타난 유대인들의 자의식은 변경된다. 신분상 유대인이기 때문에 죄가 없다거나 유대 그리스도인들은 율법을 행함으로 이방사람들과 구별된다고 보는 것이 아니라 예수 그리스도를 믿음으로써 죄인과 구별되어 의인으로 구원을 얻게 된다는 것을 선포한다. '알므로'(eidotes, eidō의 현재완료분사)는 바울과 유대 그리스도인들의 자기 인식 또는 자기 확신을 보여 준다. 그 인식은 바로 의인론, 곧 "사람이 의롭게 되는 것은 율법의 행위로 말미암음이 아니요 바울의 오직 예수 그리스도를 믿음으로 말미암는"(16절) 것이라는 것이다. 바울은 전통적 유대교 율법주의자들의 구원론을 거부한다. '오직'(ean mē, except)이란 예수 그리스도 이외에 일체의 다른 어떠한 방법을 배제함을 의미한다. 여기서 말하는 믿음은 유대인들이 말하는 토라의 행위에 근거한 종말론적 의인과 같은 차원의 것이 아니다. 바울은 분명히 '율법 없이' 또는 '율법의 행위 없이' 라는 의미로 믿음을 강조한 것이다(롬 3 : 21 '율법 외에', 롬 3 : 28 '율법의 행위에 있지 않고'를 강조하면서 의인은 '믿음으로'〈dia pisteos〉 구원을 받는다고 한다). "모든 사람이 죄를 범하였으매 하나님의 영광에 이르지 못하더니"(롬 3 : 23). 그리스도 안에서 하나님은 믿는 자들을 의롭다고 선언하신다.

바울이 '율법 없이' 라고 했다고 해서 율법을 지킬 필요가 없다는 율법폐기론을 주장하는 것은 결코 아니다. 다만 바울은 갈라디아 교회에서 논쟁의 화두가 되어 온 할례와 관련하여 하나님 앞에서는 율법 없이 자동으로 구원이 일어나는 것이 아니라 그리스도와 연합해야 하는데, 그 연합은 믿음으로만 가능하다. 그래서 믿음으로 의롭다 인정을 받는다는 것을 강조하고 있는 것이다. 따라서 바울 사도가 말하는 믿음이란 아주 독특한 내용을 담고 있다. 믿음은 신뢰하는 것, 충실한 것이고 다른 한편으로는 어떤 사람을 신임하는 것, 의탁하는 것이다. 그것은 '예수가 그리스도이다' 라는 것을 믿는 믿음이다. 즉, 'Pistis Iesou Christou'(갈 2 : 16 ; 3 : 22 ; 롬 3 : 22), '그리스도는 예수다' 라는 사실을 믿는 것이다. 바울 사도에게 있어서 예수 그리스도를 믿는 것은 그리스도의 십자가의 대속적 죽음과 부활을 믿는 것과 동일하다(갈 1 : 1, 4 ; 2 : 20 ; 3 : 1, 13 ; 4 : 4-6). 바꾸어 말하면 그리스도 안에 있는 것이 바로 예수 그리스도에 대한 믿음, 즉 예수가 그리스도라는 것을 믿는 믿음이다(갈 2 : 19-21 ; 3 : 26-28 ; 5 : 5-6 : 18 ; 6 : 14). '믿음으로' (dia pisteos)와 '예수 그리스도를' (eis Christon Iesoun)은 예수 그리스도 안에서 통일된다. 예수 그리스도에 대한 믿음으로 말미암아 예수 그리스도를 의지한다는 것이다. 여기서 우리가 갖는 믿음의 주체가 명백히 드러난다. 즉, 우리가 예수를 그리스도로 믿는 것이 아니라 예수가 그리스도라는 사실에 의해서 우리가 예수를 그리스도로 믿고 의지하게 된다는 것이다. 이러한 그리스도인들의 믿음은 수동적 믿음, 즉 내가 능동적 의지를 갖고 믿는 것이 아니라 오히려 하나님의 주권에 이끌려 믿게 되는 믿음이다.

그러므로 사도 바울은 16절 마지막 부분에서 "율법의 행위로써는 의롭다 함을 얻을 육체가 없느니라"고 말한다. 이것은 시편 143 : 2에 대한 해석에 근거한 것이다. 칠십인역 성경에서 '모든 살아 있는 존재자' (Pas Zon)로 번역한 것을 바울은 다시 '모든 육체' (pasa sarks)로 해석하고 있다. 바울은 모든 율법은 육체 곧 인간에 의해서 행해진다고 생각했기 때문이다. 사도 바울은 사람들 앞에서는 혹 율법의 행위로 의롭다 함을 인정받을 수 있으나 하나님 앞에서는 율법의 행위로서가 아니라 오직 예수 그리스도에 대한 믿음으로 의롭다 함을 받는다는 것을 역설하고 있는 것이다.

이와 같은 바울 사도의 답변은 전혀 새롭게 형성된 것이 아니다. 일찍이 바울 선교에 의해 각인된 안디옥 공동체의 결정이었다(롬 2 : 1f ; 3 : 19 ; 고전 8 : 1, 4). 이러한 안디옥 교회의 오래된 신앙적 혹은 신학적 합의(konsens, consensus)를 인용함으로써 사도 바울은 자신의 의인론을 기독교적 대명문(Satzmonstrum)으로 정당화하고 있다(2 : 16). 바울은 후대에 쓴 로마서에서도 이 같은 의인론을 강조하고 있다(롬 3 : 28).

갈라디아서 2 : 16은 세례에 관한 초기 본문들에서도 발견된다(고전 1 : 30 ; 6 : 9-11 ; 고후 5 : 21). 복음 전파는 개종을 확증하는 세례로 곧바로 이어졌기 때문이다. 즉, 그리스도 예수에 대한 신앙과 그를 믿음으로 의롭게 된다는 것에 대한 고백은 동시에 이루어진다. 할례에 반대하기 위해 기독교 공동체가 무엇인가 결정을 내려야만 했던 안디옥 교회에서 사도 바울은 할례의 율법을 지키지 않아도 구원에 이르는 길이 있음을 설명할 필요가 있었다. 그래서 그는 믿음으로 그리스도와 하나가 되는 세례를 의인론에 결합시키고 있다(갈 3 : 26-28).

16절이 본서에서 가장 중요한 절이라고 하는 이유가 있다. 첫째, 일반적인 의미에서 어떤 사람이라도 율법을 지킴으로써가 아니라 예수 그리스도를 믿음으로 의롭게 된다는 교리, 둘째, 특정 인물에 대하여, 즉 자신을 포함한 믿음 안에서 그와 함께 있는 모든 이들도 율법을 행함으로가 아니라 예수 그리스도를 믿음으로 의로워진다는 교리, 셋째, 우주적으로, 즉 율법으로 의로워질 사람은 아무도 없다는 교리를 말해 준다. 모든 육체는, 다시 말해서 모든 인간(시 143 : 2 ; 롬 3 : 20)은 예외 없이 그리스도 예수 안에서만 구원이 있다는 기독교 핵심 가치를 선포하고 있기 때문이다.

[2 : 17] 바울의 시대도 오늘날처럼 구원의 방법에 대한 논쟁이 있었다. 바울이 여기서 가정적으로 말한 것인지 아니면 실제 경험을 말한 것인지 애매모호하다. 그러나 분명한 것은 그리스도는 죄를 짓게 하는 분이 아니고, 우리 자신이 죄인으로 나타나게 하는 분이 아니라 한다. 여기서 말한 죄는 무엇을 뜻하는가? 그리고 어떤 의미에서 그리스도께서 죄를 짓게 하신다는 것인가? 이에 대한 주석가들의 의견이 많은 것에서 그 중요성을 볼 수 있다.

① 초대 교부들과 대부분의 종교개혁자들은 죄인들과 죄를 같은 의미로 보고

있으나 바울은 믿음으로 의롭게 되기 위해 율법을 버릴 필요가 있다는 것과 율법을 버리는 것이 죄라는 두 가지 전제를 근거로 이를 반대함으로 대답을 하고 있다는 것이다. 이 견해에 대한 난해점은 바울의 술어인 'mē genoito, 결코 그럴 수 없느니라' (absolutely not)가 참된 전제에 근거한 거짓된 결론을 부인하기 위해 자주 사용되었다는 것에 대한 타당성이 없다는 것이다.

② 라이트훗은 바울이 15절에서 '이방 죄인' 이라고 한 말과 17절의 '죄인' 이라는 말을 같은 뜻으로 읽는다. 율법 밖에 있는 죄인이나 율법 안에 있는 죄인이 다 믿음으로 구원을 받는다는 것이다. 이 견해에 의하면 바울은 유대인들이 믿음으로 의로워지기를 찾는다면 이방 죄인처럼 되는 것을 수용해야 할 것이다("……모든 믿는 자에게 미치는 하나님의 의니 차별이 없느니라"〈롬 3 : 22〉). 그러나 율법주의자들은 그런 결론을 받아들이지 않았다. 그러므로 그리스도는 죄를 격려하는 자가 되었다고 주장하는 것이다. 이것은 가능한 해석이지만 안디옥 교회 상황과는 먼 것이다.

③ 바울이 안디옥 교회 상황을 언급하면서 자신과 베드로(다른 유대인들)도 이방인과 음식을 먹었으므로 율법을 범한 죄인들이 되었다. 그럼에도 불구하고 그들이 죄인이 되었기 때문에 그리스도가 죄를 짓게 하는 자라 하기는 어렵다는 해석이다.

④ 어떤 이들은 회심 후에 크리스천이 되어 죄를 실제로 범한 이들을 죄인이라고 해석한다.

⑤ 바울이 이신득의 교리에 대하여 원칙적으로 반대하는 이들을 언급한 것이다. 그는 다른 구절에서도 같은 사상을 말하고 있다(Ridderbos, Stamm, J. Stott). 이 해석에 따르면 바울은 율법 없이 사는 불경건한 삶을 격려하듯이 율법을 완전히 제거한다는 것을 반대한 것이다. 논쟁점은 "당신의 이신득의 교리는 위험하다. 율법을 제거하므로 당신은 인간의 도덕성을 제거했다. 사람이 그리스도께서 자기를 위하여 죽었다는 것을 믿음으로 단순히 의로워질 수 있다면 왜 그는 율법 지키는 것을 성가시게 여기는가? 왜 어떤 도덕직 표

준으로 사는 것을 귀찮게 여기는가? 좇을 필요는 없다. 당신의 교리의 결과는 그리스도를 믿는 사람은 그들이 원하는 바를 행한다". 바울의 대답은 뜻밖이다. 모든 크리스천은 죄를 지을 수 있으며 짓고 있다. 그러나 그것은 이신득의 교리의 결과는 아니다. 그러므로 그리스도는 죄에 대한 책임이 없다. '결코 그럴 수 없느니라.' 죄가 있다면 바울이 다음 절에서 간접적으로 말한 대로 '내가' 율법을 파기한 자로 '내가' 그 죄에 대한 책임이 있다는 것이다. 이 견해는 로마서 6~8장에서도 바울이 언급하고 있기 때문에, 그리고 다음의 구절들이 이를 같은 의미로 설명하고 있다. 바울은 믿음으로 의로워진 사람도 죄를 지을 수 있기 때문에 그의 복음이 반율법주의라는 것을 반대하고 있음을 볼 수 있다. 바울의 대답은 인간의 칭의의 성격을 완전히 오해한 것에 대한 반대를 한 것이다. 율법주의자들의 시선으로는 믿음으로 의로워진다는 것은 인간이 실제로 할 수 없을 때 의롭다고 여겨짐으로 그것 역시 율법적 기능에 지나지 않는다고 본다. 그러나 칭의는 법정적 기능만은 아니다. 인간이 의롭지 못할 때 하나님에 의해 의로운 자로 받아들여진 것이다. 그러나 이것은 하나님이 먼저 그들을 그리스도께 연결시키고 진정한 변화가 올 때만 이루어지는 것이다. 바울은 그들이 그리스도 안에 있다고 한다.

결과적으로 그들은 새로운 피조물(고후 5 : 17 ; 갈 6 : 15)이다. 분명히 그 같은 변화 후에 옛 사람의 방식은 생각할 수 없게 된다.

예수 그리스도께서 율법의 행위에 관계없이, 그리고 신분에 관계없이 그를 믿는 자들을 의롭다 인정하였다고 해서 그리스도께서 죄를 짓게 하는 자냐고 거짓 증언자들에게 바울 사도는 반문하고 있다. 거짓 형제들의 주장은 마치 해질 무렵에 와서 1시간밖에 일하지 않은 사람에게 포도원 주인이 하루 품삯인 한 데나리온을 주었다고 해서 불평하는 농부들과 같다(마 20 : 1－15). 주 예수 그리스도께서 자신을 믿는 자들을 의롭다고 인정한다고 해서 율법을 어기는 것이 아니라는 것이다. 어찌했든 율법의 행위로 하나님 앞에서 의롭다 인정받을 사람은 이 세상에 없기 때문이다(롬 3 : 9－20). 그래서 바울 사도는 그리스도께서는 죄를 짓게 하는 이가 아니라 오히려 죄를 용서해 주는 분이라 한다.

[2 : 18] 17절의 해석을 위에 언급한 대로 받는다면 이 구절의 해석은 어렵지 않다. 율법주의자들은 하나님의 은혜가 율법 위에 있다는 바울의 교리 까닭에 바울은 죄를 짓게 만든다고 비난했다. 바울은 그 비난을 부인했다. 그럼에도 불구하고 예수 그리스도를 믿음으로 하나님께 한 번 온 사람이 율법으로 돌아갈 경우 죄를 짓게 된다고 바울은 응답을 한다. 이것은 베드로가 실족했던 상황과 같은 것을 언급한 것이다. 어떻게 율법으로 되돌아가는 것이 죄를 짓는 것인가? 다음의 구절들에서 보여 준 것처럼 바울은 단순한 규칙 때문에 주님을 떠나는 큰 죄를 생각한 것이다(히 6 : 4-6 참조).

거짓 주장을 내세우는 자들에 대하여 바울은 '만일 내가 헐었던 것을 다시 세우면 내가 나를 범법한 자로 만드는 것' 이라는 자신의 단호한 입장을 표명한다. 바울 사도는 율법은 예수 그리스도의 오심 이전까지만 유효하다고 생각했다(롬 3 : 20 ; 7 : 1-3, 7 ; 갈 4 : 1-3). 그래서 바울은 "……율법이 없는 곳에는 범법도 없느니라"(롬 4 : 15)라고 한다. 이런 의미에서 바울은 '내가' 율법을 헐었다고 한다(kataluō, '폐기하다', '무효화하다', '없이 지내다' 라는 법적 용어다). 이는 만일 '내가' 율법의 행위에 대해 이야기한다면 '나는' 범법한 자가 되는 것이라고 이해할 수 있다. 그렇게 되면 지금까지 주장한 믿음에 의한 의인론은 무너지고 만다. 그러므로 스스로 범법한 자가 되지 않기 위해서 이신득의 교리를 끝까지 견지할 것이라는 의지가 이 말씀 속에 담겨져 있다.

이런 점에서 율법을 다시 세운 베드로는 율법을 범하는 죄인이 되었다(갈 2 : 12). 그러나 예수 그리스도는 결코 죄의 종이 아니다. 그래서 바울 사도는 믿음의 의를 위해서 결코 율법을 다시 세우지 않고 과감하게 버렸노라고 증언한다.

[2 : 19] 17절의 '우리'(바울과 베드로)가 18절에서 '내가'로 바뀌었다. 바울 자신이 그리스도 안에 있기 때문에 칭의의 완전한 성격을 설명하기 시작한다. 그리스도를 믿기 때문에 하나님께 온 이후에 율법으로 돌아갔다면 그는 스스로를 죄인으로 만드는 것이지만, 그는 그렇게 하지 않았다. 실제로는 그리스도 안에서 하나님께로 왔기 때문에 그는 다시 율법으로 돌아갈 수 없도록 율법을 향하여 완전히 죽었다. 율법은 생명을 가져다줄 수 없다. 그 율법을 완전히 지킨 사람이 없기 때문이다. 율법은 그 기준으로 모든 사람을 저주함으로 사망을 가져온다. 그럼에도 불구하고 율법의 좋은 기능이 있다. 인간 행위로 구원을 얻으려는 모든 희망을 멸절시키지만 율법은 실제로 하나님 안에서 새 생명을 발견하는 길을 열어 준다. 사람들이 구원 성취를 위해 자신의 노력(율법 성취)에 대하여 죽으면 그는 하나님이 제공하시는 구원의 선물을 받게 될 것이다.

율법은 2가지 방법으로 죄인을 그리스도께로 인도한다. (1) 율법은 그리스도로만 성취될 수 있는 요소들을 내포하고 있고 율법의 희생제사와 모형은 그리스도를 예표한다. 그가 나타날 때 그를 영접하기 위하여 율법에 순종할 뿐이다. (2) 그리스도께로 인도하기 위해 바울이 여기서 지적한 대로 율법 따라 살려고 노력한 이들에게 죄를 더 강화하고 자포자기하도록 절망으로 그를 몰아낸다(롬 5 : 20).

[2 : 20] 여기서 사도는 그리스도의 뛰어난 이름으로 그의 교리를 구체적으로 반복한다. 그는 율법에 대하여 죽고 하나님을 향하여 살았다. 이것은 아버지 하나님으로 말미암아 주 예수 그리스도께 연합될 때만 사실이 된다. 바울이 말한 대로 예수는 죽었다가 다시 사셨다. 그가 지금 살아 있는 거듭난 생명은 그가 그와 함께 계신 주 예수 그리스도의 임재를 통해서 살아 있는 것이다. 그리스도 안에서 죽었다는 것과 산다는 바울의 언급은 그리스도가 경험하신 것의 은택에 크리스천들이 참여하는 것을 말한다. 그리스도가 죽

고 사신 것은 그들을 위한 것이었기 때문에 크리스천들도 죽고 사는 경험을 한다는 것이다. 바울은 그리스도의 고난을 크리스천도 경험해야 한다고 말한다. 빌립보서 3 : 10과 로마서 8 : 17은 이 말씀의 모범을 보여 준다. 마침내 바울은 그리스도의 죽으심과 부활에 성도의 실제적 참여를 말하면서 주님과 믿는 자의 신비적 연합의 기초 위에서 표현한다(롬 6 : 4-8 ; 골 2 : 12-14, 20 ; 3 : 1-4). 이것은 난해하지만 여기에 내포되어 있는 진리다.

17절의 '그리스도 안에'는 무슨 뜻인가? 그리스도가 경험하신 모든 것을 크리스천의 경험이 되게 하여 그리스도와 연합하는 것을 의미한다. 그가 죄 때문에 죽으신 것은 성도의 죽음이었고, 그의 부활은 성도의 부활이며, 그의 승천은 성도의 승천이었다. 그러므로 크리스천은 그리스도 예수 안에서 함께 하늘에 앉는다(엡 2 : 6). 그리스도와 함께 그가 십자가에 못 박혔다고 말할 때 바울은 완료형을 쓰고 있다. 완료형은 과거에 일어난 사건을 말한다. 그러나 그의 영향은 현재까지 계속되는 것이다. 바울이 그리스도의 십자가를 현재 경험한다고 말할 수는 없다. 오히려 그리스도의 죽으심을 생각했을 것이다. 바울에게 있어 옛 사람은 그리스도와 함께 죽었고, 이것은 하나님이 조정하셨다. 그래서 바울의 옛 사람보다 그리스도께서 그 안에 사신다는 것이다.

어떤 면에서 바울이 지금 사는 것은 믿음으로 사는 것이다. 율법으로 말미암아 의로워지려 하던 생명과는 다른 생명이다. 살아 있는 자는 바울이 아니라 그 안에 계신 그리스도시다. 바울이 그리스도의 사랑과 희생을 배경으로 하여 말한 것은 그리스도의 죽음에 대해 엄격한 율법주의자들의 해석을 풀어 주어야 했기 때문이다.

바울은 그리스도가 '나를 위하여'(huper emou, on behelf of me), '나를 사랑하사'(agapēsantos me, loving me) 죽으신 것을 두 번씩이나 인정한다. 바울이 하나님의 사랑을 말할 때 십자가는 중요하지 않다고 그의 서신에서 말한 것을 찾기는 어렵다. 하나님의 사랑은 십자가에서 나타났기 때문이다.

19~20절에서 바울 사도는 자기 신학의 기본 입장을 명백히 밝히고 있다.

① "내가 율법으로 말미암아 율법에 대하여 죽었나니 이는 하나님에 대하여 살려 함이라"(19절). 우선 '내가'로 번역된 'ego'는 바울 사도 개인을 의미할 뿐 아니라 모든 그리스도인을 대변하는 말이기도 하다. 이것을 '집단적 일인칭'이라고 한다. 한국어 '우리'라는 말에 상응하는 일인칭 주어다. 바울은 3 : 25에서 토라(율법)의 역할이 끝났음을 선언하고 있기 때문에 율법에 대한 강한 부정과 '이미 나는 죽었다'(apethanon은 단순과거형)는 은유적 표현을 하고 있다. 율법에 대하여 죽었다는 사실을 반복하여 '내가 그리스도와 함께 십자가에 못 박혔나니'(Christō sunestaurōmai는 완료수동태)라고 바꾸어 쓰고 있다. '내가 이미 죽었다'는 것은 율법으로 말미암아 또는 율법, 율법의 기준, 율법이 요구하는 바에 따르면 나는 그 율법에 따라서 죽었어야 마땅하다는 것이다. 율법에 대한 죽음은 하나님을 향한 삶과 시간적으로, 내용적으로 대칭된다. 고로 율법에 대하여 죽는 것은 하나님을 향한 삶의 전제이기도 하다.

② "내가 그리스도와 함께 십자가에 못 박혔나니"(20절)와 유사한 진술이 5 : 24과 6 : 14 등에 나타난다(롬 6 : 3-8 ; 8 : 17 ; 빌 3 : 10, 21 ; 골 2 : 12-14, 20 ; 3 : 3-4). 그러나 보다 밀접한 표현은 갈라디아서 3 : 26~28에 나타난다. 갈라디아서 2 : 19~20을 로마서 6 : 1~10의 요약으로 보는 이(J. Blanck, *Paulus und Jesus*, Eine Theologische Grundlegung, Studien zum Alten und Neuen Testament 18〈Munchen, 1968〉, pp. 298f.)가 있는가 하면 죽음의 사건을 수세 시 세례받는 자에게 일어나는 객관적 사건으로 이해하는 이도 있다(Schlier, *Galater-Kommentar*, KD 5, 1959, pp. 33-41). 즉, 세례를 그리스도의 죽음과 연합되는 것으로, 옛 사람의 모습이 완전히 제거되고 하나님 앞에서 살아나는 새로운 존재로 이해한다. 그러나 세례에 대하여 언급하고 있는 갈라디아서 3 : 27에는 죽음에 대한 언급이 없다. 그리고 그리스도와 함께 죽는 것에 대해 언급하고 있는 갈라디아서 5 : 24과 6 : 14도 죽음에 대한 말은 없다. 그래서 이 두 번째 교리는 고린도전서 1 : 13~17과 연결시켜 해석한다. 그러나 고린도전서 1 : 13의 반의적 질문을

고려한다면 세례가 구원의 방편은 아니지만, 세례를 통하여 율법의 의를 추구하면서 살아가는 옛 사람과 복음 안에서 혹은 그리스도 안에서 살아가는 새사람의 전환적 예식임은 분명하다. 세례는 세례 요한 때부터 죄 씻음의 예식이었기 때문이다(마 3 : 6 ; 막 1 : 4). 그럼에도 불구하고 바울 사도는 세례조차도 결코 구원의 확증이나 보증이 될 수 없음을 강조한다. 구원은 오직 예수 그리스도의 십자가의 죽음과 부활을 통하여 그를 믿는 자들에게 값없이 주시는 하나님의 은총이기 때문이다. 그러므로 바울은 여기서 세례를 언급하지 않고, '내가 그리스도와 함께 십자가에 못 박혔다' 고 말함으로 일체의 모든 율법적 요소들, 심지어 할례와 같은 차원에서 오해의 여지가 있는 세례조차도 거부하고 있는 것이다.

③ "……그런즉 이제는 내가 사는 것이 아니요 오직 내 안에 그리스도께서 사시는 것이라……"(20절). 이 문장은 '그러나' (de)라는 2개의 반복되는 반명제적 접속사로 구성되어 있다. "내가 그리스도와 함께 십자가에 못 박혔나니 그런즉 이제는 내가 사는 것이 아니요 오직 내 안에 그리스도께서 사시는 것이라" 다시 말해서 그리스도 예수의 사람들은 육체와 함께 그 정욕과 탐심을 십자가에 못 박은(갈 5 : 24) 것이다. 사도 바울 자신이 세상에 대하여 못 박히고 이 세상 역시 바울 사도에 대하여 못 박혔다는 뜻이다. 그래서 바울은 갈라디아서 6 : 1의 말씀을 증언하고 있는 것이다.

지금까지 설명한 교리를 서로 연결시켜 보면 논리적으로 일관된 진리를 볼 수 있다.

현재의 상황	방 편	미래의 목적
율법에 대하여 죽음	율법으로 말미암아	하나님에 대하여 살려고
그런즉 이제는 내가 사는 것이 아니요	내가 그리스도와 함께 십자가에 못 박혔나니	오직 내 안에 그리스도께서 사시는 것이라

④ "……이제 내가 육체 가운데 사는 것은 나를 사랑하사 나를 위하여 자기 자신을 버리신 하나님의 아들을 믿는 믿음 안에서 사는 것이라……"(20절). 이 말씀은 '그리고'(kai)라는 등위접속사로 시작한다. 이것은 앞에서 말한 것에 덧붙여 이야기한다는 뜻이다. "지금 내 안에 그리스도가 살아 계시다. 그래서 비록 지금은 내가 육체 가운데 살아가고 있지만 내가 살아가는 것은…… 하나님의 아들을 믿는 믿음 안에서 사는 것이다."라는 뜻이다. 이 말씀에 의하면 그리스도가 자신 안에 거하는 이의 삶은 하나님의 아들 예수 그리스도를 믿고 살아가는 삶을 말한다. 신행일치, 즉 존재와 행위의 일치, 좋은 나무는 좋은 열매를 맺는다는 도식이다. 내 안에 그리스도가 계신다면 그리스도를 믿는 믿음 안에서 살아야 한다. 그래서 바울은 "만일 우리가 성령으로 살면 또한 성령으로 행할지니"(5 : 25)라고 증언한다.

사도는 '육체 안에서'(en sarki)와 '믿음 안에서'(en pistei)를 대칭시킨다. '육체 안에서'가 그리스도인 되기 이전의 삶이라면 '믿음 안에서'라는 말은 그리스도인이 된 이후의 삶을 의미한다(3 : 3 ; 4 : 9, 29). 여기서 바울은 그리스도를 '하나님의 아들'로 바꾸어 씀으로(1 : 16 참조) 그리스도의 신성을 가르치고 있다. 이것은 그리스도인의 믿음, 곧 의롭다 인정받을 수 있는 믿음은 그리스도 예수를 하나님의 아들로 믿는 믿음임을 말씀한 것이다. 왜냐하면 하나님의 사랑은 바로 그의 아들의 죽음으로 표현되었기 때문이다(롬 5 : 8). 따라서 하나님의 아들을 믿는 믿음 안에서 산다는 것은 곧 나를 사랑하사, 나를 위하여 자기 자신을 버리신 예수 그리스도를 믿는 믿음 안에서 산다는 뜻이다(갈 1 : 4 ; 3 : 13 ; 롬 4 : 25 ; 8 : 32 ; 딤전 2 : 6 ; 고전 11 : 23-24 참조). 그리스도인들은 그리스도를 통한 하나님의 사랑을 믿으면서 산다는 것이다.

[2 : 21] 앞의 절들에서 바울은 그를 비난하는 이들에게 대답을 주었다. 이제 그는 그들의 교리에 대한 반대 입장을 밝힌다. 만일 그들이 옳다면 그리스도

께서 헛되이 죽으셨다는 것이다. 기독교의 중심은 하나님의 은혜와 예수 그리스도의 죽으심에 있기 때문이다.

바울의 논리는 논쟁의 여지가 없이 분명하다. 그러나 많은 사람들이 아직도 율법주의자들의 거짓된 논리를 추종하고 있다. 참으로 고상하고 겸손한 것은 하나님이 제시하신 것을 받아들이는 것이다. 우리는 하나님이 제시해 주신 구원을 받아들이든가 아니면 그를 모독하든가 해야 한다.

'헛되이 죽으셨느니라'(dōrean apethanen, without cause died)라는 강한 반어적 질문은 예수 그리스도의 죽음은 율법의 폐기, 곧 믿음으로 의롭게 되는 것을 위한 것이고, 또 다른 한편으로는 우리를 위한 하나님의 은혜 때문이라는 것을 강조하기 위한 것이라고 볼 수 있다. 바울 사도는 하나님의 은혜가 결코 폐기할 수 없는 것임을 강조하기 위해서 '내가 하나님의 은혜를 폐하지 아니하노니' 라는 강한 어조로 자신의 신앙에 기초한 의지를 표현한 것이다. 유대교에서처럼 율법 준수와 은혜를 연결시키면 예수 그리스도의 죽음과 부활로 말미암아 베풀어진 하나님의 은혜는 무효하게 된다. 바울 사도는 "그리스도께서 헛되이 죽으신 것이 아니므로 나는 하나님의 은혜를 폐하지 않겠다."고 말한 것이다. 거짓 형제들은 하나님의 은혜를 부인했고(2 : 4-5), 현재 갈라디아 교회 공동체 교우들도 하나님의 은혜를 거부하려고 하기 때문에(1 : 6-7 ; 5 : 4 ; 6 : 12-14) 이러한 점에서 2 : 21은 거짓 형제들에 대한 바울 사도의 결론적 논박 또는 반박으로 이해할 수 있다.

설교를 위한 묵상 : "내가 그리스도와 함께 십자가에 못 박혔나니"(갈 2 : 19-21)

바울은 베드로의 실수를 설명하면서 우리가 율법으로 말미암아 모든 율법적 희망에 대하여 죽을 때만이 하나님을 향하여 살 수 있다는 사실을 보여 주고 있다. 율법적 희망이 우리 안에서 죽을 때 그리스도께서 살아시 우리를 살리는 근거가 되는 것이다. "내가 그리스도와 함께 십자가에 못 박혔나니 그런즉 이제는 내가 사는 것이 아니요 오직 내 안에 그리스도께서 사시는 것이라 이제 내가 육체 가운데 사는 것은……"(20절).

(1) 신앙의 사람

20절에 1인칭 대명사가 몇 번 나와 있는가? **'내가'**, **'내 안에'**, **'나를'**이 6번 나와 있다. 사도는 자신의 내적 생명과 자신을 그리스도께서 사랑하셨다고 한다. 그리스도께서 나를 사랑하사 나를 위하여 자신을 버리셨다고 한다. 이것은 이기주의적인 면을 보여 준 것이 아니고 기독교는 개별 인간을 존중함을 나타낸 것이다.

밤하늘에서 별빛이 더 찬란하게 비치듯이 많은 인종과 피부색이 다른 부족들 중에서 사람들은 자기가 더 확실하게 보인다. 수많은 사람들이 기차 정거장에서나 비행장에서 몰려 있으나 각기 자기 방향이 다르듯이 하나님은 인간을 개성 있게 창조하셨다.

하나님은 우리 개인의 죄와 그 위험을 우리 각자에게 보여 주시고 성령의 조명으로 그 죄의 결과를 알게 하심으로 우리의 구원 주 예수 그리스도를 각자가 보게 하시고 믿게 하신다. 우리 각자의 믿음의 팔로 예수 그리스도를 영접하게 하시고, 우리의 가슴으로 우리 주님을 모시게 하신다. 당신이 그리스도의 십자가를 믿지 못한다면 당신은 영생에 들어갈 수 없을 것이다.

개인 신앙의 결과로 성도는 개인적 평화를 맛볼 것이다. 세상에 전쟁이 일어나도 그는 그리스도 안에서 평안을 누릴 것이다. 그 평안은 아주 개인적인 것이며 다른 사람의 것과 독립적이다. 다른 사람에게 평안을 말할 수 있지만 나눌 수는 없으며, 다른 사람이 그에게 줄 수도, 빼앗을 수도 없다. 개인의 신앙은 곧 그 사람으로 하여금 하나님께 헌신하는 삶으로 인도한다. 주님을 바로 만난 사람은 "주여, 내가 여기 있나이다. 내 몸과 마음을, 내 재산과 현재와 미래를 주님 위해 모두 바칩니다."라는 고백과 헌신이 있게 된다.

이와 같이 주님을 바로 만나고 주님을 믿는 믿음이 있는 사람은 주님을 위해 자신을 바치는 일을 피하지 않는다. 주님 편에 서서 주님을 위해 변호하면서(defence) 산다. 교부 아타나시우스(Athanasius, 295－373년)처럼 "나, 아타나시우스는, 온 세상에 대항하노라."(I, Athanasius, against the whole world)라고 하거나 아니면 느헤미야처럼 거룩한 성 예루살렘 재건을 위해, 즉 하나님 나라, 하나님의 교회를 세우기 위해 힘을 쓴다.

개인 신앙을 가진 이는 자신이 구원을 받은 것처럼 자신을 주를 위하여 바친다. "주님 위해 내가 무엇을 해야 할까요?"라는 질문을 매순간 기도로 드리며 "주님의 뜻을 위해 날 보내 주소서."라고 한다. "내가 그리스도와 함께 십자가에 못 박혔나니 그런즉 이제는 내가 사는 것이 아니요 오직 내 안에 그리스도께서 사시는 것이라 이제 내가 육체 가운데 사는 것은 나를 사랑하사 나를 위하여 자기 자신을 버리신 하나님의 아들을 믿는 믿음 안에서 사는 것이라"(20절).

개인 신앙은 하나님께 개인적 책임이 있다는 것이다. 우리는 그 책임을 수행해야 한다. 이것을 이해하지 못하고 사는 사람은 하나님 앞에서 내가 해야 할 일을 교회에 전가시킨다. 목사가 해야 하고 교회가 할 일이지, 나는 하나님 앞에서 아무 책임이 없다는 생각을 한다. 하나님은 개인을 선택하시고, 부르시고, 거듭나게 하시고, 인내하게 하시고, 거룩하게 하시며, 구원하신다. 성경에서 다른 사람의 경건으로 구원받은 사람에 대한 말씀은 찾을 수 없다. 오직 하나의 예외가 있다. 그것은 예수 그리스도의 대속적, 대리적 죽으심으로 우리가 구원을 받았다는 사실이다. 인간 중에는 아무도 다른 사람의 죄를 대신 질 수 있는 사람이 없다. "너희가 짐을 서로 지라 그리하여 그리스도의 법을 성취하라"(갈 6 : 2)라고 사도는 우리에게 가르쳤다. 그것도 하나님 앞에서 책임 있게 각각 자신이 일하라는 것이다. 오늘도 어떤 성도들은 교회 전체 성도들 속을 피난처로 삼고 안주하고 있다. 교회가 성장하고, 이웃을 위해 섬기고, 장애인과 소외된 사람들을 돕고, 복음을 전하고 있을 때, 자신은 아무것도 하지 않으면서 무엇인가 하고 있다고 착각을 하는 이들이 있다. 이런 이들은 자리를 박차고 일어나 함께 일하도록 해야 한다. 주님 앞에 설 때 다른 사람의 봉사가 나의 보고할 일이 아니기 때문이다. 당신이 맺은 열매를 주님은 찾고 계신다. 다른 가지가 맺은 열매는 당신의 것이 아니다. "아름다운 열매를 맺지 아니하는 나무마다 찍혀 불에 던져지느니라"(마 7 : 19), "무릇 내게 붙어 있어 열매를 맺지 아니하는 가지는 아버지께서 그것을 제거해 버리시고……"(요 15 : 2)라고 하셨다.

선교사 사역을 돕는다는 사람들 중에도 안일한 피난처에 숨어 있는 이가 있다. 거룩한 제자를 만드는 일에는 무관심하면서 일 년에 몇 차례 선교헌금만 적당히 바치는 것으로 자신은 선교에 동참하고 있다고 착각을 한다.

주님이 원하시는 것이 그런 것일까? 그것이 주님께 순종하는 길일까? 주님께서

"……아버지께서 나를 보내신 것같이 나도 너희를 보내노라"(요 20 : 21)라고 하시지 않았나? 아버지 하나님은 그리스도 아닌 다른 분을 대신 보내지 않으셨다. 그리스도 예수님이 친히 세상에 오셨다. 고난을 당하시고 희생하셨다. "나도 너희를 보내노라" 주님은 우리에게 섬기는 일과 전하는 일을 위해 보내신다고 하셨다. 목회자와 선교사를 돕는 것도 중요하다. 그러나 목회자와 선교사가 우리 각자를 부르신 특별한 소명을 대신할 수는 없다. 그러므로 주님께서 개인에게 명령하신 사역을 교회나 목회자에게 대신하게 할 수 없다. 하나님 앞에서 심판 날에 당신은 당신이 느낀 대로, 아는 대로, 배운 대로, 행한 대로 평가를 받아야만 한다.

개인이 거듭난 체험도 없이 "우리는 모태신앙이다.", "온 가족이 그리스도인이다." 라고 하는 이도 있다. 예수 그리스도를 믿고 거듭난 사람만이 그리스도인이다. 부활을 할 때 각자가 자기 몸(육신)을 받게 될 것이다. 저주받는 사람은 그 사람이 저주를 받는 것이다. 그 사람을 대신하여 지옥불에 들어가는 이가 없다. 내가 구원받았다면 나는 왕 되신 그리스도를 보게 될 것이다(욥 19 : 27). 하늘의 기쁨도 대치된 기쁨이 아니다. 그리스도와 연합한 사람만 맛보는 기쁨이다.

(2) 우리의 개인이 그리스도와 연합한다

"내가 그리스도와 함께 십자가에 못 박혔나니 그런즉 이제는 내가 사는 것이 아니요 오직 내 안에 그리스도께서 사시는 것이라 이제 내가 육체 가운데 사는 것은 나를 사랑하사 나를 위하여 자기 자신을 버리신 하나님의 아들을 믿는 믿음 안에서 사는 것이라"(20절). 여기에 구원받은 사람이 있다. 그리고 하나님의 아들이 돋보이게 계신다. 두 인격이 합쳐진 것을 보여 준다. 두 개의 서로 다른 나무들이 뿌리가 합쳐지고 서로 꼬여서 아무도 두 개의 나무로 보지 않듯이 그리스도와 그리스도인이 그렇게 된다. 첫 사람 아담의 범죄가 우리 안에 있듯이 그리스도와 연합된 우리는 영원히 영생에 이른다. 고린도전서 15 : 45에서 바울은 첫 사람 아담은 생령(living soul)이 되었고 마지막 아담은 살려 주는 영(life giving Spirit)이 되었다고 한다. 47절에서는 첫 사람과 둘째 사람을 대칭적으로 말한다. 이것은 인류의 두 대표주자를 가리킨 것이다. 둘째 아담, 곧 마지막 아담 되신 예수 그리스도는 우리를 살려 주는 영이 되셨다. 그 안에서, 그와 함께 우리는 영생을 누리게 된다.

① 바울은 "내가 그리스도와 함께 십자가에 못 박혔다."라고 한다. 바울은 십자가상

에서 그리스도의 대표성을 믿고 있다. 그리스도께서 나무 위에 달리실 때 바울은 개인적으로 달린 적이 없으나 그리스도가 선민의 대표로 달리셨다는 것이다. 따라서 예수 그리스도의 죽으심은 자기 백성 모두의 실질적 죽음이었다. "내가 그리스도와 함께 십자가에 못 박혔나니" 그리스도께서 죽으심으로 율법을 완성하시고, 하나님의 의를 만족시켜 드렸고, 마침내 아버지 하나님과 화해를 이루셨다. 그리스도께서 나 대신 죽으시고 저주를 받으셨기 때문에 나는 자유를 얻었고 구원을 받았다. '내가 그리스도와 함께 십자가에 못 박혔다' 라는 말은 놀라운 복이다. 바울은 그리스도의 죽으심을 믿을 뿐 아니라 옛 부패한 성품이 십자가에서 죽었다는 것이다. 전에 즐기던 것을 죽은 자는 더 이상 즐기지 않는다. 바울도 옛 사람, 즉 부패한 옛 사람을 그리스도 십자가에 못 박았다는 것이다. 과거에는 '무엇을 먹을까, 무엇을 입을까, 무엇을 마실까' 가 가장 중요한 질문이었다. 그러나 이제 이런 것에는 내가 죽었기 때문에 더 이상 중요하지 않다. 그 같은 나는 이미 십자가에 못 박았다. 십자가에 못 박힌 자와 우리는 무엇을 할 수 있는가? 그리스도와 함께 십자가에 못 박힌 사람은 세상에 대한 애정도 없다. 세상이 그를 못 박듯이 그는 세상을 못 박는다. 이것을 바울이 말한 것이다.

② "그런즉 이제는 내가 사는 것이 아니요 오직 내 안에 그리스도께서 사시는 것이라" 성도가 세상을 향하여는 청각 장애인, 언어 장애인, 시각 장애인, 죄의 세상에 대한 느낌도 없는 죽은 자다. 그러나 내 안에 그리스도께서 사신다고 한다. 예수 그리스도가 그리스도인의 삶의 근원이다. 성도의 믿음과 소망과 사랑을 유지하게 하는 생명이 오직 예수 그리스도로부터 온다. 우리 주님으로부터 매일 매 순간 은혜를 받지 못한다면 우리 생명은 끝난다. 그리스도가 우리 안에서 다스리시고 힘이 되신다. 그리스도인은 어떻게 그리스도에게만 다스림을 받을 수 있을까? 그리스도를 주와 선생이라 부른다면 당신은 그리스도의 종이 되어야 한다. 그리고 다른 어떤 권세에도 지배를 받지 않아야 한다. 그리스도인은 두 주인을 섬길 수 없다. 지금 그리스도께서 당신을 다스리고 계신가? 당신 안에 그리스도가 계신가?

③ "이제 내가 육체 가운데 사는 것은 나를 사랑하사 나를 위하여 자기 자신을 버리신 하나님의 아들을 믿는 믿음 안에서 사는 것이라" 그리스도인의 매 순간의 삶은 믿음 안에서 사는 것이다. 우리는 보는 것과 느끼는 것으로 살고자 할 때 실패한다. 나를 사랑하사 나를 위하여 자기 자신을 버리신 하나님의 아들을 믿는 믿음 안에서

살아야 한다.

'나를 사랑하신 분' 그리스도는 당신을 영원히 사랑하신다. 하나님의 아들이 당신을 선택하셨다. 또한 당신과 결혼했다. 영원히 그의 신부로 사랑하신다. 그리스도와 연합된 성도의 복이 여기에 있는 것이다.

'나를 위하여 자기 자신을 버리신 분'인 주님이 가지신 모든 것뿐 아니라 자신을 주셨다. 주님은 우리를 위해 자신의 영광과 명예, 목숨까지도 버리셨다. 하늘의 상속자 되신 주님이 이 순간 당신의 것이 되었다. 십자가에서 자신을 주셨기 때문에 우리 죄가 씻어졌고, 생명이 주어졌으며, 면류관과 기쁨과 분깃이 주어졌다. 그리스도와 연합하여 그리스도 안에 있고 그리스도가 우리 안에 있어 영원히 주님과 함께 있는 복을 믿음으로 받아야 한다.

(3) 그리스도와 연합된 성품에 주어진 생명

우리는 그리스도와 연결되어 그리스도와 함께 있는 새 생명이 되었다. 즉, "나는 십자가에 못 박혔다. 그럼에도 불구하고 산다."라는 것이다. 십자가에 못 박힌 것은 죽은 것 또는 옛 사람이 사라지고 새 생명이 사는 것이다. 그래서 사도 바울은 "……나는 날마다 죽노라"(고전 15 : 31)라고 했다. "……이전 것은 지나갔으니 보라 새 것이 되었도다"(고후 5 : 17).

① 당신의 생명은 아주 이상한 생명이다. "나는 십자가에 못 박혔는데 내가 산다."라는 것은 모순이다. 수수께끼 같은 생명이다. 세상은 이를 이해하지 못한다. '죽으면 산다' 그리스도와 십자가에 못 박힌 바울은 그리스도와 함께 새 생명으로 산다. 새 생명을 가진 우리에게 주님은 "너희가 세상에 속하지 않았기 때문에 세상이 너희를 미워하리라."라고 하신다(요 15 : 19). 이제는 당신의 가치관, 삶의 모습이 이상하게 보일 것이다. 세상은 당신을 핍박할 것이다. 전에 살던 삶이 아니고 세상에 대하여는 죽은 삶이다.

② 새 생명은 그리스도께서 우리에게 자기 부정의 삶을 요구하신 것이다. "내가 사는 것이 아니요 오직 내 안에 그리스도께서 사시는 것이라" 자기를 부인하고 낮추는 삶이 거듭난 자의 참 모습이다.

③ 우리 안에 계신 그리스도가 새 생명이다. 그리스도가 내 안에 계신다. 내가 섬기는 분은 그리스도시다. 그러나 옛 생활 속에 아직 나는 살고 있지 않는가? 그리스도

와 생각과 이상이 같아야 한다. 건강한 성도는 아침에 일어나서 "내가 주님을 위해 무엇을 할까?"를 묻는다. 내 삶 속에서 내 주님을 어떻게 섬길까를 생각한다. 돈을 번 이는 "그리스도를 위해 이 돈을 어떻게 사용할까?", 지식을 얻은 이는 "어떻게 이 지식을 그리스도를 위해 쓸까?"를 생각하고 실천한다.

(4) 맺는 말

① 하나님의 자녀 안에는 그리스도가 계시다. 지상에서 그리스도의 삶이란 신성이 인성과 함께한 삶이다. 이것이 그리스도인의 삶이다. 썩지 아니할 살아 있고 항상 있는 하나님의 말씀이 있고(벧전 1 : 23), 반면에 인간 중 인간으로 오신 주님처럼 남보다 뛰어나게 부지런히 일을 한다. 즉, 성령의 권능으로 인도되는 삶이다.

② "내가 육체 가운데 사는 것은…… 하나님의 아들을 믿는 믿음 안에서 사는 것이라" 그리스도는 우리 중에 수도승으로 오신 분이 아니다. 우리를 참 인간 되게 하시려고 오셨다. 우리로 육체 가운데서 어떻게 사는 것인지를 알려 주시려고 오셨다. 사도는 '천막 깁는 일'에 바빴다. 왜 천막을 만들었는가? 로마교황이 천막을 깁는다면, 왜 천한 일을 하느냐고 할 사람들이 있을 것이다. 그러나 사도에게는 이것이 천한 일이 아니었다. 그리스도를 위한 것이기 때문이다. 우리에게 무엇을 하느냐보다 왜 그 일을 하느냐가 더 중요한 이유가 바로 이것이다.

바울은 멜리데섬에서 다른 사람과 같이 불에 나무를 넣어 온기를 내었다(행 28 : 3). 바울이 보통 사람들과 섞였다고 그 위상이 하락한 것이 아니다. 소금이 고기 속에 들어가야 하듯 그리스도인은 세상 사람 중에 있어야 한다. 우리 종교는 하나님의 가족으로 우리를 끌어들이지만 인간 이상이나 인간 이하로 만들지 않는다.

③ 그러나 그리스도인의 삶은 믿음 안에서 사는 것이다. 믿음은 수일에만 입는 옷이 아니다. 믿음의 옷은 공장, 사무실, 학교, 시장, 가정, 마구간 어디에서나 입어야 하는 옷이다. 주부나 종에게도 은혜요, 고위직이나 가난하고 천박한 사람에게도 은혜다. 믿음으로 남의 구두를 닦고, 이발을 하고, 양복을 만들고, 믿음으로 물건을 사기도 하고 팔기도 하는 사람들을 보고 싶다. 상점 문에 들어서면서 문 닫을 때까지 믿음을 멀리하는 이들이 있다. 그것은 위선이다. 그리스도인의 진정한 삶은 하나님의 아들을 믿는 믿음 안에서 사는 것이다.

④ 그리스도와 함께한 성도의 삶은 완전한 사랑의 삶이다. 그리스도는 나를 위하여

자신을 버리셨다. 그렇다면 나는 그리스도를 위하여 무엇을 할 수 있나? 새 생명은 그리스도가 사랑하시고 나를 위해 죽으사 주신 생명이므로 가장 안전하다(holy security). 그리스도는 나를 위하여 그 자신을 주셨기 때문에 새 생명은 거룩한 부다(holy wealth). 그리스도가 내 것이라면 새 생명은 내게 거룩한 기쁨(holy joy)을 갖게 한다. 하늘의 왕과 본질이신 그리스도를 모신 나에게 하늘나라의 삶(life of heaven)을 준다. 주님은 이 풍성한 복을 십자가를 통해 당신에게 주셨다. 그러므로 힘과 정성을 다해 믿음으로 우리 주님을 섬기는 성도가 되자.

제 Ⅲ 부

바울의 복음방어

갈라디아서 3 : 1~4 : 31

A. 교리적 문제 : 믿음이냐 행위냐(3 : 1-5)

B. 교리적 논의(3 : 6-4 : 7)

1. 아브라함의 아들들(3 : 6-9)
2. 율법의 저주(3 : 10-14)
3. 아브라함의 자손(3 : 15-18)
4. 율법과 언약(3 : 19-22)
5. 아브라함과 함께 상속자(3 : 23-29)

※ 설교를 위한 묵상("오직 믿음만으로", 갈 3 : 11 ; 롬 3 : 21-26)

6. 하나님의 상속자들(4 : 1-7)

C. 갈라디아 사람들에게 바울의 호소(4 : 8-31)

1. 노예로의 회귀(4 : 8-11)
2. 그들의 과거와 현재의 관계(4 : 12-20)
3. 은유로부터 호소(4 : 21-31)

※ 설교를 위한 묵상("이전에는 노예, 그러나 이제는 아들", 갈 4 : 1-11)

| 갈라디아서 3 : 1~4 : 31 |

바울의 복음방어

A. 교리적 문제 : 믿음이냐 행위냐(3 : 1-5)

[1]어리석도다 갈라디아 사람들아 예수 그리스도께서 십자가에 못 박히신 것이
너희 눈앞에 밝히 보이거늘 누가 너희를 꾀더냐 [2]내가 너희에게서 다만 이것
을 알려 하노니 너희가 성령을 받은 것이 율법의 행위로냐 혹은 듣고 믿음으
로냐 [3]너희가 이같이 어리석으냐 성령으로 시작하였다가 이제는 육체로 마치
겠느냐 [4]너희가 이같이 많은 괴로움을 헛되이 받았느냐 과연 헛되냐 [5]너희에
게 성령을 주시고 너희 가운데서 능력을 행하시는 이의 일이 율법의 행위에
서냐 혹은 듣고 믿음에서냐

사도는 본서의 초두부터 은혜의 복음을 방어했다. 그러나 지금까지는 자신의 경험과 소망의 관점에서 이를 방어했다. 이것들은 사도 바울에게 큰 도

전을 주었다. 그래서 사도 바울은 사람이 아닌 하나님께서 자신을 부르셨고 그분의 메시지를 그에게 주셨다고 주장했다. 바울은 자신의 경험과 함께 복음 자체에 대하여 점차 말하였고, 결국은 복음을 신학적 또는 성경적으로 방어하기까지 이르렀다. 그는 갈라디아 교회 성도들에게 믿음으로 의로워지는 교리를 그들 자신의 경험에서 찾게 한다.

따라서 바울의 전체 논증 과정은 두 부분으로 나누어진다. 즉, 3 : 1~4 : 7까지가 그 한 부분이고, 4 : 8~5 : 12까지가 다른 한 부분이다. 첫 번째 부분은 아주 근본적인 방법에 따른 것으로, 바울은 아브라함에 대한 약속으로부터 시작하여 기독교 공동체 구성원의 '하나님 아들 됨' 까지를 하나의 거대하고 근본적인 연결고리로 묶고 있다. 따라서 여기서 주목되는 것은 이스라엘 조상들에게 약속된 축복이 이제 교회 공동체 안에서 실현되었다는 것이다. 그리고 이제 바울은 덧붙여 말하기를 교회 공동체 안에서 율법은 완전히 유배지로 내몰리게 되었다고 한다. 그래서 두 번째 단계에서 바울은 현실적으로 고양된 교회 공동체의 위상에 대한 관심을 가진다. 그는 서두와 말미에서 금식 기간(4 : 10)과 할례(5 : 2-15 ; 6 : 11-16)와 같은 대적자들의 구체적인 율법 요구에 대한 반론을 기술한다. 대신 그는 첫 번째 변증단계에서 기술한 구원사적 전망에서 율법적인 종의 신분과 영적인 자유인의 신분을 내용적으로 대립시키면서 전개하고 있다. 이러한 방법상의 이유로 갈라디아서는 구약성경의 병행구들과 변화구들을 많이 가지고 있다.

이 두 부분에 대하여 바울은 처음을 갈라디아 교우들에게 질문을 제기하는 방식으로 시작하고(3 : 1-5 ; 4 : 8-11), 석의(釋義) 부분(3 : 6 이하 ; 4 : 21 이하)을 통하여 자신의 대적자들이 가지고 있는 신앙적 문제를 제시한다.

[3 : 1] 1 : 11에서 갈라디아 사람들을 구체적으로 지칭한 이후 처음으로 여기서 그 이름을 부른다. 앞에서 그는 '형제들아' 라고 부른 것을 여기서는 '갈라디아 사람' 이라는 비인칭 대명사를 쓰고 있다. 이는 공적 논쟁을 하기 위

한 근엄한 어조로 보인다. 갈라디아 사람들의 어리석음은 그들이 북갈라디아 사람들임을 보여 준다고 주장하는 이들이 있다. 왜냐하면 남부 소아시아 해안사람들은 더 궤변적이지만, 북갈라디아 사람들은 얼간이 같다는 평가를 들었기 때문이다.

그러나 우리는 그것의 사실 여부를 증명할 근거가 없다. 사실 자연인은 자신이 궤변적이거나 그 궤변의 결여성을 무시하는 영적으로 무지한 자임을 간과하고 있다. 따라서 루터는 갈라디아 사람들은 독일 사람들을 가리킨다고 생각했다. 이는 미국인, 프랑스인, 한국인으로도 생각할 수 있을 것이다. 갈라디아 사람들의 동요는 바울을 신으로 예배하려 했던 루스드라 사람들의 행동과 비교할 수 있다(행 14 : 11－19). 'Proegraphe' (grapho, write, record, compose의 단순과거 수동태, was portrayed)는 세 가지 의미를 갖고 있다. (1) 전에 다 써 버렸다, (2) 누구나 읽을 수 있도록 기록한 것, (3) 목록의 머리에 쓰다. 첫 번째 것은 종종 예언을 말할 때 사용한다. 그러나 여기에서는 부적절하다. 세 번째 것은 신약에 나타나지 않았다. 여기서는 두 번째의 의미가 있다.

"어리석도다 갈라디아 사람들아"를 루터는 갈라디아 사람들의 민족적 본성의 특징인 어리석음을 우회적으로 표현한 것으로 본다(루터, 「갈라디아서 강해」). 그러나 이러한 표현은 비난(욕)이 아니라 수사학적 반어(反語)로 읽는 것이 좋다. 즉, 그들은 이전에는 영적 존재(갈 4 : 8－9 ; 6 : 1)로 살았다는 것을 강조하기 위한 것이다. 왜냐하면 그 다음 이어지는 말, 곧 "누가 너희를 꾀더냐?"라고 바울은 질문하고 있기 때문이다. 바울은 갈라디아 사람들이 어리석고 무지하다는 것을 언급하려는 것보다 오히려 그들은 순진한데 다른 사람들이 갈라디아 사람들을 미혹했기 때문이라는 것을 양보적으로 언급한 것이다.

바울은 1~4절에서 갈라디아 사람들의 세 가지 행위를 들여, 그것은 설명을 하기가 어렵다고 한다. (1) 그들의 행위는 불합리하거나 어리석다는 것이다. 여기서 사용된 단어는 예수님의 비유(마 5 : 22 ; 7 : 26 ; 25 : 2 이하)에서 자주 쓰인 'moros' (foolish)가 아니다. 'moros' 는 정신박약아 또는 도덕적으로나 영적으로 어리석게 행하는 이를 말한다. 본문에 나온 'anoētos' (foolish, ignorant)는 생각은 할 수 있으나 지각능력을 사용하는 일에 실패한 사람을 말한다(눅 24 : 25 ; 롬 1 : 14 ; 딤전 6 : 9 ; 딛 3 : 3).

앞장의 끝에서, 즉 어리석게도 행위 구원교리가 은혜의 필요를 부인하고 주 예수 그리스도의 죽으심을 불필요하다고 선언한 것에 대하여 바울은 분명하게 이 용어를 사용함으로 그의 사상의 흐름을 제시한 것이다. 결국 이와 같은 결론에 이르게 한 교리는 불합리한 것이다. 그러나 갈라디아 사람들은 이것을 수용하기 직전에 있었다. 그들은 지적으로 일관성이 없고 자기모순을 범했다. 이 같은 행위를 어떻게 설명할 수 있을까? 바울은 그들이 어떤 마술사의 주문에 잡혀 있는 것으로 익살맞게 제시했다.

(2) 갈라디아 사람들의 행동은 참된 복음을 분명하게 받은 사람들이었기 때문에 설명하기가 어렵다. 바울은 자신의 설교를 언급하면서 그 복음은 마치 공중 게시판에 부착한 것처럼 그가 분명하게 전했다고 논증한다. 더욱이 그는 비본질적인 것으로 인해 애매하게 굴지 않았다. 바울이 전한 복음의 핵심은 십자가에 못 박힌 그리스도시다. 이 동사(estaurōmenos는 stauroō, crucify의 완료분사 수동태)의 완료시제는 중요하다. 그것은 과거에 이루어진 행위지만 그럼에도 불구하고 계속적 의미를 갖는다.

바울은 "예수 그리스도께서 십자가에 못 박히신 것이 너희 눈앞에 밝히 보이거늘"이라는 말로 그 자신이 전하고자 한 말 또는 자신이 이미 갈라디아 교우들에게 전한 복음을 상기시킨다(이 부분을 각 번역본들이 다르게 번역하고 있다. RSV는 "예수 그리스도가 십자가에 달리신 것으로 여러분의 눈앞에, 공공연히 나타나 있는데 누가 여러분을 미혹시킵니까?"로, NEB는 감탄사로 번역하여 "여러분이 미혹당했음이 분명합니다. - 예수 그리스도는 여러분의 눈앞에, 그의 십자가 위에서 공공연히 나타나 있었습니다."라고 번역하고 있다). 갈라디아 사람들이 그렇게 빨리 복음을 버리고 율법의 의를 강조하게 된 데는 그 어떤 거짓 사도들의 그릇된 가르침이 있어 그들을 미혹했다는 것을 강조한 것이다. 바울은 자신의 대적자들을 이런 식으로 질타한 것이다.

[3 : 2] 갈라디아 사람들의 변절을 이해하기가 어려운 (3) 세 번째 이유는 기독교에 대한 그들의 초기 경험과 완전히 대립되는 것이었기 때문이다. 그들의 시작은 어떠했나? 바울은 그것을 그들로부터 듣고 싶어했던 것이다. 그들이 성령을 받은 것이 어떤 공법대로 산 것으로 인함이냐, 아니면 주 예수 그리스도의 죽으심에 관한 말씀을 들어 믿고 받음으로냐? 그들이 현재 혼란 상태에 있는 한, 바울은 가장 본질적 질문에 대한 기본적 대답 외에 다른 것은 듣고 싶지 않다는 것을 말한 질문이다. 그는 "내가 너희에게서 다만 이것을 알려 하노니"라고 한 것이다.

바울은 갈라디아 교우들이 성령을 받은 자라는 것으로부터 논증을 이끌어 가고자 한다. 갈라디아서 6 : 1에서 '신령한 너희' 로 부르면서 그들에게 바울의 복음 전도로 성령을 받은 사실을 기정사실로 인정하라는 반어적(反語的) 질문을 한 것이다. 이런 질문을 한 이유는 갈라디아 교우들 자신의 체험에서 우러나오는 그들 자신의 답변을 기대하였기 때문이다. 동시에 이 질문은 원시 기독교 공동체의 체험은 일반적으로 성령 체험이었다는 것을 간접적으로 증거하는 것이다(참조. 롬 8 : 15 ; 고전 2 : 12 ; 고후 11 : 4).

성령 체험은 예수 그리스도에 관한 복음 선포를 믿음으로, 곧 받아들임으로써 일어난 것임을 강조하고 있다(참조. 살전 1 : 5-7 ; 롬 15 : 18 이하 ; 행 11 : 14 이하). 따라서 갈라디아 교회 공동체에 던진 바울의 이러한 질문 — "너희가 성령을 받은 것이 율법의 행위로냐 혹은 듣고 믿음으로냐"— 은 결코 우발적이거나 근거 없이 만들어 낸 질문이 아니다.

그러므로 기대되는 답변 역시 아주 명백하다. 즉, 율법으로부터 자유로운 복음이 사도들에 의해서 선포됨으로써 영적 공동체가 탄생하였기 때문에 성령을 받은 것은 — 율법의 사역은 아무런 역할을 하지 못하였고 — 오직 복음 선포의 결과라는 것이다. 이러한 점에서 바울이 3 : 1에서 논증하려 한 모든 것이 준비된 셈이다. 곧 성령 체험은 아브라함의 축복이라는 것이다. 이러한 경우 율법의 설 자리가 없다는 것이다. 그렇게 되면 축복이 무효화된다는 것이다. 성령 받음이 아브라함의 축복에 속한 것이라면 율법은 그 설 자리가 없다고 말한다.

[3 : 3] 바울은 그들의 대답을 미리 추정한다. 그들은 들은 바를 믿는 믿음으로만 크리스천이 되었다는 것이다. 믿음으로 시작했기 때문에 믿음이 계속되어야 한다는 결론이다. 바울은 갈라디아 교우들이 성령으로 시작했다가 육체로 마치려는 자가당착(self-contradiction)에 빠져 있다고 생각했다(참조. 갈 5 : 5, 16, 18, 25 ; 롬 8 : 13-14 ; 12 : 11). 이런 자가당착(self-contradiction)에 빠져 있는 교우들의 현상을 바울은 2 : 14에서 베드로에 대하여, 그리고 4 : 8~9에서 갈라디아 교우들에 대하여 언급할 때 반복하여 언급하고 있다.

이러한 바울의 대구법(對句法)은 그리스도인은 그리스도인답게 살아야 한다는 '신앙의' 혹은 '논리의' 수미일관성(首尾一貫性)을 강조하는 것이다. 즉, 성령으로 시작하였으면 성령으로 끝을 맺어야 한다는 것이다(갈 5 : 25). 이렇게 바울은 영과 육을 대조시키면서 육에서 영으로의 진전은 가능하나, 영에서 육으로의 퇴보는 안 된다고 말한다. 바울은 영에 '육', 혹은 '육체로' (sarki)를 대조시켜 값없이 주신 그리스도의 은사를 무효화시켜서는 안 됨을 강조한다(참조. 갈 6 : 12, Edward Schweitzer, Sarks, TDNT 7, pp. 120-130). 바울이 영과 육을 대립시킨 것은 야고보서 2 : 22에서 행함을 믿음의 목표로 보는 유대 그리스도교적 개념에 대한 그의 적극적인 방어의 하나이기도 할 것이다(Hans Dieter Betz, *Galatians*, p. 299). 본래 '육으로' 라는 표현은 갈라디아서 1 : 16 ; 2 : 16, 20에서 중립적인 의미로 사용되었다. 그런데 여기서부터는(그리고 4 : 23, 29 ; 5 : 16이하, 그 밖에 다른 곳) 불행이나 죄와 같은 무가치한 것의 의미로 사용되고 있기 때문이다. 따라서 바울은 그의 대적자들이 율법의 행함을 믿음의 완성으로 이해했다면 그들은 이미 구원에서 제외되어 있음을 주장한 것이다. 바울은 그들이 주장하는 율법적인 방법은 복음에 그 어떠한 것도 결코 더해 주지 못하며 오히려 부정적인 양자택일만을 강조하게 된다는 것을 망각하고 있다고 주장한다. 그래서 바울은 '너희가 이같이 어리석으냐, 성령으로 시작했다가 육체로 마치겠느냐' 라고 반문하고 있다.

믿음과 행위의 두 방법은 서로 상충되기 때문에 믿음 외의 다른 방법으로는 할 수 없다는 것이다. 바울은 세 가지를 비교함으로 이 갈등을 강조한다. 그는 (1) 행위와 들음, (2) 율법과 믿음, (3) 영과 육을 대조시킨다. 여기서 영과 육은 육체의 일과 성령의 열매를 대조시켜 본서의 윤리적 부분(5 : 16-26)에서 돌출시키고 있다. 여기서 'Sarks' (flesh, Physical body, human nature)는 갈라디아 사람들의 할례를 경고한 것이다(6 : 13 참고). 여기서는 하나님의 성령의 일과 인간의 육체의 일을 대조시키고 있다.

[3 : 4] "너희가 이같이 많은 괴로움을 헛되이 받았느냐 과연 헛되냐"(3 : 4)라는 이 말씀은 "너희가 이같이 어리석으냐 성령으로 시작하였다가 이제는 육체로 마치겠느냐"(3 : 3)라는 말씀에 덧붙여 결코 그럴 수 없다는 바울의 한탄이 섞인 수사학적 질문과 절규라고 볼 수 있다.

우선 '너희가 받았느냐' 로 번역된 'epathete' (paschō의 단순과거형)는 본래 '겪다', '경험하다', '체험하다' 라는 뜻인데, 우리말 어법상 '괴로움을 받다' 로 번역된 것이다(Hans Lietzmann, *An die Römer*, 1928, p. 17). 그리고 '헛되이' 로 번역된 'eikē' 는 본래 '목적 없이', '아무런 결과 없이' 로 번역될 수도 있다(Theodor Zahn, *Der Brief des Paulus an die Galater*, 1925, p. 145). 따라서 4절은 "너희가 그처럼 많은 괴로움을 아무런 목적 없이 경험했느냐? 과연 아무런 결과가 없는 것이냐?" 로 번역해도 될 것이다.

바울이 언급한 경험은 성령체험을 의미한다. 왜냐하면 '체험하다, pathein' 이라는 단어와 더불어 '배우다, mathein'(3 : 2)의 쌍은 그리스 사상에서 오랜 역사를 가지고 있으며, 아마도 바울이 자신의 요점을 강조하기 위해서 여기에 도입한 것으로 본다(Hans Dieter Betz, *Galatians*, p. 300). "아무런 목적도 없고 결과가 없는 것인가?"라고 한 것은 반어적(反語的)으로 분명한 목적과 결과가 있다는 것을 강조한 것이다.

"너희가 이같이 많은 괴로움을 헛되이 받았느냐"라는 질문 속에는 모호한 점이 있다. 그것이 실제적인 괴로움을 말한 것인지, 아니면 갈라디아 사람들에게 있었던 이전의 영적 경험을 말한 것인지 분명하지 않다. NEB(New English Bible)에서는 "Have all your great experiences been in vain……?" 이라고 번역함으로 갈라디아 사람들의 경험을 말한다고 가르치고 있다. 또한 바울은 하나님께서 그들 중에서 성령의 권능으로 일하고 계셨음을 5절에서 상기시켜 주는 것으로 갈라디아 사람들의 경험을 보충해 준다.

[3 : 5] 바울이 가르친 것은 분명하지 않은 것이 없음에도 불구하고 그는 다시 한번 반어적(反語的)으로 2절의 질문을 하고 있다. "행위에서냐 혹은 듣고 믿음에서냐" 그러나 약간 다른 것이 있다. (1) 2절은 갈라디아 사람들의 입장에서 물었다. 즉, 그들이 하나님의 성령을 받은 사람이라는 근거 위에서 물었다. 그러나 5절은 그들 가운데서 기적을 행하시는 하나님의 입장에서 물은 것이다. (2) 2절이 그리스도를 믿은 갈라디아 사람들의 처음을 뒤돌아보는 과거시상이라면 5절은 현재분사형이다. '주시고, epichoērgōn'(supplying, chorēgeō의 현재분사)과 '행하시는, energōn'(working, ergeō의 현재분사), 즉 두 현재분사는 논쟁의 목적을 예견한 것이다. 즉, 크리스천 삶의 축복은 크리스천으로 시작할 때 온다는 증거다. 인간의 어떤 성취로서가 아니고 믿음으로 오는 것이다. 사람이 의로워지는 것이 '율법을 행함으로냐, 들은 바를 믿음으로냐' 라는 질문을 마음에 품고 바울은 양자택일을 촉구하는 토론을 시작한다.

듣고 믿음에서냐	율법의 행위에서냐
참 복음	율법주의자들의 복음
3 : 6-9 믿음(아브라함) 3 : 15-18 믿음(언약) 3 : 23-29 믿음(유업을 이을 자)	3 : 10-14 율법(저주) 3 : 19-22 율법(죄) 4 : 1-7 율법(종)

• 믿음을 먼저 다루고 그 다음에 율법을, 그리고 믿음, 그리고 율법을 다룬다.
• 도표는 논쟁의 흐름을 제시한다.
• 처음 항목(section)은 철저하게 대립적이다.
• 마지막 항목(section)에서는 대조가 각 항에서 나타난다.
• 죄와 약속, 교사와 유업을 이을 자, 종과 자유인

'eks akoēs pisteōs'는 듣는 것과 믿음(hearing과 faith)이 능동적인지 아니면 수동적인지에 따라 번역이 다르다. 행위와 들음이 율법과 믿음 사이처럼 분명히 대조적이지만, 믿음으로 복음을 듣는 것을 뜻한다.

바울이 언급한(3 : 1-5) 성령 체험은 4 : 6과 연관하여 고린도 교회에서 일어났던 영적 황홀경 체험을 시사한 것이라고 해석하는 이도 있다(Hans Dieter Betz, *Galatians*, p. 296). 왜냐하면 4 : 6에서 언급한 '아빠 아버지'라고 부르는 영을 영적 황홀경을 경험한 이들이 자기들의 신(神)을 부르는 용어라고 해석하고 있기 때문이다. 그리고 3 : 2~4에서 다른 신비종교에 익숙한 용어들이 사용되었다고 본다. 예를 들어 벳츠는 '시작하다'(enarksamenoi)와 '끝내다'(epiteleisthe), 그리고 '배우다'(mathein)와 '경험하다'(pathein)라는 용어들은 이방 신비종교에서 사용한 용어라고 해석한다(Widengren, *Religions phanomenologie*, p. 494). 그러나 베커는 이 같은 주장을 배격한다(참조. 롬 5 : 5 ; 8 : 9-11, 14 이하 ; 빌 2 : 1 ; 살전 1 : 6). 바울은 갈라디아 성도들이 이해하고 있는 성령 이해와 자신의 성령 이해가 동일하다고 생각했기 때문이다.

B. 교리적 논의(3 : 6-4 : 7)

1. 아브라함의 아들들(3 : 6-9)

[6]아브라함이 하나님을 믿으매 그것을 그에게 의로 정하셨다 함과 같으니라
[7]그런즉 믿음으로 말미암은 자들은 아브라함의 자손인 줄 알지어다 [8]또 하나
님이 이방을 믿음으로 말미암아 의로 정하실 것을 성경이 미리 알고 먼저 아
브라함에게 복음을 전하되 모든 이방인이 너로 말미암아 복을 받으리라 하였
느니라 [9]그러므로 믿음으로 말미암은 자는 믿음이 있는 아브라함과 함께 복
을 받느니라

바울은 3 : 7에서처럼 자신을 사로잡을 논의의 첫 항목(section)에 들어간다. 그 주제는 성경적이다. 바울은 그가 가르친 구원으로 들어가는 수단(방법)이 믿음이라는 것은 갈라디아 사람들의 경험이 아니라 구약의 말씀에 근거한 것임을 보여 주면서 아브라함이 그 실례라고 말한다.

바울의 증언은 갈라디아 사람들이 갖고 있는 아브라함에 관한 지식을 전제로 하고 있다. 갈라디아의 크리스천들이 어떻게 성도가 되었는지 상상하기란 어렵지 않다. 바울이 어느 기간 동안 갈라디아 사람에게 설교했다면 그는 분명 기독교 신학을 아브라함의 생애를 기초로 하여 가르쳤을 것이다. 또한 갈라디아 교회가 남부의 교회였다면, 거기에는 그들의 역사와 친밀한 접근을 하고 있었던 유대인들이 상당수 있었을 것이다. 더 중요한 것은 율법주의자들의 교훈의 중심사항인 할례를 통해 아브라함의 자손이 된다는 의무감이 그들에게 있었다는 것이다. 그들은 하나님의 약속에 속한 백성이 되지 않고는 하나님의 복을 받고 누릴 수 있는 이가 없다고 믿었다(창 12, 17장). 이 무리에 속하는 길은 할례를 통해서만 들어갈 수 있다고 믿었다. 이 점에 대한 바울의 논점은 아브라함도 할례가 아닌 믿음으로 복을 받았다는 것이다. 아브라함의 구원언약은 모세 율법보다 앞서 있었고, 아브라함이 하나님으로부터 복을 받은 것은 창세기 12장의 사건인데, 할례의 명령은 그보다 후인 17장에 나온다. 그러므로 아브라함의 구원은 율법이나 할례가 아닌 믿음으로 받은 것이다(롬 4 : 3).

[3:6] 본 절의 'kathos' (as, just as, because, 이와 같이) 부사는 일반적으로 새로운 아이디어를 소개할 때 사용되지만, 여기서는 앞에 있는 사상과 연계되어 있다. 여기서 바울은 그들의 삶 속에서 진리로 알려진 것은 다른 사람에게도 진리가 되고 성경적으로 확인된 것임을 보여 주면서 구약의 실례를 갈라디아 사람들의 영적 경험에 연결시키고 있다.

아브라함을 예로 든 것은 어떤 역사적 예를 드는 것보다 더 귀중하고 의미가 있다. 왜냐하면 아브라함은 이스라엘의 조상이요 원형(prototype)으로 알려져 있었기 때문이다. 아브라함은 하나님과 함께 시작한 사람이었다. 그는 본래 유브라데 강 건너 이방 조상으로부터 온 사람이었다(수 24 : 1-2). 그러나 하나님은 그를 불러 언약을 맺으셨다. 바로 이 아브라함으로부터 유대인이 나왔다. 바울의 대적자들을 포함한 모든 유대인들은 아브라함을 그들의 믿음의 조상으로, 그리고 그들의 모범자로 바라보아야 했다. 이것이 바울의 논쟁에서 족장 아브라함의 중요성을 강조한 이유였다. 그렇다면 아브라함은 어떻게 하나님의 복을 받았는가? 그는 어떻게 의롭게 되었는가? 바울은 창세기 15 : 6을 인용함으로 대답을 한다. "아브람이 여호와를 믿으니 여호와께서 이를 그의 의로 여기시고"라는 말씀이다.

하나님께서 아브라함에게 의롭다 하신 것에 대한 바울의 이해는 무엇인가? 그가 사용한 의에 대한 정의가 무엇이냐에 따라 대답이 달라질 것이다. '의' 란 법정적 용어로서 율법 앞에서 올바르게 선 것을 말하는데, 이 경우에는 하나님과의 바른 관계를 말한다. 후자의 경우를 말한다면 믿음은 의의 핵심 요소가 되며, 바울의 주장은 아브라함이 하나님을 전적으로 신뢰하는 태도를 하나님이 의로 보셨다는 것이다. 이와 같은 칭의론은 소위 율법적 의제와는 어려움이 없다. 그러나 법정적 의가 지배적이라면 하나님의 자리에 아브라함을 세우는 하나님 자신의 의가 되어야 한다. 이것은 부적절한 것이다. 창세기 15 : 6의 말씀 외에 아브라함이 의로울 수 있는 방법이 없다면, 그는 하나님을 신뢰하는 믿음으로 의로워진 것이 분명하다. 아브라함이 의롭다 인정받은 믿음은 의로운 자의 믿음이 아니라 오직 경건하지 아니한 자를 의롭다 하시는(롬 4 : 5), 그리고 죽은 자를 살리시며 없는 것을 있는 것으로 부르시는(롬 4 : 17) 하나님의 약속, 곧 복음에 대한 믿음이다. 따라서 이 믿음은 공로에 의해서(kata opheilēma) 주어진 것이 아니라 하나님의 은총에 의해서(kata charin) 주어진 것이다.

하나님의 의가 실제로 우리 은행 구좌에 들어온 공적이 되는 것과 같이 간주함으로써만 의로워진다. 고린도후서 5 : 21에서 바울은 "하나님이 죄를 알지도 못하신 이를 우리를 대신하여 죄로 삼으신 것은 우리로 하여금 그 안에서 하나님의 의가 되게 하려 하심이라"라고 했다. 칭의가 하나님과 바른 관계를 말하고, 거기서 윤리적 삶이 변하는 것이다. 이 변화는 바울이 보여 준 바와 같이 그리스도 안에 있는 사람으로부터 오는 결과다.

[3 : 7] 한 사람의 실례로는 논리를 세울 수 없지만, 그럼에도 불구하고 바울은 아브라함의 경위를 현재에 연결시켜 그의 논의를 계속한다. 그는 아브라함이 믿음으로 구원을 받았기 때문에 지금도 그의 자손들 역시 믿음으로 구원을 받는다는 것이다. 그 논의는 할례를 받아야 아브라함의 참 후손이 되며 율법에 순종해야 한다고 주장하는 유대인들을 염두에 두고 한 것이다. 아브라함의 아들들(huoi Abraam, Sons of Abraham)에 관하여는 라이트훗(Lightfoot, pp. 158–164)과 버튼(Burton, pp. 156–159)에 의해 상론된 바 있다.

바울은 자손의 개념을 혈통적 의미가 아니라 신앙적 의미로 사용한다. 창세기 15 : 6의 인용은 자손에 대한 새로운 해석, 곧 믿음의 자녀라는 것으로 이어진다. 이를 통해 바울은 믿음이라는 논제를 이어 간다. "그런즉 믿음으로 말미암은 자들은 아브라함의 자손인 줄 알지어다"(3 : 7). 여기서 서두 'ginōskete'는 직설법('너희는 알고 있다')으로 번역할 수 있지만, 명령법('너희는 알라')으로 번역하는 것이 바람직하다.

바울은 여기서 '믿음으로 말미암은'이라는 논제를 로마서 4장보다 더 자세히 다루고 있으면서 3 : 6~14에서 아브라함의 믿음을 따르는 자손에 대하여 집중적으로 다루고 있다. '믿음으로 말미암은 자' (oi ek pisteōs)란 하나님에 대한 믿음 안에서, 자신의 존재의 근원을 갖고 있는 사람을 뜻한다. 이 말은 바울이 율법을 행함으로 살려는 사람들(oi ek ergōn nomou, 갈 3 : 10)과 할례받은 사람들(oi ek peritomēs, 갈 2 : 12 ; 롬 4 : 12)에 대조하여 사용한 말이다. 따라서 믿음으로 사는 사람들은 아브라함의 아들들과 동일시되는 것이다(참조. 갈 4 : 22–31). 왜냐하면 그들은 아브라함이 믿었던 것과 똑같은 미래의 약속, 곧 예수 그리스도의 하나님 나라에 대한 약속을 믿고 있기 때문이다. 그러므로 바울에게 있어 아브라함의 아들들은 하나님의 아들들과 동일시된다(갈 3 : 26 ; 4 : 6–7). 그러나 아브라함의 아들들과 하나님의 아들들은 모두 아브라함의 후손들이다(갈 3 : 16, 19, 29 ; 롬 4 : 13, 16, 18 ; 9 : 7–8, 29 ; 11 : 4 ; 고후 11 : 22).

본 절은 두 언약, 곧 구약과 신약을 연결하는 중요한 구절이다. 바울은 '믿음' (pisteos, faith, trust, belief)이라는 단어에서 정관사를 생략하고 있다. 이것은 아브라함의 믿음이 믿는 자들 또는 믿음의 특성을 가진 사람들, 즉 크리스천의 믿음과 같다는 것이다. 이단자 마르시온(Marcion)은 두 언약의 연계를 반대하면서 그의 정경에서 6~9절을 제거했다.

[3 : 8] 바울은 이방인도 믿음으로 아브라함의 자손이 될 수 있다는 논증을 아브라함의 축복이 가지는 영역 또는 영향에 대한 해석으로부터 시작한다. "모든 이방인이 너로 말미암아 복을 받으리라" 그러나 모든 이방인이 '너로 말미암아' 또는 '네 안에서' 라는 구절은 유대교 신학에서는 '율법에 따라 행함으로써' 로 번역되기도 한다. 그러나 이방에 관심을 가지고 있는 바울로서는 모든 이방인(panta ta ethnē), 즉 모든 나라에 더 관심이 있다(갈 1 : 16 ; 2 : 2, 8–9, 12, 14–15 ; 3 : 14). 구약성경에서 하나님은 아브라함에게

많은 후손과 그의 후손들이 살 수 있는 땅에 대해 약속해 주셨다(창 12 : 1-2, 7 ; 13 : 14-18 ; 15 : 5-6, 18 ; 17 : 4-8, 16-21 ; 18 : 18 ; 22 : 17)고 바울은 이해하고 있기 때문이다. 그리고 이것이 하나님께서 아브라함과 그의 후손과 맺은 '언약' 이라는 바울의 해석은 창세기 17 : 7~14 ; 18 : 19 ; 22 : 16~17에 근거해 있다.

그러나 바울은 아브라함의 후손이라는 구약의 의미를 넘어서서 하나님의 무제한적 은총을 이방인들에게도 부어 주시는 근거로 "하나님이 이방을 믿음으로 말미암아 의로 정하실 것"(ek pisteōs dikaioi ta ethnē ho theos)이라는 말씀을 들어 아브라함의 후손을 보편화한다.

본 절 초두에 접속사 'de'(but, to the contrary, rather, and, then)는 바울이 7절에서 이미 결론을 낸 것의 증거로서 성경을 언급하고 싶어함을 말한다. 창세기 12 : 3의 인용은 두 가지를 지적한다. (1) 아브라함에게 약속된 복은 처음부터 유대인과 함께 이방인도 포함되어 있다는 것, (2) 복음 약속이 하나님이 자기 백성을 다루시는 모든 것, 심지어 17절에서 보여 준 것처럼 율법을 주신 것을 포함해서 모든 것보다 앞서 있다는 것이다. 본 절은 구약의 텍스트를 검증한 것은 아니다. 본 절이 그런 뜻으로 쓰여졌다면 문장은 더 강한 접속사 'hoti'(that, because, since)와 함께 시작했어야 할 것이다. 그 대신 이 문장은 참고로 다른 근거에 도달한 결론을 지지하기 위한 것으로 시작되었다.

여기서 이례적인 방법으로 구약이 인용된 것은 바울과 다른 신약의 기록자들이 구약의 가치를 중요하게 평가하는 중요한 근거가 되었다. 본 절에서 바울은 성경을 의인화하여 하나님께서 이방인을 믿음으로 의롭다 하실 것을 성경은 미리 알고 있었다고 쓰면서, 이방인에 대한 하나님의 구원을 하나님의 구원의 섭리 안으로 끌어들이면서 아브라함에게 복음을 미리 전한 것이라는 이례적인 해석을 보이고 있다.

바울은 성경을 마치 말씀하시는 하나님과 같이 보고 있다. 다른 예가 로마서 9 : 17에도 나타난다 : "성경이 바로에게 이르시되 내가 이 일을 위하여 너를 세웠으니 곧 너로 말미암아 내 능력을 보이고 내 이름이 온 땅에 전파되게 하려 함이라 하셨으니". 이 말씀에 대해 워필드(Warfield)는 다음과 같이 해석한다. "그 당시에는 존재하지 않았던 성경이 미래에 있을 하나님의 은혜 목적을 미리 아시고 아브라함에게 아름답게 말씀하셨다는 것이 아니다. 하나님 자신이 그의 인격 안에서 하신 것이다. …… 아직 존재하지 않았던 성경이 바로에게 말씀한 것이 아니라 하나님 자신이 자신의 예언자 모세의 입을 통해서 하신 것이다. 이와 같은 것은 성경만이 갖고 있는 속성이다. 그와 같이 말씀하시는 하나님과 함께 성경을 기록하는 기록자의 마음속에 흔히 있는 동일성의 결과로서 성경을 기록하신 하나님이 참으로 원하신 것이 있었을 때 '성경이 말씀하신다.' 라는 말씀을 자연스럽게 하게 되는 것이다" (Warfield, *The Inspiration and Authority of the Bible*, 2nd ed. Nutley, N. J. : Presbyterian and Reformed Publishing Co., 1948, pp. 299-300).

이와 같은 구절들은 다른 말씀과 함께 신약의 기록자들의 마음속에 성경이 하나님의 말씀과 절대적으로 동일하다는 것과 성경의 영감과 그 권위를 믿는 역사적 크리스천 신앙을 가진 이들을 위한 중요한 성경적 확증이다. 아브라함을 언급한 'en soi' (in you, 너로 말미암아)는 여러 해석이 가능하다. (1) 아브라함의 육신적 후손을 말할 수 있다. 이 견해는 율법주의자들의 입장이다. 이 견해에 의하면 이방인 구원은 할례의식을 통해 아브라함과 그의 후손에 연계될 때만 가능하다는 것이다. (2) 이방인은 아브라함이 행한 바를 통해서 복을 경험할 수 있다는 것이다. '너로 말미암아' 라고 했기 때문이다. 그러나 이 견해는 바울과 율법주의자들 사이의 논쟁을 해결하지 못한다. (3) 하나님을 믿음으로 구원을 받은 아브라함과의 영적 연합을 언급할 수 있다. 하나님을 믿는 사람의 무리 가운데 하나가 되는 것이다. 바울은 여기서 이 세 번째 의미로 말을 한 것이다.

[3 : 9] 우리는 바울 논쟁의 정점에 이르게 되었다. 5절의 질문에 다시 눈을 돌려 보자. 누가 영적 축복으로 들어갈 수 있는가? 믿음을 가진 사람이다. 믿음을 가진 사람이 믿음의 사람 아브라함과 함께 복을 받는다는 것이다. 아브라함의 복이 이방인에게도 주어질 것을 선언했는데, 어떻게 믿음 외에 다른 방법으로 이방인이 복을 받을 수 있겠는가? 다른 방법으로 구원을 받는다는 것은 이방인에게는 구원의 문이 닫혀 있다는 뜻이 된다.

바울은 그들이 '복을 받는다' 는 말을 그들이 '의롭게 된다' 는 말로 대치시키지 않았다. 의롭게 되는 것과 믿음으로 아브라함의 후손이 되어 복을 받는 것은 별개의 문제이기 때문이다.

2. 율법의 저주(3 : 10-14)

> 10무릇 율법 행위에 속한 자들은 저주 아래에 있나니 기록된 바 누구든지 율
> 법 책에 기록된 대로 모든 일을 항상 행하지 아니하는 자는 저주 아래에 있는
> 자라 하였음이라 11또 하나님 앞에서 아무도 율법으로 말미암아 의롭게 되지
> 못할 것이 분명하니 이는 의인은 믿음으로 살리라 하였음이라 12율법은 믿음
> 에서 난 것이 아니니 율법을 행하는 자는 그 가운데서 살리라 하였느니라 13그
> 리스도께서 우리를 위하여 저주를 받은 바 되사 율법의 저주에서 우리를 속
> 량하셨으니 기록된 바 나무에 달린 자마다 저주 아래에 있는 자라 하였음이
> 라 14이는 그리스도 예수 안에서 아브라함의 복이 이방인에게 미치게 하고 또
> 우리로 하여금 믿음으로 말미암아 성령의 약속을 받게 하려 함이라

바울은 긍정적으로 믿음으로 의롭워진다는 교리를 세운 후 그 대칭으로 율법으로 의로워지는 것은 불가능하다는 부정적 논의를 한다. 율법 아래 살기를 원하는 이들은 그들 자신의 원칙에 매여 있다는 것이다. 그러므로 (1) 율법 아래 살기를 원하는 자는 율법의 저주 아래 있다. "누구든지 율법

책에 기록된 대로 모든 일을 항상 행하지 아니하는 자는 저주 아래 있는 자라"고 율법이 선언하고 있기 때문이다. (2) 아무도 율법으로 의롭게 되지 못한다. 율법 자신이 믿음으로 의로워진다고 가르치고 있기 때문이다. (3) 이 원리들은 혼합될 수 없다. 서로 배타적이기 때문이다. 여기에 바울은 그리스도의 사역을 더하고 있다. 율법의 저주로부터 구속받는 것은 아브라함에게 성령의 약속으로 주어진 축복사건이고, 예수 그리스도를 구주로 믿는 모든 사람에게서 성취되었다.

[3 : 10] 6~9절에서 바울은 두 개의 구약성경 구절을 인용하고 있다. 6절에서 창세기 15 : 6의 말씀을, 그리고 8절에서는 창세기 12 : 3의 말씀을 인용하고, 10~12절에서 율법으로 살고자 하는 이들은 실제로 축복보다 저주를 받는다는 것을 보여 주는 구약성경을 세 차례나 인용하고 있다. 왜 그렇게 했는가? 우선, 율법은 완전을 요구하고 있기 때문이다(신 27 : 26).

율법은 검불이나 잡동사니를 모아 놓은 것이 아니며 그중 어떤 것은 적당히 무시해도 될 수 있는 것이 아니다. 그것은 전체이며, 모든 부분을 전체적으로 지켜야 하고 고려해야 한다. 적어도 이론적으로는 율법을 지키는 일 때문에 칭의가 올 수 없는 것이 아니다. 율법을 지키는 일에 실패한 자에게 저주가 오게 됨으로 그것이 얼마나 작은 것이냐가 문제가 안 된다. 모든 사람이 실패했기 때문에 모든 사람이 저주 아래 있다는 것이다. 여기서 바울은 죄의 보편성을 말한다.

하나님의 심판의 결과로 저주 아래 있게 된 인간에 대한 개념은 몇몇 주석가들에게 불쾌하게 나타났는데, 그들은 하나님의 저주보다 율법의 저주를 강조함으로 해석상 난해점을 피하려 했다. 그러나 이것은 만족스런 해석이 아니다. 바울이 이 저주를 율법의 논리적, 궁극적 연장선상에 돌린다고 주장하는 이들이 있다(Burton, *Redemption from the curse of the Law*, AJT, Ⅱ, 1907, pp. 624 - 646). 바울의 관용구는 하나님의 저주보다는 항상 '율법의 저주' 다. 아직도 율법은 하나님의 성품과 의지를 표현하는 하나님의 율법이다. 이 율법을 지키는 일에 실패한 사람은 하나님의 진노 아래 있게 된다. 그러나 바울이 보여 준 대로 하나님의 진노를 피할 수 있는 다른 길이 있다. 그리스도의 사역에 나타난 하나님의 긍휼하심이 그것이다. 그리스도가 만든 속죄의 근거 위에서 하나님께 나아올 수 없다면 그는 율법의 기준에서 그가 행한 바 대로 심판과 저주를 받아야 한다. 그는 "이(율법)를 행하는 자는 그 가운데서 살리라"라고 했다(12절). 그러나 율법을 완전히 행할 자는 아무도 없다. 그러므로 율법은 생명을 가져올 수 없다. 율법의 목적은 저주하는 것이고, 그 저주로 절망에 빠져 있는 사람에게 구원주를 암시해 준다.

여기서 율법(nomos)은 모세 율법을 말한다. 율법으로 사는 원리는 2, 5, 10절에서 바울이 사용한 '율법의 행위' 라는 한정된 의미를 넘어선 것, 즉 율법원리 또는 율법주의를 말한다(이 부분은 본 주석 말미의 "특주"를 보라). 'pas' (everything all, 온갖 일, 모든 일)라는 단어는 신명기 27 : 26, 즉 구약 원본에는 없다.

[3 : 11] 율법이 모세 때부터 그리스도 예수가 오실 때까지 저주 외에 한 것이 없다고 생각해서는 안 된다. 율법은 구원의 길을 보여 주었다. 바울은 하박국 2 : 4("……의인은 그의 믿음으로 말미암아 살리라") 말씀을 인용함으로 이를 증거했다. 이 말씀은 구약에서 믿음이 구원의 방편이 된다는 몇 안 되는 말씀 중 하나다. 어떤 이들은 바울이 하박국의 의미를 오해한 것이라고 논쟁하기도 한다. 그러나 하박국 2 : 4에 나오는 의인이 율법 앞에서 문자적으로 의로워진 사람이라기보다 하나님과의 바른 관계를 맺은 사람을 의미한다면, 하박국이 말한 것은 여기서 바울이 한 말과 일치하는 것이 분명하다. 하박국은 갈대아 사람들의 침략이 가져올 일시적 질병을 생각하고 있었고, 바울은 일반적으로 영적인 상태를 생각하고 있다. 그러나 근본 입장은 같은 것이다. 믿음으로 하나님과 바른 관계에 설 수 있고, 하나님 앞에서 살 수 있다는 것이다.

바울이 ‘분명하다’(dēlon, hoti)라고 말한 것은 자신이 주장하는 바가 ‘확신할 만하다’, 혹은 ‘확신해도 된다’는 것을 강조하는 어투다(참조. 고전 15 : 27 ; 딤전 6 : 7). 따라서 “하나님 앞에서 아무도 율법으로 말미암아 의롭게 되지 못할 것이다.”라는 명제를 단도직입적으로 선언할 수 있는 근거는 오직 하박국 2 : 4의 “의인은 그의 믿음으로 말미암아 살리라”라는 말씀이다. 그래서 베커는 바울의 이러한 해석에 덧붙여 생명은 오직 믿음에서 난 의로 얻게 된다로 해석한다(J. Becker, *Der Brief an die Galater*, NTD 8/11, p. 50). 다시 말해서 믿음이 유일무일한 생명구원의 방편이라는 것이다. 이것이 하박국 2 : 4에 대한 바울의 해석이며(갈 3 : 11 ; 롬 1 : 17), 이 점에서 그는 한치의 양보도 하지 않는다.

이렇게 믿음으로 얻은 생명은 생물학적으로 이해될 것이 아니라 총체적 정황 속에서 폭넓게, 즉 아브라함의 복에 참여한다는 의미로 이해되어야 한다. 그래서 그들에게는 이미 죽음이 극복되었다. 바울에게 의는 오직 믿음을 통해서만 주어지므로 의와 믿음은 동전의 양면과도 같기 때문이다. 그러나 하박국 2 : 4은 이러한 내용까지 내포하고 있지는 않다. 하박국 2 : 4의 히브리 성경에는 “의로운 자는 자신의 믿음으로(자신의 성실함으로)살 것이다”라고 기록되어 있다. 아마도 이 말씀은 바울이 율법의 의를 거부하는 성경적 전거가 되었을 것이다.

그리고 바울은 ‘자신의’(seinem)라는 삼인칭 대명사를 아브라함으로, 한 걸음 더 나아가 예수 그리스도로 이해했을 것이다. 칠십인역(LXX)에서는 “의인 곧 나(하나님)의 성실함에 근거해 있는 자, 그는 살리라.”(ho de dikaios ek pisteōs mou zēsetai, 히 10 : 38 참조)라고 말씀한다. 바울은 이와 같은 칠십인역 말씀을 근거로 의를 율법의 의로 이해하지 않고 하나님에 대한 믿음으로 여긴다. 그러므로 우리의 의는 하나님을 믿는 그 믿음으로 의롭다고 인정받는 의, 곧 칭의(gerechtfertigen)라고 해석한다. 다시 말하면 칠십인역의 ‘나의 믿음으로 말미암아’(ek pisteōs mou)에서 소유격 ‘나의’

(mou)를 생략하고, 단지 '믿음으로 말미암아' (ek pisteōs)라는 말을 '예수 그리스도의 믿음으로' 로 해석하였다(Käsemann, Römerbrief, 8절 이하 참조). 즉, 바울은 '나(하나님)의 믿음으로 말미암아' 를 '예수 그리스도를 믿음으로' (갈 2 : 16)로 바꾸어 쓴 것이다(갈 3 : 6=창 15 : 6). 따라서 의롭다 인정받을 사람들은 예수 그리스도에 대한 믿음 때문에 그렇게 된 것이며, 그들에게는 예수 그리스도를 통하여 주시는 영생의 복이 주어진다(2 : 20 ; 6 : 8 참조).

[3 : 12] 믿음과 율법 두 가지가 모두 필요한 것인가? 바울은 그렇게 말하지 않는다. 믿음은 율법을 배제하고, 율법은 본질상 믿음을 배제한다. 그는 레위기 18 : 5의 말씀을 인용하면서 이를 확인한다. "너희는 내 규례와 법도를 지키라 사람이 이를 행하면 그로 말미암아 살리라 나는 여호와이니라" 그러나 실제로 우리는 율법이 그 반대되는 것을 말했다고 생각한다.

칠십인역에는 "그리고 너희는 나의 모든 계명과 나의 모든 칙령을 준수하고 그것을 행하라 그것들을 행하는 자는 그것으로 말미암아 살리라 나는 주 너희 하나님이다"로 되어 있다. 여기서 '그것들을 행하는 자', 곧 '율법 안에 있는 자' (en nomō)란 현실 세계에서 실제로 율법을 실천하는 자를 뜻한다. 따라서 율법을 행하는 자가 율법으로 살 수 있다는 뜻이 아니라 오히려 율법을 철저히 준행해야 함을 의미하는 것으로 아담의 후손 중에는 율법을 지킬 수 없으며 지키지도 않는다고 바울은 이해한 것이다. 따라서 율법의 행위로는 하나님 앞에서 현실적으로나 실제적으로 의롭다 인정받을 수 있는 사람이 없다는 것이다.

레위기 18 : 5은 율법의 중요성뿐 아니라 행함의 중요성을 강조한 것이다. 율법의 행함은 유대교 전통이 가장 강조하는 핵심적이고 근본적인 가르침 가운데 하나이다. 유대교 문헌 피르케 아봇(Pirqe Abot)의 서두에 나오는 소위 의인 시몬의 말에는 다음과 같은 구절이 있다 : "율법에 의해서, (성전)

예배에 의해서, 그리고 친절한 행동에 의해서". 그리고 아봇의 마지막 장에는 율법에 대한 찬사가 다음과 같이 시작된다 : "율법은 위대하다. 왜냐하면 그것은 이 세상에서, 그리고 오는 세상에서 그것을 실행하는 자들에게 생명을 주기 때문이다"(H. D. Betz, *Galatians*, p. 325 재인용).

뿐만 아니라 야고보서 1 : 25에서도 율법을 실천하는 자는 그것을 행함으로 '복이 된다' (makarios), 또는 '복을 받는다' 고 한다(약 1 : 22-25 ; 마 7 : 21-23, 24-27 참조). 결과적으로 바울은 하박국 2 : 4의 말씀 — "의인은 믿음으로 살리라"(갈 3 : 11) — 과 이에 대한 역설적 반증인 칠십인역 레위기 18 : 5 말씀 — "율법을 행하는 자는 그 가운데서 살리라"(갈 3 : 12) — 을 근거로 율법과 믿음, 더 자세히 말하면 '율법을 행하는 자' 와 '믿음으로' 를 대립시킴으로써 오직 하나님, 곧 예수 그리스도에 대한 믿음(갈 2 : 16) 이외에는 하나님 앞에서 '의롭다 함을 얻을 육체' 가 없음을 역설하고 있다.

바울이 언급한 것처럼 시편 143 : 2에서는 "……주의 눈(율법)앞에는 의로운 인생이 하나도 없나이다"라고 한다. 그러나 "의인은 그의 믿음으로 말미암아 산다."라고 했다(합 2 : 4). 복음은 믿음을 찾으나 율법은 행위를 구한다. 율법은 믿음에 근거한 것이 아니다.

그런데 여기에서 질문이 제기된다. 믿음으로 의롭다 함을 인정받는 것과 예수 그리스도의 대속의 죽음과는 어떤 연관성이 있는가? 바울은 곧바로 — 자칫 논리적 비약이라는 인상을 줌에도 불구하고 — 율법의 행함과 관련하여 예수 그리스도의 대속의 죽음에 대한 언급으로 급선회하고 있다. 따라서 문맥의 흐름이 자연스럽게 "믿음으로 의롭다 인정을 받는다"라는 논제의 논증인 '그리스도 십자가 처형에 대한 해석' (3 : 13)으로 넘어간다.

[3 : 13] 10절의 말씀대로 율법 행위에 속한 자들이 저주 아래 있다면 율법 아래 있는 사람은 희망이 없다. 완전히 다른 방향으로 가지 않는 한 희망은 없다. 바울은 그리스도의 사역을 소개하면서 그것을 통해 율법의 저주가 물러

가고 믿음을 가진 모든 사람에게 구원이 주어진다고 한다. 여기서 본 장을 연 후 처음으로 그리스도가 언급되었다. 그리스도가 구속의 유일한 방편으로 선포된 것이다. 10절에서의 두 가지 저주, 즉 하나님의 저주가 배제된 율법의 저주와 하나님의 불만을 내포한 율법의 저주는 13절의 '우리'의 의미를 이해하는 데 있어 두 가지 길로 인도한다. 율법만의 저주로부터 벗어나는 것을 구속이라 한다면 '우리'는 하나님에 대한 심각한 오해를 한 유대인에게 자연적으로 적용이 될 것이고, 반면에 그 저주가 하나님의 (저주) 선고를 내포하고 있다면 '우리'는 그리스도를 통해 구원을 받은 유대인과 이방인을 말할 것이다. 따라서 후자의 경우가 바울이 전한 말씀의 상황과 맞는 것이다. 바울이 말하는 그리스도의 죽으심의 목적은 아브라함에게 주어진 복이 유대인과 이방인에게 오게 한 것을 보여 주려 한 것이다.

'구속' (exagorazo, redemption)은 값을 지불함으로써 노예를 사는 것을 의미한다. 그리스도는 죽으심으로 이 값을 사탄이 아닌 아버지 하나님께 지불하셨다(벧전 1 : 18 - 19 ; 행 20 : 28). 바꾸어 말하면 그리스도께서 우리 대신 저주를 받으셨다는 것이 바울이 말한 의미다. 그러나 이것은 무엇을 의미하는가? 바울은 신명기 21 : 23 말씀을 인용했다 : "……나무에 달린 자는 하나님께 저주를 받았음이니라". 이 말씀은 예수가 율법의 저주 아래 처형을 받으셨다는 것이다. 이것은 예수는 스스로에게 과오가 있었던 것은 아니지만, 그는 모든 사람이 율법을 범함으로 하나님의 진노를 받는 것처럼 형식적으로 범법자의 취급을 받게 된 것이다. 그러나 율법의 저주는 절차상의 것이 아니다. 가상적인 것이 아닌 실제적인 것이다. 예수 그리스도는 우리를 대신하여 실제로 저주를 받은 것이다. 전치사 'hyper' (on behalf of, for the sake of)는 예수께서 내가 죽어야 할 자리에서 내 대신 죽으셨다는 것을 보여 준다. 이 진리를 완전히 이해할 수 있는 세상적 논리는 없다. 그러나 구약의 희생제사와 십자가상에서 예수께서 외치신 말씀, 즉 "……나의 하나님, 나의 하나님, 어찌하여 나를 버리셨나이까"(마 27 : 46)라는 말씀을 통해서 부분적으로 그 의미를 이해할 수 있다.

죄의 저주를 대속하는 방법은 레위기 16 : 5 이하에서 보여 준 속죄일에 인간의 죄를 대신 지워 광야에 내다 버린 속죄의 염소에 관한 말씀에서 찾을 수 있다. 속량 또는 구속(redemption)이라는 말은 신약에서 3가지의 헬라어로 나타난다 : 'lutroo' (to loose, set free), 'agorazō' (to buy in the marketplace), 'exagorazo' (to buy out of the marketplace). 이 셋 중 마지막 단어가 여기서 쓰였다. 'exagorazo' 는 '노예를 되찾듯 구하는 것' 또는 '구매한다' 는 의미가 있다. 예수께서 사람들이 지불할 수 없는 값을 지불하시어 그들의 죄의 사슬로부터 자유하게 했다는 사상이 바울의 메시지다. 그리스도의 대속적 사역은 하나님의 의를 만족시키셨다.

[3 : 14] 예수께서 그의 죽으심으로 사람을 구속하시는 두 가지 목적을 여기서 논한다. '이는' 이라고 번역된 목적을 이끄는 두 개의 'hina' (in order that) 접속사는 두 개의 절이 한 문장에서 종속된 것보다 "그리스도께서…… 율법의 저주에서 우리를 속량하셨으니……"(13절)라는 말씀과 연결시키고 있다. 여기서 두 가지 목적이란 (1) 아브라함의 복(아브라함에게 약속된 복)이 (8-9절에서처럼 바울은 칭의를 말한다.) 유대인에게처럼 이방인에게 미치게 되는 것, (2) 모든 사람이 성령의 약속을 받는 것이다. 이것들은 그리스도 예수께서 우리를 저주에서 속량하신 목적과도 일치한다. 성령을 받은 사람 속에서 보여진 아브람의 복은 믿음을 통해서만 받는다(창 15 : 6, "아브람이 여호와를 믿으니 여호와께서 이를 그의 의로 여기시고"). 율법은 그것을 받은 이스라엘과 그것을 받지 못한 이방인 사이를 나누지만, 아브라함에게 주신 약속은 그리스도 예수 안에서 유대인과 이방인을 다 포함한다.

아브라함이 믿음을 통하여 하나님으로부터 받은 복은 (1) 의롭다 인정받는 것이다. 바울은 이미 3 : 6에서 "아브라함이 하나님을 믿으매 그것을 그에게 의로 정하셨다."라고 한다. (2) 하나님의 자녀가 되는 복이다. 3 : 26에서 “너희(우리)가 다 믿음으로 말미암아 그리스도 예수 안에서 하나님의 아들이 되었다.”라고 증언한다. (3) 하나님의 유업을 받은 복이다(갈 4 : 6–7 ; 롬 8 : 14–17 참조).

이 세 가지 아브라함의 복은 오직 예수 그리스도에 대한 믿음을 통해서만 우리의 것이 될 수 있다. 왜냐하면 오직 믿음으로 말미암아 예수 그리스도 안에서 하나님의 아들(갈 3 : 26)이 될 수 있기 때문이다. 즉, 아브라함이나 예수 그리스도 모두 하나님 말씀에 대한 믿음으로 의롭다 함을 받고 하나님의 자녀가 되었기 때문이다(창 15 : 6 ; 갈 3 : 29 ; 롬 4 : 18–24 ; 마 26 : 39, 42 ; 빌 2 : 8 ; 히 5 : 7–8). 그러므로 이방인도 예수 그리스도를 믿으면 그 믿음으로 아브라함처럼 의롭다 인정을 받고, 그와 같이 복을 받게 된다. 바울은 고린도 교회에 쓴 편지에서 “하나님이 죄를 알지도 못하신 이(예수 그리스도)를 대신하여 죄로 삼으신 것은 우리로 하여금 그(예수 그리스도) 안에서(en autō) 하나님의 의가 되게 하려 하심이라”(고후 5 : 21)라고 증언하고 있기 때문이다.

그리고 두 번째 목적은 “우리로(이방인으로) 하여금 믿음으로 말미암아 성령의 약속을 받게 하려 함”(3 : 14)이다. 여기서 ‘성령의 약속’(tēn epaggelian tou pneumatos)이란 성령을 받는 것(to pneuma lambanein)을 뜻한다. 왜냐하면 ‘tou’는 2격 동격으로 해석할 수 있기 때문이다. 따라서 ‘성령의 약속’은 ‘약속된 성령’으로 번역할 수 있으며, 성령의 약속을 받는다는 것은 약속된 성령을 받는다는 뜻으로 해석해도 무방하다. 복음서에서 보혜사 성령을 보내 주실 것을 예수 그리스도께서 그의 제자들에게 약속해 주셨기 때문이다(요 14 : 16). 이러한 점에서 그리스도 안에 있는 자는 곧 성령 안에 있는 자라는 결론이 나온다. 그런데 성령도 믿음으로 말미암아(dia tēs pisteōs) 받는 것이다. 의롭다 인정을 받는 것도 예수 그리스도를 믿는 믿음으로 말미암아 주어지는 것이다. 다시 말하면 아브라함의 복을 받는 것도 예수 그리스도 안에서 받는 것이며, 성령의 약속을 받는 것도 믿음 안에서 받는 것이지 결코 율법의 행함으로 받는 것이 아니다. 왜냐하면 바울에게 있어 '예수 그리스도 안에서'란 곧 '믿음 안에서'를 뜻하기 때문이다. 따라서 바울은 "천하만 민은 그(아브라함)로 말미암아 복을 받게 될 것"(창 18 : 18)이라는 말씀에 근거하여 예수 그리스도로 말미암아 이방인들도 아브라함의 복을 받게 되었음을 결론적으로 증언하고 있는 것이다(Hans Lietzmann, An die Römer, *Handbuch zum Neuen Testament*, 3 Aufl, Tübingen, 1928, p. 19).

3. 아브라함의 자손(3 : 15-18)

[15]형제들아 내가 사람의 예대로 말하노니 사람의 언약이라도 정한 후에는 아
무도 폐하거나 더하거나 하지 못하느니라 [16]이 약속들은 아브라함과 그 자손
에게 말씀하신 것인데 여럿을 가리켜 그 자손들이라 하지 아니하시고 오직
한 사람을 가리켜 네 자손이라 하셨으니 곧 그리스도라 [17]내가 이것을 말하노
니 하나님께서 미리 정하신 언약을 사백삼십 년 후에 생긴 율법이 폐기하지
못하고 그 약속을 헛되게 하지 못하리라 [18]만일 그 유업이 율법에서 난 것이
면 약속에서 난 것이 아니리라 그러나 하나님이 약속으로 말미암아 아브라함
에게 주신 것이라

바울은 앞부분에서 아브라함에게 주신 하나님의 약속 개념을 소개하고, 여기서 다시 그것을 율법을 주시는 것과 연관시켜 언급한다. 이것은 3 : 2에서의 "너희가 성령을 받은 것이 율법의 행위로냐 혹은 듣고 믿음으로냐"라는 질문에 대한 또 다른 대답이다.

바울의 대적자들은 아브라함이 하나님의 약속을 믿음으로 의로워졌다는 사실을 받을 준비가 되어 있지 않았다. 그러나 후에 주어진 율법이라도 하나님이 약속하신 구원에 들어가는 근거를 변경시킬 수 없다. 이 사실을 확증하기 위해 바울은 사람의 언약도 아무나 폐하거나 더할 수 없는데, 하물며 아

브라함에게 약속을 주신 하나님의 언약은 변경되지 않는다고 한다.

[3 : 15] 3장의 초두에서 냉정하고 형식을 갖춘 것과는 대조적으로 여기서는 '형제들아' 라는 말로 분위기를 전환하고 있다(4 : 31 ; 6 : 1 참조). "내가 사람의 예대로 말하노니"라고 한 것처럼 바울은 잘못을 범한 갈라디아 사람들을 이제는 부드럽게 초대하고 있다. 그렇다고 이것이 하나님의 권위보다 인간 수준에 호소하는 것은 아니며, 논쟁의 품위를 떨어뜨린 것도 아니다. 이것은 바울이 인간관계를 가지고 설명한 것이다(롬 3 : 5 ; 6 : 19 ; 고전 9 : 8 ; 롬 7 : 1-3 참조).

주석가들은 여기에서 바울이 사용한 '언약' (diathēkē, covenant)이라는 말을 해석하는 데 어려움을 겪는다. 왜냐하면 이 단어는 약속, 협정 또는 의지, 찬성을 의미하기 때문이다. 바울이 본문에서 언급했듯이 인간사에서 의지(will)의 개념은 영구적인 성격을 갖고 있다. 칠십인역 성경에서 '언약' 은 300회 이상 나타나는데, 이는 하나님과 인간 사이의 약속을 뜻한다. 바울은 아브라함에게 주신 하나님의 언약을 생각했다. 인간 의지와 하나님의 약속, 두 의미 중 하나를 선택할 필요는 없다. 영어(will과 covenant)나 한글(의지와 약속)에서는 두 개의 단어로 표현되지만, 헬라어에서는 한 단어다. 그러므로 이를 근거로 두 가지 개념을 사용할 수 있다. 바울은 하나님께서 유대인과 이방인에게 아브라함의 자손을 통하여(창 12 : 2-3) 우주적 복을 약속하신 것을 넌지시 언급하고 있다. 바울은 그리스도 예수를 통하여 모든 사람에게 의가 제공된 것을 마음에 품고 있었다. 그렇다면 바울은 창세기 15장에 기록된 의식으로 공적 언약이 세워진 것을 생각했을 것이다. 이것은 하나님 편에서의 일방적 약속이다. 아브라함이 성취해야 할 어떤 조건에 매인 것이 아니었다.

아브라함 시대에 서약은 짐승을 쪼개 그 쪼갠 것을 마주 대하여 놓고 한 두 사람이 그 사이를 걸으면서 맹세했던 약속을 말한다. 이 맹세는 흘린 피 때문에 거룩해지는 것이다. 하나님께서는 아브라함과 약속하실 때 이 의식을 행하셨다(창 15 : 9 – 10). 그러나 하나님이 아브라함과 언약을 맺을 때에는 하나님 홀로 쪼갠 짐승 사이를 지나가셨다(창 15 : 17 – 21). 즉, 하나님 홀로 약속 뒤에 서 계셨다. 히브리서 기자는 이 언약의 의미를 다음과 같이 찾았다 : "하나님이 아브라함에게 약속하실 때에 가리켜 맹세할 자가 자기보다 더 큰 이가 없으므로 자기를 가리켜 맹세하여 이르시되 내가 반드시 너에게 복 주고 복 주며 너를 번성하게 하고 번성하게 하리라 하셨더니 그가 이같이 오래 참아 약속을 받았느니라"(히 6 : 13 – 15). 이와 같은 언약의 형태로부터 멀리 있지 않은 약속의 개념은 하나님이라고 말할 수 없는 유언자의 죽음에서 살아난다. 바울은 아브라함에게 먼저 주어진 믿음으로 의로워진다는 약속이 영원하다는 것이다. 인간 의지나 찬성이 더해지거나 폐지된다 하더라도 그는 상호합의하에 계약을 변경시킬 가능성은 생각할 수도 없는데 하물며 아브라함과 그의 자손에게 살아 계신 하나님으로 말미암아 엄숙히 약속된 것이 어떻게 변경될 수 있느냐는 것이다.

[3 : 16] 바울 사도는 독자들에게 하나님께서 아브라함과 그의 언약을 세우실 때 이루어진 일에 주의를 기울일 것을 요청한다. 아브라함에게 주신 약속이 아브라함과 그의 직계 후손들에게만 주어진 것이라면, 그 약속은 율법을 주시기 전에 성취되었다. 율법은 하나님께서 인간을 다루시는 새로운 시작이다. 그러나 약속은 율법을 주시기 전까지 성취되지 않았다는 것이 바울의 논증이다. 그 약속은 복의 성취를 가져오실 구원주에게서 구체화되었다. 그 구원주는 그리스도다. 결론적으로 믿음을 통한 은혜로 의롭다 함을 받는 하나님의 복은 모든 세대에 미치는 것이다. 율법은 일시적 기능만 갖는 것이다.

바울이 창세기 17 : 8과 24 : 7에서 '자손들'이라 하지 않고 오히려 하나를 가리켜 '네 후손'이라는 단수형이 쓰인 것을 지적하는 것은 오히려 성경 주석가들을 난처하게 한다. 왜냐하면 여기서 단수형은 집단적 의미를 갖고 있어 일반적으로 한 사람을 가리키기보다 우리를 포함한 후손 'spermati' (offspring)를 말하기 때문이다. 그렇다면 바울이 헬라어 사용법을 정확히 몰랐다는 것인가? 그렇지 않다. 바울이 이 단어가 집단적 의미가 있음을 알고 있었다는 것은 그가 로마서 4 : 16~18 ; 9 : 6~8에서 사용한 용어를 보아 알 수 있다. 그렇다고 해서 랍비적 배경을 가진 사람들과 바울이 논쟁하기 위해 단순히 자손이라는 단어를 사용한 것도 아니다. 바울이 자손들, 후손들이라는 복수형보다 '자손'(seed)이라는 단수형을 쓴 것은 이스라엘 백성들이 기다리던 메시야의 복은 개인 한 사람을 통해 온다는 것을 항상 믿고 있었기 때문이다. 그러므로 이는 오히려 적합한 표현이라 할 수 있다. 중요한 것은 아브라함에게 주어진 약속은 율법이 시내산에서 주어지기 전에는 성취될 수 없으므로 그 약속의 효과는 영원하다는 것이다.

단수형 'sperma'를 복수형 'spermata'보다 강조한 이유를 해석한 여러 학자들의 견해를 다음과 같이 정리할 수 있다. (1) 두 단어의 대조는 아브라함의 영적 후손, 즉 크리스천 가족과 육체를 따라 낳은 후손들을 말한다(Augustine, Irenaeus, Alford). (2) 이것은 순전히 랍비적 형식이다. 즉, 문법적으로 지지를 받을 수 없는 얼버무린 형식이다(meyer, Neil). (3) 단수명사를 사용한 것은 단어의 특별한 양식을 강조한 것이 아니라 사건을 강조한 것이다(Lightfoot). (4) 여기서는 그리스도와 집단적 명사인 그의 후손들을 언급한 것이다(Burton).

[3 : 17] 바울은 이스라엘 백성이 애굽에 거주한 지 '사백삼십 년'이라는 말씀을 인용한 것(출 12 : 40)은 애굽에서 노예로 산 기간을 말하는 히브리 텍스트에 근거했다기보다 아브라함과 모세 사이의 기간을 말하는 헬라 텍스트에서 말한 것이다. 결과적으로 바울의 논지에서 보면 다를 것이 없다. 왜냐하면 바울은 역사적으로 연속선상에서 말을 하고 있기 때문이다. 하나님께서 아브라함과 그의 자손들을 통하여 430년간 약속대로 복을 내려 주셨다면, 그리고

같은 방법으로 그리스도와 그의 후손들을 통하여 모든 사람들에게 복을 주셨다면 어떻게 율법이 이 언약을 무효화할 수 있겠느냐 하는 것이다. 인간의 약속이나 의지로도 할 수 없다는 것을 보여 준 것이다. 그러므로 율법은 하나님의 첫째 되고 유일한 구원방법에 더하거나 뺄 수 있는 것이 아무것도 없다는 것이다.

[3 : 18] 본 절은 율법이 왜 언약을 변개시킬 수 없는지 그 이유와 객관성을 더하고 있다. 언약과 율법은 성격상 대조적이다. 그들은 함께 혼합되거나 연합할 수 없다. 이것을 12절에서 이미 설명했다. 아브라함에게 주신 말씀에서 인간이 어떻게 하나님과 바른 관계에 들어갈 수 있는지를 강조한 것이다. 바울은 여기서 "하나님이 약속으로 말미암아 아브라함에게 (은혜로) 주신 것이라"고 했다. 여기서 '주셨다'(kecharistai)는 말이 중요하다. 구원은 공짜선물이고('kecharistai'는 '은혜'라는 말에 근거한다), 'charizomai'의 완료시상으로 영원불변성을 강조하기 때문이다. 율법에 관해 말씀된 것이 무엇이든지 분명한 것은 하나님께서 아브라함을 언약으로 말미암아 구원하셨고, 그 구원의 방법은 아직도 유효하다는 것이다.

4. 율법과 언약(3 : 19-22)

[19]그런즉 율법은 무엇이냐 범법하므로 더하여진 것이라 천사들을 통하여 한 중
보자의 손으로 베푸신 것인데 약속하신 자손이 오시기까지 있을 것이라 [20]그
중보자는 한 편만 위한 자가 아니나 하나님은 한 분이시니라 [21]그러면 율법이
하나님의 약속들과 반대되는 것이냐 결코 그럴 수 없느니라 만일 능히 살게
하는 율법을 주셨더라면 의가 반드시 율법으로 말미암았으리라 [22]그러나 성
경이 모든 것을 죄 아래에 가두었으니 이는 예수 그리스도를 믿음으로 말미
암는 약속을 믿는 자들에게 주려 함이라

바울은 믿음으로 받은 언약의 방법으로 구원이 온다는 진리를 갈라디아 성도들에게 증거했다. 그러나 율법주의자들은 이를 반대했다. 마침내 바울은 구원은 언약을 따라온다는 것과 율법은 저주를 가져온다는 것을 증거했다. 이것이 사실이라면 다음과 같은 결론에 이를 것이다. (1) 율법은 구원 계획 속에 전혀 없다는 것, (2) 실제로는 구원을 방해할 수도 있다는 것이다.

이 같은 결론은 대부분의 사람들에게 매우 난해한 것이다. 특별히 수세기 동안 그들의 삶을 율법에 의해 지배받아 왔던 유대인들에게는 더욱 난감한 대답이었다. 그러나 바울은 이 두 가지 결론을 모두 부인함으로, 그리고 율법을 주신 하나님의 참 목적을 세움으로 이들의 도전에 응답했다. 바울은 율법이 인간 구원을 위해 주어진 것이 아니라 하나님께서 인간 자신의 죄를 알게 하시려고 잠정적으로 주신 것이라고 선언한다. 그러므로 율법은 중보자를 통하여 주신 언약과 같지 않으며, 언약보다 열등한 것이다.

[3 : 19] 바울은 그렇다면 "율법의 목적은 무엇인가?"라는 질문을 하면서 율법은 범법함을 인하여 더하여진 것이라고 대답한다. 이 대답은 애매모호하게 보인다. 이 대답은 율법은 율법의 자연스러운 기능인 죄를 방지하기 위해 주어진 것, 아니면 죄를 알게 하기 위한 것이라는 두 가지를 다 의미할 수 있다. 바울은 '죄'(hamartia, sin)보다 '범죄'(parabasis, transgressions, violation)라는 단어를 사용하면서 율법의 목적을 설명하여 죄를 알게 하려는 가능성을 보인 것이다. 로마서 3 : 20에서 바울은 "……율법으로는 죄를 깨달음이니라"라고 했다. 그리고 "……율법이 없는 곳에는 범법도 없느니라"(롬 4 : 15)라고 했다. 율법이 주어지기 전에 세상에는 죄가 있었지만, 그 죄는 죄로 알려지지 않았다. 그러나 율법은 죄를 죄로 나타낸다. 또한 율법은 죄가 율법을 범하게 한다. 즉, "율법이 들어온 것은 범죄를 더하게 하려 함이라……"(롬 5 : 20)라고 했다. 이런 점에서 율법은 인간에게 구원주가 필요하다는 것을 보여 주는 기능을 수행한다.

19절 하반부에서는 율법은 언약의 자손이 오시기까지 임시적인 것이라 한다. 그리고 천사들로 말미암아 중보자의 손을 빌어 베푸신 것이므로 하나님께서 아브라함에게 직접 주신 언약과 대조해 볼 때 율법은 열등한 것이다(고후 3 : 12-18). 여기서 중보자는 모세를 말한다. 율법을 주실 때 천사들의 역할은 신명기 33 : 2과 시편 68 : 17에 제시되었고, 사도행전 7 : 53과 히브리서 2 : 2에 설명되어 있다.

[3 : 20] 본 절은 갈라디아서에서 가장 모호한 절이다. 라이트홋은 이 본문에 대한 해석이 250가지 이상 있다고 한다. 또한 프리케는 300가지라고 한다. 본 절의 해석이 난해한 것은 문장 연결이 안 되며 돌발적인 데다가 격언 같은 성격이 있지만 바울이 말하는 문맥과 연결할 필요가 있기 때문이다. 가장 중요한 해석들은 다음의 세 가지로 집약할 수 있다.

① 바울이 여기서 언급한 '중보자'는 앞 절의 후반부를 설명한다는 일반적 중보의 개념이다. 중보자는 항상 두 당사자가 있다. 모세를 율법의 중보로 볼 때 그는 하나님과 인간 사이에서 행하였다. 그러므로 율법은 사람에게 간접적으로 왔다. 그러나 아브라함에게 주신 하나님의 언약은 중보 없이 직접, 그리고 일방적으로 주어졌다. 모세의 율법이 상대적이라면 아브라함의 언약은 절대적이다(Lightfoot).

② 중보자를 모세로 보는 입장이다. 바울이 본 절에서 'ho mesitēs'(the mediator), 즉 정관사(ho)가 '중보'라는 단어 앞에 붙어 특정한 개인을 언급한 것으로 본다. 그러나 모세는 완전한 연합을 이루는 중보자는 될 수 없다. 이 해석은 ①번의 것과 매우 유사한 결론에 이른다(Brevia).

③ 그리스도를 중보자로 보는 해석이다(Jerome, Chrysostom, Cole). 바울이 디모데전서 2 : 5에서 "……하나님과 사람 사이에 중보자도 한 분이시니 곧 사람이신 그리스도 예수라"라고 말씀한 것이 이를 지지한다. 그러나 이 견

해는 문맥상 적절하지 않다. 이것이 사실이라면 기독교에는 중보자 그리스도가 계시지만 그리스도는 인간이자 하나님이시기 때문에 그리스도 안에 계신 하나님은 중보 없이 인간과 직접적 관계를 맺고 계시다는 지식이 바울에게 있어야 할 것이다.

구체적 해석이 어떠하든지, 언약은 인간 편만 위한 율법보다 우월하다는 바울의 사상에 완전히 일치하는 해석을 찾기는 어렵다. 율법은 한편에 있는 인간에게 중보되었다. 반면에 언약은 일방적이다. 언약의 무조건적이고 일방적 성격에 대하여 바울은 앞에서 언급한 것을 재차 강조하려 한 것으로 본다.

[3 : 21] 율법주의자들은 바울의 칭의교리로부터 얻은 두 번째 결론을 말한다. 즉, 율법은 구원의 참 수단인 은혜에 대적하기 때문에 악한 것이 되었다는 것이다. 그러나 바울의 대답은 "결코 그럴 수 없느니라"이다. 율법과 언약, 두 가지를 주신 하나님께서 이 둘을 대립시키신다면 하나님의 성품 안에서 대결되기 때문에 이 같은 생각은 잘못된 개념이다. 율법이 범죄를 더하게 하는 것은 사실이다(롬 5 : 20). "그런즉 우리가 무슨 말을 하리요 율법이 죄냐 그럴 수 없느니라 율법으로 말미암지 않고는 내가 죄를 알지 못하였으니…… 율법이 없으면 죄가 죽은 것임이라 …… 죄가 기회를 타서 계명으로 말미암아 나를 속이고 그것으로 나를 죽였는지라"(롬 7 : 7 - 11).

여전히 율법은 나쁜 것이 아니다. 인간이 그것을 행할 수만 있다면 좋은 것이다. "너희는 내 규례와 법도를 지키라 사람이 이를 행하면 그로 말미암아 살리라 나는 여호와이니라"(레 18 : 5 ; 갈 3 : 12). 그러나 하나님은 율법을 주실 때 살게 하려는 목적으로 주신 것이 아니다. 인간으로 하여금 죄를 깨닫게 하고 자신의 무능함을 깨달아 약속의 때를 기다리게 하는 것이 율법이다. 율법이 사람을 살릴 수 있다면 율법으로 말미암아 의롭게 될 것이지, 약속하신 그리스도를 기다릴 필요가 없었을 것이다.

[3 : 22] '그러나' (alla, but, rather)로 시작되는 본 절은 앞 절의 가설과 실제의 사실과 반대되는 것을 의미한다. 여기서 성경은 의인화되어 시편 143 : 2과 신명기 27 : 26의 말씀을 가리킨다(롬 3 : 10－18 참조). 율법으로는 누구나 예외 없이 죄인이며, 죄의 우리에 갇힌 상태라는 것이다(롬 11 : 32 ; 갈 3 : 23).

옥에 갇힌 자는 탈출구를 모색하게 된다. 율법 아래 갇히게 한 것은 율법을 행함으로 하나님을 기쁘시게 하려는 것 대신에 예수를 믿음으로 말미암아 아브라함의 약속을 얻어 죄에서 해방되게 하려 하신 것이다. 본 절의 상반부는 바울이 로마서의 처음 세 장의 진리를 줄여서 언급한 것이다. 즉, 부도덕한 사람이나 윤리적인 사람, 심지어 종교적인 사람 모두가 죄를 지었고 구원주가 필요하다는 것이다. 여기서 바울이 모든 것(ta panta, all things), 즉 중성명사를 사용한 것은 약간 이례적이다. 이는 유대인을 포함한 인류 전체를 언급한 것으로 보인다. 미련한 자와 지혜로운 자(고전 1 : 27), 하늘에 있는 것과 땅에 있는 것(엡 1 : 10 ; 골 1 : 20)을 다 포함한 것이다. 바울은 인간의 죄로 인해 모든 피조물이 죄 아래 놓이게 되었다고 생각했을 수도 있다(롬 8 : 22 참조). 그러나 문맥상 'ta panta'는 율법은 이방인에게는 적용되지 않지만, 유대인과 이방인, 즉 인간 모두를 가리키는 것이다.

후반부는 구원주가 계신데, 그분을 믿음으로 구원을 주시려는 하나님의 계획이 있음을 우리에게 상기시키고 있다. 율법은 예수 그리스도를 영접하도록 사람들을 준비시켰기 때문에 하나님의 은혜로부터 흘러나온 것이다. 마지막 부분에서 은혜의 수단을 뜻하는 믿음은 다시 중요하게 다루어졌다.

5. 아브라함과 함께 상속자(3 : 23－29)

23믿음이 오기 전에 우리는 율법 아래에 매인 바 되고 계시될 믿음의 때까지
갇혔느니라 24이같이 율법이 우리를 그리스도께로 인도하는 초등교사가 되어
우리로 하여금 믿음으로 말미암아 의롭다 함을 얻게 하려 함이라 25믿음이 온

후로는 우리가 초등교사 아래에 있지 아니하도다 [26]너희가 다 믿음으로 말미암아 그리스도 예수 안에서 하나님의 아들이 되었으니 [27]누구든지 그리스도와 합하기 위하여 세례를 받은 자는 그리스도로 옷 입었느니라 [28]너희는 유대인이나 헬라인이나 종이나 자유인이나 남자나 여자나 다 그리스도 예수 안에서 하나이니라 [29]너희가 그리스도의 것이면 곧 아브라함의 자손이요 약속대로 유업을 이을 자니라

3장의 끝 부분에서 바울은 율법의 참 목적에 대해 직접적으로 말을 한다. 지금까지 바울은 율법의 목적은 사람들을 그리스도께로 인도하는 것이라고 했다. 율법의 노예에서 이제는 그리스도 안에서 아들이 되는 신분의 변화를 지적한다. 이전에는 후견인의 보호 아래 있었듯이 율법 아래 매인 죄수였으나, 이제는 그리스도 예수 안에서 하나님의 언약에 근거하여 의롭게 되어 하나님과 화해를 이루고 서로 간에 하나를 이룬 하나님의 자녀가 된 것이다.

[3 : 23] '믿음이 오기 전에' 라는 문구를 바로 이해하기 위해 '믿음' (pistis)이라는 여성명사 앞에 정관사 'tēn' (the)이 있다는 사실에 유의해야 한다. 바울은 하나님께 접근할 수 있는 일반적인 믿음을 말한 것이 아니다. 여기서 말한 '그 믿음' 은 예수 그리스도를 구원주로 믿는 믿음(22절)을 의미한다(딤전 4 : 1 참조). 이 믿음은 아브라함이 가졌던 믿음과 같다. 그러나 이것은 시간 속에 계신 그리스도의 명백한 계시와 연관된 것과는 다르며, 그에 관한 크리스천의 명확한 교리와도 다르다. 믿음은 계시가 완성되기를 기다렸다. 바울은 계시가 1,500년의 기다리는 동안만 기능을 할 것을 지적했다.

율법은 그리스도께서 나타나실 때까지 우리를 죄수처럼 붙잡아 두는 목적을 다했다는 것이다. 22절에서 이미 쓰여진 'sunkleio' (to confine, 제한하다, 감금하다)는 그 앞에 있는 'phroureo' (to hold in custody, 구속하다, 수감하다, 벧전 1 : 5 참고)와 비슷한 의미가 있다. 바울은 율법을 죄수를 감

금한 간수장으로 간주하고, 고통으로부터 자유하게 하시는 그리스도의 때까지 우리를 붙잡아 두었다고 말한 것이다. 다음 절에서 완전히 다른 감금을 말함으로 여기에서는 일반적인 의미로 말하고 있다. 현재분사형 'sunkleío' (to shut up, to fine)는 이미 인간은 율법 이전에 죄의 노예가 되었음을 가리킨다. 'ephroumesa' (preroureo의 미완료 수동태, to confine)는 군인 감시병에 의해 어느 시기까지 계속 감금을 당한 것을 말한다. 즉, 시민을 원수로부터 보호하거나 옥에 가두어 지키는 것을 뜻한다(행 9 : 24 ; 고후 11 : 32). 바울은 여기에서 베드로가 베드로전서 1 : 5에서 사용한 것처럼 하나님이 자기 백성을 지키신다는 뜻으로 보고 있다. 그러므로 믿음이 오기 전에 우리는 율법 아래 매인 바 되어 하나님의 보호를 받았고 계시될 믿음의 때까지, 즉 그리스도가 오실 때까지 율법에 감금되어 있다.

[3 : 24] 율법을 'paidagōgos' (Schoolmaster〈KJV〉, custodian〈RSV〉, Child-Custodian : 보호자, Child-attendant : 수행원), 즉 몽학선생(개역한글판〈고전 4 : 15은 스승〉), 초등교사(개역개정), 스승으로 언급한다. 본래 그 시대의 초등교사는 부한 헬라인이나 로마인에게 고용되어 그 가정의 아이 중 하나를 책임진 노예였다. 대개 6세부터 16세까지의 아이를 돌보는데, 아이가 가는 곳마다 그의 행동을 관찰하고 학교의 등하교길을 책임질 뿐 가르치는 일은 하지 않는다. 그러므로 흠정역(KJV)의 'schoolmaster' (교장)나 개역한글판의 몽학선생, 개역개정판의 초등교사는 원문과 거리가 있는 잘못된 단어다. 바울이 '교장' 의 의미를 의도했다면 'paidagōgos' 라는 단어보다는 'didaskalos' 라는 단어를 사용했어야 한다. 여기서 paidagōgos는 '교장' 보다 '수행원' (paidagōgue)의 의미로 쓰였다.바울이 지적한 것은 그 아이가 성장하여 아들의 구실을 할 수 있고, 성인으로서 아버지가 받아들이는 공식적 의식을 갖는 위치에 이르렀을 때에는 수행원의 책임이 끝난다는 것이다(4 : 1-7 참조).

수행원이 아이를 선생에게 안내하지만, 율법이 지리적인 의미에서 우리를 그리스도께로 인도하는 것은 아니다. 앞의 절에서 언급했듯이 그 기능은 임시적이다. 그리스도가 오심으로 우리가 완전히 아들의 계시를 받는 때까지 율법은 의미가 있다. "우리로 하여금 믿음으로 말미암아 의롭다 함을 얻게 하려 함이라"는 말씀은 수행원(paidagōgue)의 역할을 한 율법의 궁극적 목적을 말하면서, 믿음이 구원의 유일한 수단임을 보여 주기 위해 믿음보다 칭의를 강조하고 있다.

[3 : 25] 앞 절들의 두 가지 중요한 지적이 강조를 위해 반복되었다. 첫째, 우리는 믿음이 올 때까지 수행원인 율법 아래 있었으나 이제는 더 이상 그렇지 않다. 둘째, 기독교의 믿음(정관사가 있어 예수 그리스도를 믿는 것을 말함.)이 완전히 나타났다는 것이다. 율법에서 언약으로 바뀐 것은 예수 그리스도를 믿는 사람들에게서 반복될 필요가 있다. 율법이 저주한 것을 믿음은 살리는 것이기 때문이다. 그러나 바울은 여기서 그런 생각을 하지 않았다. 예수 그리스도의 오심을 통하여 하나님의 성숙한 자녀가 된 성도들에게 율법의 다스림은 끝났다는 것을 강조하면서 그는 이것을 역사적인 것으로 생각하고 있다.

[3 : 26] 초두에 접속사 'gar' (for, since, then)는 앞 절의 이유를 설명한다. 본 절의 실제적 결과는 율법의 지배 아래서부터 예수 그리스도를 믿음으로 은혜에 들어갔다는 것이다. 본 장의 마지막 부분(26 - 29절)에서 바울은 3가지를 정리하고 있다.

(1) 그리스도를 믿음으로 믿는 모든 사람들은 하나님의 아들들(huioi, sons)이 되었다. 앞 절의 수행원 아래 있는 아이(pais)와 대조시킨 말이다. 의롭다 인정함을 받은 사람은 영적 유아기를 거쳐 온전한 성숙에 이른 사람이다. 바울이 앞 절에서 수행원을 말할 때 완전히 성숙한 아들을 언급한 것

은 아주 적절한 것이다. 우리는 여기서 성장한 것만 생각해서는 안 된다. 하나님의 참 아들이 되는 것은 그리스도를 믿음으로 의로워진 사람이 되는 것이고, 하나님과의 관계가 새로워지고 바르게 되는 것이다. 바울의 주제 성구인 '그리스도 예수 안에서'(en Christo iesou)가 바로 앞에 있는 '믿음으로 말미암아'와 연결되는지, 바로 뒤에 따라 나오는 '하나님의 아들이 되었으니'와 상관되는지 논란이 있다. 후자가 더 유력하다. 그리스도 예수 안에서 하나님의 아들이 되었다는 것이다. 전에는 율법 아래 있었으나 지금은 은혜 아래 있는 사람이다. 전에는 저주 아래 있었으나 지금은 하나님 아버지의 사랑을 받는 자다. 25절의 1인칭이 여기서 2인칭으로 바뀌어 '너희가 다'(pantes)라고 말하며 수신자를 똑바로 바라보고 강조하면서 설명하고 있다. 갈라디아 모든 사람들 모두를 특별히 이 본문에서 포함하여 "'너희가 다' 믿음으로 말미암아 그리스도 예수 안에서 하나님의 아들이 되었다."는 것이다.

[3 : 27] 자동적으로 모두가 하나님의 아들이 되거나 혹은 되었지만, 새로운 관계는 저절로 형성되는 것이 아니다. 하나님의 부성(父性)과 인간의 우주적 형제애(兄弟愛)는 신약성경의 개념이 아니다. 하나님은 모든 인간의 창조주로, 우리는 그분의 피조물로서의 관계가 있다. 바울은 아덴 사람들에게 "……너희 시인 중 어떤 사람들의 말과 같이 우리가 그의 소생(begotten ones)이라 하니 이와 같이 하나님의 소생이 되었은즉……"(행 17 : 28－29)이라 말했다. 그러나 피조물이라 해서 필연적으로 아들을 말하는 것은 아니다. 하나님의 유일하신 아들 예수 그리스도와 믿음으로 연합함을 통해서만 아들이 될 수 있다.

세례는 그리스도와 동일시되는 변혁의 사인이다. 'baptizo'(baptize, washing)는 '잠긴다', '씻는다', '물감을 들여 변화시킨다'는 뜻이 있다. 바울은 구원의 수단으로 율법주의자들이 주장했던 할례 대신 구원예식으로서의 세례를 제시한 것이 아니다. 그 누구도 세례로 구원받는 것은 아니다. 바울은 여기서 세례는 단 한 번 언급하고 믿음은 다섯 번 언급한다. 오히려 세례는 이미 믿음으로 생긴 그리스도와의 연합에 대한 외형적 사인으로 말한 것이다. 그리스도로 옷 입었다는 것은 그리스도와 같이 되었다는 것이다. 바울의 주장을 연상해 보면 세상 무대 위에 그리스도와 동일한 사람이 서 있는 것을 연상하게 된다. 최근에 바울의 '그리스도와 합하기 위하여 세례를 받은 자' 라는 말을 연구한 논문들이 많이 있다. 이중 '그리스도로 옷 입었다' 는 말을 '물 속에 잠긴다' 로 읽는 이가 있다. 세례 때에 흰 가운을 입는 것을 상징한 이도 있다. 그러나 이 서신을 기록할 때 지금과 같은 세례예식이 있었는지 의문이다. 바울은 여기서 세례 의식을 말한 것이 아니다. 그리스도와 믿음으로 연합하는 것이 세례의 의미(롬 6 : 3－9)임을 말한다. 물감을 들여 옷의 색깔을 동일하게 하듯 세례는 그리스도와 연합하여 그리스도처럼 변하는 것이다. 'enduo' (to put on)를 사용함으로 바울은 세례를 이해했다. 바울은 로마서 13 : 12~14, 골로새서 3 : 9~14, 데살로니가전서 5 : 8에 나타난 그리스도의 성품을 생각하면서 그리스도로 옷 입으라 한다.

[3 : 28] (2) 예수 그리스도를 믿는 믿음으로 우리는 모두 하나가 되었다. 그런 의미에서 바울은 이제 "……유대인이나 헬라인이나 종이나 자유인이나 남자나 여자나 다 그리스도 예수 안에서 하나이니라"라고 말한다. 이는 국적이나 신분, 성의 차별이 끝났다는 것이 아니다. 유대인은 유대인으로 남아 있고, 이방인은 여전히 이방인으로 존재한다. 크리스천이 되었다고 자신의 본질이 상실된 것은 아니다. 하나님의 아들로서 하나님과 하나가 되었기 때문에 크리스천들은 서로에게 속한 자가 되었다. 그런 관점에서 전에 그들을 나누었던 구별은 의미가 없다는 것이다.

우선 종족의 예로 들면 그리스도 예수 안에는 유대인도, 헬라인도 없다는 것이다. 바울 당대에 이 두 종족 사이에는 깊은 분열이 있었다. 국가적 차원에서도 차이가 많았지만 종교적 측면, 특히 유대인들의 입장에서 볼 때 느낌의 깊이가 심각한 지경까지 구별되었다. 이방인은 계명을 지키지 않는 자들로, 그들은 할례를 받지 않았으므로 아브라함의 자손이 아니었다. 그들은 율법도 없고 의식도 없었다. 또한 언약도 없었다. 그러나 이제는 그리스도 안에서 이 장벽이 무너졌다고 바울은 주장한다(엡 2 : 11-18). 오늘날도 모든 종족 간의 갈등 장벽의 의미를 부인하는 데까지 이 원리는 적용되어야 한다. 그리스도 안에서 흑인도, 백인도 없다. 동양인과 서양인의 차별도 없다.

사회적 신분, 즉 노예도, 자유인도 그리스도 안에서는 하나다. 인간 가운데 있는 사회적 신분제도를 부인한 것이 아니다. 그리스도와 연합한 사람들은 그들의 사회적 신분이 그리스도 안에서 서로 형제 됨에 있어 장애물이 될 수 없다는 뜻이다. 이런 차원에서 그리스도의 교회에는 빈부귀천, 유·무식, 고용주와 피고용인, 단발자나 장발자의 구별이 없어야 할 뿐 아니라 성(性)의 차별도 없어야 한다. 고대사회에서 여성은 큰 차별대우를 받았다. 특히 유대인 사회에서의 여성차별은 심각했다. 유대인들의 아침공동 기도문에 "하나님께서 나를 여자로 만들지 않으신 것을 감사합니다."라는 말이 있다. 요세푸스(Josephus)는 "여자는 남자보다 모든 면에서 열등하다."(Contra Apion, 2 : 24)라고 했다. 이방세계에서도 이와 비슷하게 여자를 천대했다. 그러나 바울은 이를 뒤집었다. 여기서 오늘날의 여권신장이나 여성존중 사상의 근원을 찾을 수 있게 된다.

차별을 부수는 바울의 결론은 기독교에 의해 이룬 것이다. 그리스도 안에서 '하나'(eis, one)는 숫자의 남성형이다. 바울은 남성우월성을 부인한 후 다시 남성과 여성 사이의 차이는 없지만, 남성과 연합된 인격, 연합된 조직, 즉 중성의 차이를 말하는 것처럼 보인다. 바울은 연합된 교회 구조를 말한 것이 아니라 살아 있는 그리스도의 몸으로서의 교회를 생각한 것이다. 이 몸 안에서 모든 것은 참으로 하나이고, 서로 안에 있고 서로 함께 있는 것이다. 가능한 차이가 있다면 기능적인 것일 뿐이다(고전 12장 참조).

[3 : 29] (3) 그리스도 예수 안에서 믿음을 가진 모든 사람은 긴 구원사를 통해 믿음으로 구원받은 사람들과 하나다. 그리스도와 연합함으로 성도가 된 사람은 아브라함의 자손이요 약속대로 유업을 이을 자다. 바울은 16절에서 아브라함에게 주신 언약의 상속자는 그리스도라고 선언했다. 여기서 바울은 크리스천의 교회가 실제로 그리스도의 몸인 고로 언약의 상속자가 그리스도에게 속한 그리스도인이 된다는 것이다. 29절의 관사가 없는 '자손'(sperma, seed, offspring, descendent)은 매우 중요한 단어다. 이는 갈라디아 사람들에게 계속적으로 그리스도와의 연합의 필연성을 강조하기 위한 단어다. 율법주의자들이 갈라디아 크리스천 앞에서 받을 수 있다는 상급은, 그리고 유대주의 의식을 통해 얻을 수 있기를 바라는 것은 아브라함의 자손 중 하나가 되는 것이다. 그들은 육신적 자손을 의미한다. 그러나 바울은 말하기를, 율법주의자들은 할례를 통해 자손이 되는 것을 기대했으나, 실제로는 그리스도 안에 있는 자가 아브라함의 자손이라고 한다. 그리스도가 아브라함 언약의 자손이기 때문이다. 그리스도 안에 있는 자는 언약 안에 있는 믿음을 가진 자이므로 하나님의 영적 자녀가 되는 것이다.

바울은 본 장의 마지막 부분을 예수 그리스도에 대한 말씀으로 가득 채운다. 그는 그리스도를 여섯 번이나 언급하면서 그리스도께 속한 자는 인종, 신분, 성별의 차이가 없이 다 같이 아브라함의 약속을 따른 유업의 상속자라 한다(7, 9, 14, 29절). 그리스도 안에 있는 자는 높이와 넓이와 깊이의 차원에 연결을 얻게 된다. 그리스도 안에서 우리를 초월해 계신 하나님과 화해를 통해 높이의 차원을, 그리스도 안에서 세상의 모든 성도들이 서로 연합됨을 통해 넓이의 차원을, 그리고 그리스도 안에서 성도가 영원에 들어감으로 길이의 차원과 연결된다. 그리스도 안에 있는 믿음을 통해, 그리고 그리스도 안에서만 우리는 자신을 발견한다.

설교를 위한 묵상 : "오직 믿음만으로"(갈 3 : 11 ; 롬 3 : 21-26)

16세기 종교개혁자들은 "오직 성경만, 오직 은혜만, 오직 그리스도만, 오직 하나님께만 영광"을 모토(motto)로 삼고 교회를 개혁했다. 그러나 개혁자들이 주장한 '오직 믿음만' 이라는 말씀보다 중요한 이 신학의 원리를 생각했는지 의심해 본다.
믿음으로 의로워지는 중요성은 개혁자요 신학자인 칼빈 목사의 글 속에서 구원에 대한 중심점으로 강조되었다. 영국교회의 유명한 건축가인 토머스 크랜머는 '칭의는 기독교 신앙의 반석이요 기초' 라고 선언하고, 이 교리를 부인하는 사람은 기독교인이라 간주할 수 없으며, 그리스도의 대적자라 했다.
영국 청교도 지도자였던 토머스 왓슨은 그리스도로 말미암은 칭의는 생명수의 샘이며, 이 샘에 부패한 교리의 독소를 던지는 자는 저주를 받아야 한다고 했다.
종교개혁의 창시자인 마틴 루터는 칭의교리가 실패하면 모든 교리가 실패한다고 하며 이 교리가 하나님의 교회를 낳고, 영양 공급을 하고, 세우고, 붙잡고, 방어한다고 했다. 이 칭의교리가 없이 하나님의 교회는 한 시간도 존재할 수 없다고 했다. 그는 칭의교리가 모든 교리의 선생이요, 왕자이며, 주가 되시고 통치자와 재판자가 된다고 했다(Ewald M. Plass, *What Luther Says*, St. Louis : Concordia, 1959, Vol. 2, pp. 702-704, 715).
이 같은 증언은 과장된 것이 아니다. 칭의는 인간들의 모든 질문 중 가장 중요한 것에 대한 하나님의 대답이 되기 때문이다 : 인간이 하나님과 어떻게 바른 관계를 가질 수 있을까? 우리는 하나님과 바른 관계에 있지 않다. 오히려 하나님과 불화한 관계에 있다. 우리는 죄 때문에 그의 진노 아래에 있다. 그러므로 하나님과 바른 관계를 맺든가 아니면 영원히 멸망해야 할 것이다. 복음주의 교회가 이 교리를 놓친다면 루터의 말처럼 큰 실패를 하는 것이다. 그들의 영혼을 잃어버릴 뿐 아니라 참 교회가 되기를 포기하는 것이다. 실제로 비그리스도인이 되어 가는 것이다.

(1) 법정에서의 칭의

우리는 믿음으로 의로워진다는 것을 조심스럽게 보아야 한다. 아버지 하나님께서 우리 구원을 위해 예수 그리스도 안에서 행하신 바를 바울은 능력 있는 언어로 말씀했다. 바울 사도는 로마서 3장에서 창조수 하나님께 반역하고 하나님의 은혜에서 떠난 자에게 희망이 없다 선언하고, "의인은 없나니 하나도 없으며 깨닫는 자도 없고 하나님을 찾는 자도 없다"(롬 3 : 10 - 11)고 한다. 그리고 "이제는 율법 외에 하나님의 한 의가 나타났으니 율법과 선지자들에게 증거를 받은 것이라 곧 예수 그리스도를 믿음으로 말미암아 모든 믿는 자에게 미치는 하나님의 의니 차별이 없느니라 모든 사람이 죄를 범하였으매 하나님의 영광에 이르지 못하더니 그리스도 예수 안에 있는 속량으로 말미암아 하나님의 은혜로 값없이 의롭다 하심을 얻은 자 되었느니라 이 예수를 하나님이 그의 피로써 믿음으로 말미암는 화목제물로 세우셨으니 이는 하나님께서 길이 참으시는 중에 전에 지은 죄를 간과하심으로 자기의 의로우심을 나타내려 하심이니"(롬 3 : 21 - 25). 이 말씀은 여러 가지 중요한 진리를 가르치고 있다. 구속(Redemption)은 하나다. 예수 그리스도가 우리를 구원하시려고 값을 지불하심으로 그리스도 안에서 믿는 자들을 죄의 노예였던 과거로부터 구원하신 것이다. 화목제물(Propitiation, 속죄의 희생제물)은 이방종교에서 빌려 온 용어다. 이 제물로 죄인을 향한 하나님의 노가 비켜섰다. 고대인들은 자신들이 하나님의 노를 풀어 줄 수 있다 생각하고 희생제물을 바친 것이다. 기독교에서는 그와 생각은 같으나 인간만으로는 하나님의 노를 풀 수 없다고 한다. 하나님만이 하실 수 있는 고로 그리스도의 화목제물 되심을 통해서 속죄가 이루어지는 것이다.

칭의(Justification)란 무엇인가? 법정에서 사용되는 이 단어는 죄인을 사면하는 판사의 행위를 말한다. 즉, 칭의는 의를 선포하는 과정에서 있는 법정적 용어다. 여기서 '사면하다', '선포하다' 라는 단어가 중요하다. 사면을 선포받는 이를 의롭게 만들어 주는 것이다. 칭의에서 실제로 의로움이 따라오는 것이다. 라틴어 'Justus' (just or righteous)와 'facio' (to make)의 합성어다. 의롭게 만들어 주는 것이 칭의다. 그러나 이것은 바른 생각이 아니다. 그 사람이 하나님의 재판석 앞에서 바르게 서 있는 것을 말한다. 어떻게 그가 그와 같은 방법으로 서 있는지는 언급이 없다. 우리를 대신해 주신 예수 그리스도의 사역에 대한 언급이 필연적으로 나와야 한다. 이것은 마틴 루터가 제시한 것이다. 라틴어에서부터 이해된 칭의는 라틴 Vulgate 성경에서 찾을 것이다. 즉, 칭의는 개인이 본질적으로 거룩해지는 과정이다. 의롭지 못한 사람을 하나님이 의롭다고 선언하실 수는 없다. 하나님은 말장난을 하시지 않는다. 그러므로 의로운 사람이 된 후에 하나님은 그를 의롭다고 선언하실 것이다.

그러나 어떻게 의인이 될 수 있는가? 중세교회는 성례식으로 그 대답을 했다. 그것으로 충분하지 않다면 연옥이 있다고 했다. 고백하지 않은 죄는 적당히 벌을 받고 용서받고 의로워진다는 것이다.

루터도 그렇게 되려고 노력했다. 그는 1505년 8월 17일 Erfurt에 있는 어거스틴 수도원에 '나의 영혼의 구원을 위하여' 들어갔다고 스스로 말했다. 루터는 의무면에서 모범 수도승이었다. 그는 오랜 시간 기도를 드렸다. 육체를 복종시키려 금식하고 자기 몸을 때리기도 했다. 거기에 참회, 특히 정한 시간에 죄를 고백하기 위해 고해성사의 고백을 받는 이가 괴로울 만큼 자주 찾아왔고, 오랫동안 돌아가지 않았다. 루터는 후일 Duke of Saxony에게 보낸 서신에서 "나는 경건한 수도사였고 내가 표현할 수 있는 것보다 더 규칙을 준수했다. 어느 수도사가 그의 수도생활로 천국을 얻었다면 나는 확실히 들어갔다."고 했다. 그러나 루터는 기도, 독서, 다른 행동으로 평화를 얻지 못했다. 선행으로 하나님이 요구하시는 의를 만족시킬 것이라 생각했으나 "부패한 행위로 나의 심판주의 거룩하심 앞에 내가 어떻게 서리요."라고 했다. 다행히 현명한 신부 John Staupitz가 그에게 성경을 연구하게 했고, 루터는 성경을 연구하기 시작했다. 그는 특히 로마서를 공부할 때 칭의에 관한 자기 이해가 잘못되었다는 사실을 깨닫게 되었다. 그는 헬라어 성경에서 개인에게서 본질적 변화를 언급하지 않는 라틴 번역과 아주 다른 내용을 발견했다. 오히려 하나님이 의롭다고 선언하심을 알게 되었다. 법 앞에 바로 서 있는 사람을 선언할 때 법정에서 판사가 하는 것과 같다. 칭의는 저주의 반대말이다. 원고가 법에 위배되는 관계에 서 있을 때, 그는 판사로부터 저주를 받는다. 저주는 그 사람을 죄인으로 만드는 것은 아니다. 그렇게 선언될 뿐이다. 같은 방법으로 칭의에서 그 사람은 의인이 되었음을 선언받는다. 즉, 법과 바른 관계에 있음을 선언받는 것이다. 그러나 의인으로 만들어지는 것은 아니다. 자신의 의의 근거로 의인으로 선언받을 수 있다. 실제로 무죄한 사람이 되는 것이다. 그러나 구원에서는 우리가 우리 자신의 의가 없고 무죄하지 않기 때문에 우리 죄를 위한 그리스도의 속죄에 근거해서만 의인으로 선언된다. 그리스도의 의가 우리에게 전가된 것이다. 우리의 구원을 위한 대가를 완전히 지불하신 그리스도를 찾고 믿을 때 천국문을 통해 영생으로 들어가게 된다고 루터는 말했다.

(2) 잘 발전된 교리

대부분의 그리스도인들은 '믿음으로 의로워진다'는 말을 알고 있다. '믿음으로'는

'오직 믿음만으로' (sola fide)를 뜻한다. 그러나 우리는 '오직 은혜만으로' (sola gratia)라는 말도 알고 있다. 이것은 '믿음만으로 의로워진다는 것인가, 아니면 은혜만으로 의로워진다는 것인가' 라는 질문을 하게 한다. 그 대답은 두 가지 모두다. 둘은 같은 실체이기 때문이다. 종교개혁자들의 다른 슬로건도 생각해야 한다. '그리스도만으로' (solus Christus)는 그리스도와 그의 사역 때문에 하나님은 불경건한 우리를 의롭다 하셨다는 말이다. 전체적으로 보면 다음과 같이 정리할 수 있다.

칭의는 '그리스도(만) 까닭에', '믿음(만)을 통해', '은혜(만으)로' 죄인을 의롭다고 선언하심으로 하나님이 하신 일이다. 이것이 로마서 3 : 21~26에서 바울이 가르친 교훈이다.

① 칭의의 근원(source)은 하나님의 은혜다(24절). 의인은 없나니 하나도 없기 때문에 자신을 의롭다고 선언할 수 있는 사람은 아무도 없다. 그렇다면 어떻게 구원이 가능한가? 하나님이 우리를 위해 하신 일만으로 가능하다. 그것이 은혜다. 의인만 없는 것이 아니라 깨닫는 자도 없다(롬 3 : 10－11a). 하나님을 찾는 자도 없다(11b절). 하나님의 은혜가 아니었다면 의롭다 칭함받을 사람은 아무도 없다.

② 칭의의 근거(ground)는 그리스도의 사역이다(25절). 여기에는 화목제물과 구속(24－25절)이라는 교리가 반드시 필요하지만 점차 잊혀지고 있다. 모세는 애굽 사람을 죽였고, 다윗은 간음했고, 살인했으며, 여리고 기생 라합은 부도덕했지만 하나님은 이들을 지옥으로 보내지 않으시고, 용서하시고, 의롭다 하시고, 구원해 주시고, 사용하셨다.

이들의 죄를 하나님이 어떻게 취급하셨는가? 하나님은 용서하시든가, 아니면 불의한 자로 다루시든가, 아니면 의로운 자로 만드시든가, 용서하지 않으셔야 한다. 이 모든 것이 하나님께는 다 가능하다. 그리스도의 죽음에서 불의한 자를 정당화했기 때문에 그리스도의 죽음에 근거하여 의로운 자로 선포된 것이다.

③ 칭의의 수단(means)은 믿음이다(25－26절). 믿음은 칭의가 우리에게 오는 수로(水路, channel)나 실제로 우리 것이 되게 한다. 믿음은 선행이 아니다. 필연적이고 근본적인 것이다. 절대 행위가 아니다. 하나님의 선물이다. "너희는 그 은혜에 의하여 믿음으로 말미암아 구원을 받았으니 이것은 너희에게서 난 것이 아니요 하나님의 선물이라 행위에서 난 것이 아니니 이는 누구든지 자랑하지 못하게 함이라"(엡 2 : 8－9). 우리가 칭의를 얻는 수로일 뿐이지만 이것이 'Sola fide' (faith alone),

즉 '믿음만으로' 라는 의미다. 하나님이 우리를 위해 하신 일을 단순히 믿음이 받는 것이라면 이 믿음만으로 우리는 의로워지고 다른 모든 행위나 사역은 배제된다.

(3) 우리는 'Sola Fide' (오직 믿음만으로)를 잊지 않아야 한다

오늘날 많은 복음주의자들이 'Solus Christus', '오직 그리스도만으로' 를 잊고 그리스도와 십자가를 주변적인 것으로 밀어 놓고 있다. 그들은 예수 그리스도를 모범자요 돕는 자로 여길 뿐 우리 죄를 위해 죽으시고 부활하신 분이라는 사실은 잊고 있다. 하나님은 스스로 돕는 자를 돕는다는 인간 공로에 매달려 'Sola Gratia', '오직 은혜만으로' 의 교리도 파기한다. 하나님이 모든 사람들에게 구원받을 수 있는 기회를 주신 것이 아니라면 하나님은 공평하지 못하므로, 하나님은 적어도 모든 사람에게 구원받을 기회를 제공하셨다고 주장하게 되어 'Sola Fide', '오직 믿음만으로' 라는 교리가 설 자리가 없게 되었다. 어떻게 '오직 믿음만으로' 라는 교리를 우리가 잊을 수 있을까? 성경이 말하고 있는 것보다 믿음을 덜 말함으로 거기서 믿음을 제하고 할 수 있는 일이 무엇일까?

분명히 우리는 믿음을 가져야 한다. 믿음은 무엇인가? 믿음이 어떤 교리에 대한 정신적 동의라고 생각하는 이들이 많이 있다. 그리스도인의 삶의 출발점에서 한 번 발휘되어야 할 어떤 것이라고 생각하는 이도 있다. 그러나 성경적 믿음은 세 가지 요소를 가지고 있다 : 지식, 신념, 신뢰다. 환언하면 아는 것, 동의하는 것, 헌신하는 것이다. 라틴어로 'notitia', 'assensus', 'fiducia' 다.

① 첫 번째 요소는 'notitia', 'knowledge' 다. 진리에 대한 지식이 있어야 한다. 내용 없는 믿음은 참 믿음이 아니다. 신앙의 대상은 그리스도다. 그 믿음은 경건한 무지 위가 아니라 지식 위에 있다. 그리스도는 우리에게 의와 거룩함과 생명을 주었다. 우리는 느낌에 복종하는 것이 아니고 이 지식으로 말미암아 하나님의 나라에 들어감을 얻게 된다.

② 두 번째 요소는 'assensus', 'assent' 다. 문학하는 이들은 작품 설명을 잘할 수는 있으나 그것을 믿지는 않는다. 1738년, 요한 웨슬레(John Wesley)의 회심이 여기서부터 왔다. 웨슬레는 기독교 교리는 알고 있었으나 개인적으로 믿지는 않았다. 어느 날 저녁 루터의 로마서 서문을 읽는 작은 모임에서 웨슬레는 회심하게 되었다.

③ 세 번째 요소는 'fiducia', 'trust', 'commitment' 다. 성경이 가르치는 것을 알

고, 그것이 진리인 것도 알지만, 그렇다고 구원받은 것은 아니다. "네가 하나님은 한 분이신 줄을 믿느냐 잘하는도다 귀신들도 믿고 떠느니라"(약 2 : 19). 헌신되지 못한 믿음은 악마도 가질 수가 있다. 값진 보물을 얻기 위해 모든 것을 판 한 사람의 이야기가 이에 적용된다(마 13 : 44-46). 그래서 예수께서는 "세례 요한의 때부터 지금까지 천국은 침노를 당하나니 침노하는 자는 빼앗느니라"(마 11 : 12)라고 하셨다.

(4) 예수 그리스도만 신뢰해야 한다

참 믿음은 젊은 남녀가 사랑에 빠져 결혼하는 것으로 이해할 수 있다. 첫 단계는 상대방을 아는 단계다. 둘째 단계는 인격적으로 애정을 가지며 추상적으로 보지 않고 구체적으로 사랑하는 단계다. 사랑에 빠지는 경우에는 놀라운 경험을 하게 된다. 그러나 여기까지는 결혼할 단계가 아니다. 셋째 단계가 결혼의 단계로, 이는 하나님과 회중 앞에서 이 남자(여자)를 사랑하고 보호하며 존경하고 남편(아내)으로서 의무와 책임을 다할 것을 서약함으로 이루어진다.

우리가 예수 그리스도와 연합하는 것도 이와 같다. 예수 그리스도는 우리를 위해 죽으심으로 그의 사랑과 성품을 나타내 보이셨다. 먼저 사랑하심으로 우리도 그를 사랑하게 되었다. 그리스도와의 언약을 맺고 주를 위해 살기도 하고 죽기도 하겠노라고 헌신을 약속했다. 그래서 사도 바울은 빌립보에 보낸 편지에서 자신의 헌신을 이렇게 나타냈다. "그러나 나도 육체를 신뢰할 만하며 만일 누구든지 다른 이가 육체를 신뢰할 것이 있는 줄로 생각하면 나는 더욱 그러하리니 나는 팔 일 만에 할례를 받고 이스라엘 족속이요 베냐민 지파요 히브리인 중의 히브리인이요 율법으로는 바리새인이요 열심으로는 교회를 박해하고 율법의 의로는 흠이 없는 자라 그러나 무엇이든지 내게 유익하던 것을 내가 그리스도를 위하여 다 해로 여길 뿐더러 또한 모든 것을 해로 여김은 내 주 그리스도 예수를 아는 지식이 가장 고상하기 때문이라 내가 그를 위하여 모든 것을 잃어버리고 배설물로 여김은 그리스도를 얻고 그 안에서 발견되려 함이니 내가 가진 의는 율법에서 난 것이 아니요 오직 그리스도를 믿음으로 말미암은 것이니 곧 믿음으로 하나님께로부터 난 의라"(빌 3 : 4-9).

그리스도를 만나기 전의 바울은 그리스도로 인해 완전히 새사람으로 변했다. 그리고 그리스도의 사람이 되었다. 그에게는 '예수 그리스도만' 보일 뿐이다. 그는 '믿음만으로' 하나님의 은혜를 기뻐하고 찬양한다. 이것이 우리가 믿는 복음이다. 예수 그리스도께 완전히 헌신하는 것이 구원이다. 그리스도를 믿는 믿음 외에는 다른 것으로 칭의를 얻을 수 없다.

6. 하나님의 상속자들(4 : 1-7)

> [1]내가 또 말하노니 유업을 이을 자가 모든 것의 주인이나 어렸을 동안에는 종
> 과 다름이 없어서 [2]그 아버지가 정한 때까지 후견인과 청지기 아래에 있나니
> [3]이와 같이 우리도 어렸을 때에 이 세상의 초등학문 아래에 있어서 종노릇하
> 였더니 [4]때가 차매 하나님이 그 아들을 보내사 여자에게서 나게 하시고 율법
> 아래에 나게 하신 것은 [5]율법 아래에 있는 자들을 속량하시고 우리로 아들의
> 명분을 얻게 하려 하심이라 [6]너희가 아들이므로 하나님이 그 아들의 영을 우
> 리 마음 가운데 보내사 아빠 아버지라 부르게 하셨느니라 [7]그러므로 네가 이
> 후로는 종이 아니요 아들이니 아들이면 하나님으로 말미암아 유업을 받을 자
> 니라

3장 마지막 부분과 4장 초두 사이의 차이가 강조되고 있다. 그리스도가 오시기 전 성도가 즐기고 있는 위치를 발견하라는 것이다. 전에 바울은 그들의 과거와 현재를 대조시켜 보여 주면서 변화의 잠정적 특성을 강조했다. 여기서 바울은 그들이 전에는 노예 신분이었으나 지금은 하늘 아버지의 아들이 되었음을 강조한다. 이와 같은 발전은 3 : 23~29에 있는 초등교사(수행원)의 사상에서 나온 것이다. 이것은 3 : 1~5에서 바울이 보여 준 6가지 논의 중 마지막 단계가 된다.

[4 : 1] 고대사회에서 어떤 확실한 사람의 성장 과정에서 종교나 법률의 중요성을 배제하고 생각하면 본 절의 참맛을 맛보기가 어려울 것이다. 유대교에서는 한 소년이 20세가 넘어 성년이 되면 '율법의 아들'(a son of the law)이 된다. 헬라 사회에서는 18세가 되면 성년으로서 모든 책임을 지게 된다. 그때에는 아버지의 돌봄에서 국가의 돌봄을 받는 것과 그에 대한 책임을 갖게 되는 Apatourica 축제를 행한다. 로마법에는 정해진 연령은 없으나, 아버지가 아들이 성년 되는 시간을 판단하여 정한다. 바울은 로마법을 염두에 두고 말 하고 있다. 로마의 아이들은 아버지가 시간을 정하기까지는 그들을 보호하는 수행원(초등교사) 아래 있으나 리베라리아(Liberalia)로 알려진 가족 축제에서 성년이 된다. 그 축제는 매년 3월 17일에 거행되고, 그때에 공식적으로 아버지에 의해 인정받은 아들로 받아들여져 상속자가 되며, 그가 미리 입어 봤던 토가 비릴리스(toga virilis, 고대 로마시민이 입던 헐거운 옷)를 받는다.

바울의 표현에 의하면, 율법의 시각으로 볼 때 아이가 미성년이면 미래 그의 신분이 주인일지라도 현재는 노예와 다름없다. 스스로 아무것도 결정할 수 없고 자유도 없기 때문이다. 반면에 아버지가 아이에게 책임을 주고 자유를 주는 순간에 그는 상속자가 된다. 미성년과 노예로서 율법 아래 있는 이와 그리스도 안에서 새로운 자유와 책임이 주어진 사람 사이에는 엄청난 차이가 있음을 지적한 것이다.

1절의 'nēpios'(child, baby, minor)나 3절의 'stoicheia'(elements)는 그리스도기 오시기 전에 율법 아래 있는 사람은 하나님이 요구하시는 나이에 이르지 못한 미숙한 초등학문 아래 있는 사람임을 말한 것이다.

[4 : 2] 바울은 앞에서 언급했던 'paidagōgue'(초등교사) 대신 'epitropous'(tutor guardian, 후견인)와 'oikonomous'(trustees steward, 청지기)로 대신하고 있으나 그들의 법적 역할은 다른 것이 없다. 이것이 바울이 생각한 율법 아래 사는 이들의 상태다.

[4 : 3] 그리스도가 오시기 전의 우리는 아이였고, 노예였으며, 세상의 기초적 원리나 낮은 영들의 노예로 있었음을 앞에서 바울은 언급했다. 초등학문(stoicheia, elements, basic principles) 아래 종노릇했다는 것은 무엇을 뜻하는가? 여러 가지의 해석이 있으나 주로 다음의 3가지로 정리한다.

① 기초 원리, 낮은 영들(천사와 마귀), 모든 사람에게 알려진 종교 경험의 초보 단계(Burton, Ridderbos), 초등문자(알파벳, 한글, 히 5 : 12 참조)를 뜻할 수도 있다는 견해다. 바울의 독자들이 갖고 있었던 유대교나 이방종교에 대한 초보단계는 지나갔고, 이제는 그리스도가 오심으로 대신하였다는 것이다. 이 견해의 강점은 유대인과 이방인 양쪽에 적용할 수 있다는 것이다. 약점은 그리스도의 복음이 오기 위하여 초기 준비단계에 있었던 이방인의 종교 개념을 바울이 어떻게 생각했는지 이해하기가 어렵다는 것이다.

② 이스라엘의 율법을 언급한 것으로 보는 견해다(Lightfoot, Stott, Tenney). 이것은 바울이 3 : 23에서 언급한 대로 "믿음이 오기 전에 우리는 율법 아래에 매인 바 되고……"라는 말씀과 일치한다. 이 경우 두 가지 난점이 있다. 첫째, 이방인에게 적용하기 어렵다. 그들은 과거에 율법 아래 있지 않았고, 지금은 율법 아래 넘어질 위험도 없다. 둘째, 바울이 'stoicheia' 에 왜, 또는 어떻게 '세상의' (tou kosmou, of the World)를 더할 수 있었는지 설명하기 어렵다. 모든 유대인들의 생각은 신적 기원을 갖고 있는 율법의 저세상적 성격을 강조하고 싶어하기 때문이다.

③ 'stoicheia' 라는 단어의 완전히 다른 의미에 기초한 입장이다(Guthrie, Neil). 21세기에 사는 사람들은 화학원소들로 세상이 만들어졌다고 말한다. 고대에는 오늘날과 같은 추상적 방법으로 원소에 대해 생각하지 않았다. 그들은 땅, 불, 공기, 물과 같은 실체를 생각했다. 그리고 그것들을 신들과 함께 문명의 개벽과 연관을 시켰다. 바울 시대에는 해, 달, 별과 같은 천체를 생각했다. 이것들은 달력을 규정하고 있기 때문에 신들과 연결이 되었고, 신들을 높이는 이방

축제와 연결된다. 바울도 아마 이 같은 피조물을 신들로 섬기는 것을 보았을 것이다. 그러므로 갈라디아 사람들은 복음이 선포되기 전까지 악마의 사슬에 묶여 있었다고 본 것이다. 그러나 갈라디아 교회에는 이방인만 있었던 것이 아니라 유대인도 있었다. 유대인은 율법에, 이방인은 천체숭배나 우상숭배에 매여 있었으나 각각 회개하고 복음을 믿어 자유를 얻게 되었다. 그러나 이제 그리스도의 십자가 은혜를 저버리고 다시 옛 상태로 돌아가는 때(3 : 1)가 이르렀고, 이때 바울은 유대인의 율법과 이방인의 천체(우상)숭배를 다 같이 초등학문이라 불렀을 것이다. 골로새서 2 : 8에서 바울은 당시 소아시아 지역에 퍼져 가고 있는 영지주의(Gnosticism)를 초등학문이라고 비판했다. 바울은 장차 오실 그리스도를 준비하고 그가 오실 때까지 후견인과 청지기 역할을 하는 율법을 초등학문으로 보았다. 그것이 선의에서든지 악의에서든지 율법이나 천체(우상)숭배(9 - 10절)를 초등학문으로 보고 복음의 전 단계(pro - evangelism)로 볼 수 있었을 것이다. 바울은 영적 전쟁(롬 8 : 38 - 39 ; 엡 6 : 10 - 12)을 하여 사탄과 악령에게 묶여 종노릇하고 있는 이들이 그리스도 안에서 자유를 갖게 하려는 것이다.

[4 : 4-5] 본 절은 한글(개역개정) 성경에 번역되지 않은 '그러나'(de)라는 말로 역사의 전환점을 보여 준다. 소망도, 하나님도 잃어버린 인간이지만, 하나님은 효과적이고 완전한 구원을 주시기 위해 개입하셨다. 하나님이 하신 사역을 바울은 두 가지로 정리한다.

첫 번째 사역으로 하나님은 그 아들을 보내셨다. 인간 편에서 볼 때 이것은 준비된 그 시간이 찼을 때(in the fullness of time, 즉 "when the time had fully come"〈NIV. Gal. 4 : 4〉) 일어난 역사적 사실이다. 팍스 로마나(Pax Romana)가 문명 세계에 확대되어 전에 없던 도로망과 우편제도 등이 가능해졌을 때, 알렉산더 대왕에 의해 헬라문명이 전 세계로 확산되어 헬라어가 공용화되었을 때, 그리고 영적 기갈이 도처에서 분명해졌을 때, 그리스도가 오실 때가 완전히 준비되고 크리스천 복음이 퍼져 나갈 때가 찼다는 것이다.

신학적으로는 하나님 자신이 그 시간의 의미를 채우셨기 때문에 때가 찼다고 한 것이다. 2절에서 '아버지가 정한 때' 가 바로 때가 찬 시간이다. 그때에 하나님이 그 아들을 보내사 여자에게서 나게 하시고 율법 아래 나게 하셨다.

이는 그리스도 예수가 아들로서 존재하는 시작을 말한 것이 아니고 성육신된 인간성을 가지신 것을 말한다. 마리아가 예수의 모친임에는 틀림없지만 여기서 '여자에게서 나게 하시고' 는 동정녀를 의미한 것이 아니다. 헬라어 'gunaikos' (woman)가 관사 없이 쓰였기 때문에 마리아를 강조한 것이 아니라 인간으로 오셨다는 말씀을 강조한 것이다(욥 14 : 1 ; 마 11 : 11).

본서는 율법에 대한 관심이 지대하므로 율법 아래에 나셨다는 것은 아주 중요한 말씀이다. 그리스도는 여자에게서 나시고 율법의 멍에를 메고 오셨다. 그분은 할례를 받고 교육을 받을 때에도 유월절 절기를 지켜야 하는 율법 아래 있었다. 율법 아래 있는 자들을 속량하시고 우리로 아들의 명분을 얻게 하셨다(5절). 인간에게는 이 두 가지, 즉 속량과 양자 됨이 필요했다. 속량이라는 말은 3 : 13 이후 다시 언급되고 있다. 속량은 본래 값을 주고 노예를 사는 것을 의미한다. 인간들은 유대인일 경우에는 율법의 노예였고, 이방인일 경우에는 우주의 초등 영들(우상)의 노예였다. 그리스도는 그들의 속량을 위하여 값을 지불하시고 자유하게 하셨다. 더욱 놀라운 일은 그리스도를 통하여 그 인간을 하나님의 아들로 양자 삼으셨다는 것이다. 인간은 하나님의 피조물일 뿐, 그분의 아들이 될 수 없다. 그럼에도 불구하고 하나님의 아들을 믿음으로 양자가 된 것이다. 노예의 신분에서 자유를 얻었을 뿐 아니라 하나님의 가족이 되고, 자유인으로 그리스도와 함께 하나님의 상속자가 되었다(롬 8 : 17).

우리는 본 절의 중심사상과 9절의 약하고 천박한 초등학문 사이의 미묘한 연결을 조심스럽게 관찰해야 한다. 초등학문은 약하기 때문에 우리를 속량할 수 없고, 천박하기 때문에 우리를 하나님의 양자로 삼을 수 없다.

그렇다면 누가 이 큰 구원을 우리에게 가져다줄 것인가? 이 두 절(4-5절)

에 계시된 예수에 대한 가르침은 참으로 놀라운 것이다. 그가 하나님의 아들이시기 때문에 신성을 가지신 하나님이시고, 영원과 존재론적 관계를 갖고 계신 것을 뜻한다(빌 2 : 5-11 ; 골 1 : 15). 또한 그는 여자에게서 나셔서 인성을 가지신 인간으로 율법 아래 있었다. 신인(神人) 되신 그는 이스라엘 중에 나셨기 때문에 중보자로 하나님의 구원 역사의 흐름 속에 계셨다.

[4 : 6] 바울은 역사 속에서 하나님의 구원 사역을 그의 아들을 보내신 것으로 설명했다. 그리고 여기서 하나님의 두 번째 사역이 설명된다. "너희가 아들이므로 하나님이 그 아들의 영을 우리 마음 가운데 보내사 아빠 아버지라 부르게" 하신 것이다(6절). 4~5절에서는 믿음에 대한 다른 교리를 설명하고, 구원은 아버지 하나님이 아들 하나님과 성령 하나님을 보내 주심으로 완성된다는 진리인 삼위일체 교리를 말씀하고 있다. 이 구원은 객관적이고도 주관적이다. 아버지 하나님께서 성도들로 하여금 아들의 위치를 갖게 하시려고 아들을 보내셨고, 그 사실을 그들이 체험하게 하시려고 성령을 보내셨다. 하나님의 성령의 은사(gift)는 하나님의 자녀가 되는 것이 아니고 그의 구원을 주셨기 때문에 하나님은 높은 수준에서 구원을 실현하셔야 했다. 우리가 아들이 되었기 때문에 모든 믿는 자들에게 성령이 하나님의 선물로 주어진 것이다. 그러나 고린도전서 12 : 3에서는 "……성령으로 아니하고는 누구든지 예수를 주시라 할 수 없느니라"라고 말씀함으로 믿고 하나님의 자녀 되는 것보다 성령이 선행하는 것으로 말씀했다. 이와 같은 차이는 논리적 순서일 뿐 실제적인 차이는 아니다. 믿고, 성령을 받고, 하나님의 자녀가 되는 것은 시간의 차이나 이론으로 설명될 수 없는 것들이기 때문이다. 그러므로 이런 정반대의 기사는 상호 충돌되는 것이 아니라 오히려 사실을 반복하여 말해 주는 것이다.

크리스천의 체험을 어떻게 객관적이라 할 수 있을까? 바울은 기도 속에서 자신에게 알려진 하나님의 임재를 주로 제시한다. 이전에는 하나님을 자신의 기도를 듣지 않으시는 멀리 계신 하나님으로 알았다. 그러나 이제는 하나님의 가족이 되어 '아빠 아버지' 로 부르며 기도할 수 있게 되었다. '아빠' (abba는 아버지에 대한 아람어의 단축형, Daddy, 아빠)는 예수께서 그의 아버지께 드린 기도에서 자주 사용된 말로 그를 통하여 하나님의 자녀 된 이들은 하나님을 '아빠 아버지' 로 부르게 하셨다.

예수 시대에는 하나님을 '나의 아버지' 로 부른 이가 없다. 이 표현은 존경의 말투가 아니기 때문이다. 그러나 예수는 기도하실 때 이 말을 자주 사용하셨다. 예수는 그의 제자들에게 자기를 좇아 하나님을 아버지로 부르도록 권세를 주셨다. 고대사회에서 신을 아버지로 부른 흔적은 있다. 호메로스(Homer)는 아버지를 제우스(Zeus)라 부르면서 그는 신들과 인간을 다스린다고 했다. 아리스토텔레스(Aristotle)는 자녀들에게 아버지의 역할은 그의 추종자 위에 군림하는 왕과 같다고 했다. 그래서 제우스는 모든 사람의 왕이라 했다. 이스라엘에서 하나님은 국가의 아버지로 불렸다(출 4 : 22 ; 시 103 : 13 ; 사 64 : 8 ; 렘 3 : 19 ; 호 11 : 1). 중요한 것은 누구도 하나님을 개인의 아버지로 부르지는 못했다는 것이다. 예수 당시 하나님과 인간 사이는 실제로 너무 멀어서 만날 수가 없었다. 그러나 예수는 이 사상을 뒤집었다. 사복음서 전체가 예수가 하나님을 아버지로 부르는 것, 특히 예수의 기도에서 그렇게 하신 것을 보여 주고 있다(마 11 : 25 ; 26 : 39, 42 ; 막 14 : 36 ; 눅 23 : 34 ; 요 11 : 41 ; 12 : 27 ; 17 : 1, 5, 11, 21, 24, 25).

단 한 번의 예외가 있다. 십자가상에서 인류의 죄짐을 지시는 순간에 그리스도 입술에서 "……엘리 엘리 라마 사박다니 하시니 이는 곧 나의 하나님, 나의 하나님, 어찌하여 나를 버리셨나이까……"(마 27 : 46)라고 하셨다. 그 순간은 아버지와의 관계가 일시적으로 깨진 상태였기 때문에 아버지로 부르지 않고 하나님으로 부르신 것이다.

'아빠' 는 작은 아이가 자기 아버지를 부르는 친근감을 주는 단어라고 아람어를 사용한 Mopsuestia의 Theodor나 Chrysostom, 그리고 안디옥에서 온 Cyprus의 Theodoret은 똑같이 증언한다(J. Jeremias, J. Reuman 역,

The Lord's Prayer, Philadelphia : Fortress Press, 1964, p. 19).

성령은 '하나님의 영' (롬 8 : 14), '아들의 영' (갈 4 : 6), '그리스도의 영' (롬 8 : 9), '예수 그리스도의 성령' (빌 1 : 19) 등으로 불린다. 성령은 성부께서 보내시나 또한 아들이 보내심으로(요 15 : 26 ; 16 : 7) '아버지의 영' 또는 '아들의 영' 으로도 불린다(니케아 신조에서 '성령은 성부로부터 나옴' 〈Filioque〉이라는 조목에 589년 제3차 트렌트 회의에서 '아들로부터 나온다' 는 말을 첨가하므로 '성부와 성자로부터 나옴' 으로 수정함으로 동서교회의 분리 원인이 되기도 했다). '보내사' (eksapesteilen)는 단순과거형으로 단번에 영원히 보내신 것을 표현한다. 로마서 8 : 15에서 양자의 영을 '받았으므로' (elabete)도 단순과거형으로 그리스도 안에 있는 사람에게 단번에 주시고 영원히 주시는 것이다(요 14 : 16).

[4 : 7] 본 절은 바울이 앞에서 말한 것을 종합한 것이다. 그리스천은 과거에 노예였으나 이제는 아들이고 상속자다. 앞 절과 연결하여 '아빠' 라는 말로 기도함으로, 성령의 역사로 아들 됨을 주관적으로 증거한다. 6절의 '너희' 라는 복수형이 7절에서 '네가' 라는 단수로 변경된 것은 개인 독자들에게 논쟁을 끝내게 한다. 독자 각자는 물어야 한다. 나는 하나님의 영으로 말미암은 내적 증거의 실재를 알고 있는가? 나는 이 일에 대한 확신을 가지고 있는가? 헬라어 성경은 'dia Theou' (through God, 하나님으로 말미암아)로 끝난다. 그들의 위치가 강조되는 것은 의외의 표현이다. 'dia' 는 하나님, 즉 중보자로서의 그리스도를 말하고 창조자이신 하나님(고전 8 : 6)을 가리킨다. 아들로서의 성도는 또한 상속자다. 이것은 1절의 주제로 돌아간 것이다(3 : 18, 29) 하나님의 은혜로운 처분과 구원목적이 있었지만, 아브라함에게 주신 유업을 이을 자에 대한 보증은 이방인으로부터 온 성도를 말한다. 하나님은 믿는 자를 위하여 주 예수 그리스도를 보내어 대속의 죽음을 죽게 하셨고 성령을 보내어 그 안에서 거하게 하신, 이 두 가지 큰일을 행하셨다.

C. 갈라디아 사람들에게 바울의 호소(4 : 8-31)

1. 노예로의 회귀(4 : 8-11)

> [8]그러나 너희가 그때에는 하나님을 알지 못하여 본질상 하나님이 아닌 자들
> 에게 종노릇하였더니 [9]이제는 너희가 하나님을 알 뿐 아니라 더욱이 하나님
> 이 아신 바 되었거늘 어찌하여 다시 약하고 천박한 초등학문으로 돌아가서
> 다시 그들에게 종노릇하려 하느냐 [10]너희가 날과 달과 절기와 해를 삼가 지키
> 니 [11]내가 너희를 위하여 수고한 것이 헛될까 두려워하노라

행위로 구원을 받는 것이 아니고 은혜로 구원을 받는다는 논의는 끝났다. 그러나 바울은 갈라디아 사람들에게 직접, 그리고 긴 호소 없이 끝낼 의향이 없었다. 바울은 그의 회심자들이 옛 이방 종교의 노예로 있었던 상태로 돌아가려 한 것을 놀라는 심정으로 바라보면서 자신이 그들 위해 수고한 것이 헛되지 않기를 소원하고 있다.

[4 : 8] 바울은 갈라디아 사람들이 전에 종살이하였던 사실을 여기서 세 번째로 다시 언급하고 있다(3 : 23 이하 ; 4 : 1 이하 ; 4 : 8). 바울은 율법의 종노릇을 하기 위해 다시 율법으로 돌아가는 것이 어리석은 짓이라 지적한다.

갈라디아 사람들의 이전의 상태, 즉 크리스천이 되기 전의 상태는 노예였고 미숙아와 같았다(3 : 23 ; 4 : 1). 하나님이 아닌 이방의 우상을 섬겼고 참 하나님에 대하여는 무지했던 상태였다. 이 무지가 실제로 그들이 이방 우상의 노예가 되게 한 것이다. 바울은 로마서 1 : 18~23에서 하나님에 대한 이방인들의 지식과 그것의 결여에 관해 가르치고 있다. 이방인들은 하나님에 관하여 그의 존재하심과 능력의 양면성으로 요약했다(롬 1 : 20). 그러나 인격적으로 하나님을 알지 못했다. 그들은 자신들이 창조주가 아닌 피조물

을 섬기는 왜곡된 예배를 드린 것을 알지 못했다. 그들은 이에 대한 책임을 지고 심판을 받아야 한다.

[4 : 9] 참 하나님에 대하여 무지함으로 이방 우상의 노예였던 갈라디아 사람들은 바울을 놀라게 하지 않았다. 그것은 당연한 결과였기 때문이다. 그러나 하나님이 그 무지로부터 구원해 주신 이후, 이전의 노예 상태로 다시 돌아간 것은 바울을 놀라게 했고, 그것은 전적으로 그가 이해할 수 없는 일이었다. 바울이 놀란 것은 세 가지 이유 때문이다. (1) 갈라디아 사람들이 그들이 이미 겪었던 과거, 즉 이방 우상으로 돌아간 것은 처음 있는 과오가 아니라 이미 전에도 있었던 것이다. (2) '하나님' 이라는 단어 앞에 관사가 없는 것은 예수 그리스도 안에 계시된 참 하나님과 하나님이 없다는 것 사이에 질적 대조를 강조한 것이다. (3) 실제로 그들이 하나님을 안 이후에 이 일이 벌어진 것이다. 이러한 사실들은 바울을 놀라게 했다.

바울은 '안다' 는 말을 'oida' (실제로 아는 것)나 'oraō' (어떤 것을 감지하여 아는 것)보다 'ginōsko' (부부간의 친밀한 관계에서 또는 인격적으로 아는) 동사를 사용하였다. 바울은 인간의 완전 부패성과 그럼에도 불구하고 자신을 바로잡아 주신 하나님의 선택적 은혜를 입은 자로서 자신의 노력으로 하나님을 알았다는 어떤 인간의 가능성도 남기지 않았다. 오히려 하나님이 우리를 아셨다는 것이다. 즉, 하나님은 구원의 주도권을 잡고 계신다. 그가 먼저 우리를 아신 바 되었기 때문에 우리는 그를 알게 된 것이다. 여기서 '안다' 는 동사가 실제적 지식을 가리키는 것이 아닌 이유는 하나님은 항상 그것을 소유하고 계시기 때문이다. 다시 말하면 그리스도 예수를 통하여 크리스천 개인은 하나님의 인격적 인지와 사랑의 대상이 되었다는 것이다.

갈라디아 사람들이 왜 약하고 천한(힘이 없고 파산한) 초등학문으로 되돌아갔는지를 우리는 이미 보았다. 그것들은 그리스도처럼 인간을 자유롭게 할 수 없기 때문에 약한 것이고, 그들은 기업을 물려줄 만한 부가 없기 때문에 파산한 자이다.

[4 : 10] 유대주의자들이 어떤 의도가 있어 갈라디아 사람들을 노예로 돌아가게 한 것 같지는 않다. 오히려 갈라디아 사람들이 그들의 최근 율법에 대한 그들의 이해를 노예로 돌아가는 것으로 간주하지 않았다. 그러나 그들은 바울이 지적한 대로 노예로 돌아갔다.

갈라디아 사람들이 갈등한 것 중, 그들의 관습과 연관된 것은 유대인들의 관습을 따르는 것이다. '날' 은 안식일을, '달' 은 월삭(사 1 : 13 - 14)을, '절기' 는 장막절과 유월절을, '해' 는 안식년과 희년 등을 가리킨다. 바울은 이와 같은 유대 관습들을 할례나 랍비전승을 지키는 유대주의로 돌아가는 한 단계로 보았으나, 그것을 반대한 것은 아니다. 바울은 이와 같은 것들을 이방인의 제사와 같은 것으로 간주한 것이다. 즉, 이를 마귀의 영의 지배하에 마귀와 상호교제를 하는 것으로 보고 현실적으로 막은 것이다.

바울은 이와 같은 종교적 축제를 포함한 율법의 기원이 사탄에게 속했다고 주장한 것은 아니다. 율법은 하나님으로부터 온 것이고 좋은 것이다. 그럼에도 불구하고 율법이 구원을 얻는 방법으로 왜곡되었을 때는 사탄에 의해 인간을 노예로 만드는 데 쓰임받게 된다는 것이다. 유대인 바울도 유대인 관습들을 이방인의 축제처럼 보는 것은 죽은 율법주의를 더 강하게 죽이는 것으로 본 것이다.

버튼(Burton)은 'eniautous' (years)라는 단어는 갈라디아서 기록연대를 연구하는 데 도움을 준다고 했다("The Exegesis of eniautous in Galatians 4 : 10 and Its Bearing on the Date of the Epistle", JBL, 33, 1914, pp. 118 - 126). 그는 갈라디아 교회가 최근의 생활에서 유대인의 관습을 따랐음을 지적하면서 바울이 에베소에 있었던 주후 53~54년 경, 또는 그 이후에 본서가 기록되었을 것이라고 한다. 이 연대에 대하여는 다른 자료가 더 많다.

[4 : 11] 로마서 8 : 35~39에서 바울은 아무도 구원받은 우리를 그리스도의 사랑에서 끊을 수 없다고 했다. 그리고 빌립보서 1 : 6에서 "너희 안에서 착한 일을 시작하신 이가 그리스도 예수의 날까지 이루실 줄을 우리는 확신하노라"라고 했다. 그러므로 갈라디아 사람들에게 바울이 행한 복음을 위한 수고가 헛것이 될 수 없다는 것이다. 이것은 크리스천은 그가 얻은 구원을 잃어버릴 수 없다는 말이다. 갈라디아 사람들도 예외가 될 수 없다. 그들은 축제의 관례를 행하기 시작했을 뿐, 아직 할례를 받지 않았다(5 : 2). 그럼에도 불구하고 그들은 동요하고 있었고(9절에서 돌아가는 현재 시상), 그들의 동요는 설명하기 어려운 것이었으며, 용서할 수 없는 것이었다. 베드로가 그의 서신에서 열매 없는 이들을 언급했듯이 "……맹인이라 멀리 보지 못하고 그의 옛 죄가 깨끗하게 된 것을 잊었느니라"(벧후 1 : 9)라고 할 수 있다.

2. 그들의 과거와 현재의 관계(4 : 12-20)

[12]형제들아 내가 너희와 같이 되었은즉 너희도 나와 같이 되기를 구하노라 너
희가 내게 해롭게 하지 아니하였느니라 [13]내가 처음에 육체의 약함으로 말미
암아 너희에게 복음을 전한 것을 너희가 아는 바라 [14]너희를 시험하는 것이
내 육체에 있으되 이것을 너희가 업신여기지도 아니하며 버리지도 아니하고
오직 나를 하나님의 천사와 같이 또는 그리스도 예수와 같이 영접하였도다
[15]너희의 복이 지금 어디 있느냐 내가 너희에게 증언하노니 너희가 할 수만
있었더라면 너희의 눈이라도 빼어 나에게 주었으리라 [16]그런즉 내가 너희에
게 참된 말을 하므로 원수가 되었느냐 [17]그들이 너희에게 대하여 열심 내는 것
은 좋은 뜻이 아니요 오직 너희를 이간시켜 너희로 그들에게 대하여 열심을
내게 하려 함이라 [18]좋은 일에 대하여 열심으로 사모함을 받음은 내가 너희를
대하였을 때뿐 아니라 언제든지 좋으니라 [19]나의 자녀들아 너희 속에 그리스
도의 형상을 이루기까지 다시 너희를 위하여 해산하는 수고를 하노니 [20]내가

이제라도 너희와 함께 있어 내 언성을 높이려 함은 너희에 대하여 의혹이 있음이라

지금까지 바울은 갈라디아 교회의 문제를 목회자의 입장에서라기보다는 학자로서 논쟁을 하면서 인격적 관계보다 이론적으로 통박을 하여 풀어 보려는 경향을 띠었으나, 여기서는 과거의 사랑의 교제를 회상시키면서 수신자들의 감정에 호소하고 있는 모습을 볼 수 있다. 그래서 그는 그들을 '형제들' (1 : 11 ; 3 : 15)로 부르면서 친근감을 나타냈다. 그러나 이런 표현은 크리스천 공동체 내에서는 아주 일반화된 말이었다. 어쨌든 이 같은 변화와 갈라디아 사람에 대한 바울의 목회적 깊은 관심은 그의 견고한 성경적, 신학적 논쟁의 배후에 있던 것이 표면화된 것이다. 여기서 바울은 그들에게 강하게 호소한다. 바울은 그들을 '형제' 로 다시 한번 부르기도 했지만 '나의 자녀들' (4 : 19)이라고도 불렀다. '자녀들' 이라는 표현은 요한복음에서는 자주 나오지만, 바울서신 중에 나오는 곳은 여기뿐이다. 바울은 그들의 과거와 현재의 상호관계에 근거하여 호소한다. 즉, 먼저 그들과 과거에 그가 가진 관계(12 – 16절)와 그의 과거와 현재가 그들과 가진 관계를 말한다(17 – 20절). 바울은 그들의 현재 상황과 전자의 경우가 대립적이고, 후자의 경우가 유대주의자들의 행위와 바울이 대립적인 것을 말한다.

[4 : 12] "내가 너희와 같이 되었은즉 너희도 나와 같이 되기를 구하노라"라고 한 이 말에서 바울이 의도한 것이 무엇인지 확실히 알 수가 없다. 이에 관한 3가지 입장이 있다 : (1) 자세를 언급한 것이다 : "내가 이전에 너희들과 같이 율법 아래 있었던 것처럼 너희는 현재 나와 같이 율법에서 자유자가 되라"(Chrysostom). (2) 진실함과 사랑을 말한 것이다 : "내가 너희에게 진실함과 사랑으로 한 것처럼 너희도 나에게 진실함과 사랑으로 대하라" (Luther, Cole). (3) "내가 율법의 노예였으나 율법의 구속에서 떠나 너희 이

방인처럼 되었으니 너희도 나처럼 율법의 구속에서 벗어나 자유를 얻으라"(Alford, Burton). 여기서 바울은 "나와 같이 그리스도를 믿어 나의 크리스천 자유를 얻으라."라고 말한다. 바울은 그들에게 복음을 전하기 위해 갈라디아 사람들과 자신을 동일시하여 내가 너희와 같이 되었으니 너희도 나와 같이 되기를 구한다고 했다.

이것은 바울의 전도 원리 중 하나였다. 유대인을 얻기 위하여 '유대인에게는 유대인처럼' 되겠다는 것이다. 그리고 "……내가 율법 아래에 있지 아니하나 율법 아래에 있는 자같이 된 것은 율법 아래에 있는 자들을 얻고자 함이요 …… 내가 여러 사람에게 여러 모습이 된 것은 아무쪼록 몇 사람이라도 구원하고자 함이니"(고전 9 : 20 - 22)라고 했다. 바울이 갈라디아에 갔을 때 그는 어떤 특별한 권위자 편에 서거나 유대인이 됨으로 갈라디아 사람들이 먼저 그에게 올 것을 주장하지 않았다. 바울은 먼저 그들에게로 갔다. 그리스도를 그들에게 전하기 위해서 그들과 같이 되었다.

이것은 오늘도 그리스도를 증거하려는 모든 사람들에게 아주 중요한 원리가 된다. 다른 사람들을 전도하기 위한 우리의 목적은 그들을 우리처럼 만드는 것이다. 그 목적 달성을 위해서는 먼저 우리 자신이 그들처럼 되어야 한다. 그들을 우리와 같이 크리스천으로서 확신과 체험을 갖는 자가 되게 하려면 우리는 먼저 크리스천의 사랑 안에서 그들과 하나가 되어야 한다. 다시 말하면 증거에는 교리가 포함된 것처럼, 증거를 받는 사람과 그 증거에 대한 인격적 만남도 포함되어 있다.

특히 19절에서 바울은 그들과 부모와 자식 관계로 친밀함을 극대화시키고 있다(고후 6 : 11 - 13 참조). 그리고 "마음으로 우리를 영접하라 우리는 아무에게도 불의를 행하지 않고 아무에게도 해롭게 하지 않고 아무에게서도 속여 빼앗은 일이 없노라"(고후 7 : 2)라고 말한다. 바울은 갈라디아 사람들에게도 자신이 그들에게 잘못한 것이 없는 것처럼 그들도 자신에게 해롭게 하지 않았다고 하면서 그들과의 친밀한 우정에 호소한다.

[4 : 13] "너희가 내게 해롭게 하지 아니하였느니라"(12절)라는 말씀은 13~15절에서 바울의 첫 번 방문 시 갈라디아 사람들이 어떻게 그를 영접했는지를 총괄적으로 기록한 것이다. 그들이 하나님의 천사와 같이, 그리스도 예수와 같이, 존경과 애정을 가지고 영접했던 사실을 상기시키고 있다(14절). 그럼에도 불구하고 자신은 병약했기 때문에 그들에게 최선을 다하지 못했다는 것이다. 육체의 약함은 갈라디아 사람들이 바울을 무시할 수 있는 시험 대상이었다. 바울의 질병이 어떤 것인지에 대한 질문은 바울이 북갈라디아에 있는 성도에게 본서를 쓴 것인지, 아니면 남갈라디아 성도에게 쓴 것인지에 대한 질문과도 연결된다. 그러나 바울의 질병을 규명하기는 거의 불가능하다. 어떤 이들은 말라리아 병의 고열로 간질병 같은 증세를 일으켰다고 한다. 이것은 그의 1차 전도여행 시 구브로 섬 전도를 끝내고 밤빌리아 버가에 상륙하여(행 13 : 13) 에베소를 향하여 가려던 중 버가의 습지대 풍토병인 말라리아에 걸려 회복을 위해 고원지대인 갈라디아 지방으로 갔다는 이론이다(Alfred, Ramsey).

어떤 이들은 바울의 질병을 육신적 곤욕으로 본다(Chafer, "The stoning of St. Paul at Lystra, and the Epistle to the Galatians", Exp., 8th series, 6, 1913, pp. 375 – 384). 이들은 바울이 루스드라에서 유대인들이 돌로 쳐서 죽은 줄 알고 시외로 끌어 내친 사건(행 14 : 19 ; 딤후 3 : 11)의 결과로 본래 계획보다 남갈라디아에서 더 오래 머물러 있었다고 한다. 또한 '육체에 가시' (고후 12 : 7)라는 말을 그의 질병과 관계있는 말로 해석하는 이들이 있다. 또한 갈라디아 사람들이 자기들의 눈이라도 빼어 주고 싶어했다는 것(갈 4 : 15)은 바울의 시력에 안질과 같은 문제가 있었다고 해석하는 이들도 있다. 그리고 "내 손으로 너희에게 이렇게 큰 글자로 쓴 것을 보라"(갈 6 : 11)라고 한 것으로 보아 이 학설이 뒷받침된다(Farrar). 그러나 여기서 반드시 이것들을 연결시킬 필요는 없다. 눈은 몸의 가장 요긴한 부분(신 32 : 10)이므로 이를 순다는 것은 부엇이는지 아낌없이 준다는 의미가 있다. 분명한 것은 바울이 갈라디아 1차 방문 시 어떤 질병을 앓고 있었음에도 불구하고 갈라디아 사람들은 그를 무시하지 않고 오히려 사랑과 존경으로 영접했다는 것이다.

'proteron' (adv. before, previously, formerly)은 바울의 두 차례 방문 중 첫 번째 방문을 의미한다. 이것은 남갈라디아설을 지지하는 중요한 단서가 된다. 이는 바울이 본서를 기록하기 전 갈라디아 교회를 두 차례 방문했다는 것을 의미한다. 이 여행들은 북갈라디아설을 주장하는 이들에게 해석을 어렵게 만드는 것이다. 그가 첫 번째 갈라디아 지방을 찾았을 때 방문한 남쪽 지방('한 번 오고, 그리고 한 번 가고' 인지, 아니면 '첫 번 방문과 두 번째 방문한 곳'), 즉 이고니온, 더베, 루스드라, 비시디아 안디옥, 그리고 같은 지역에 있는 알려지지 않은 다른 교회들을 향해 본서를 썼을 것이다(행 14장). 불행하게도 '2회 중 첫 번째에' 의 의미는 '단독' 가능성은 아니다. 이 단어는 '전에', '본래' 라는 뜻도 있다. 여기에 북갈라디아설 주장자들이 기대고 있다. 그러나 이럴 때는 'proteron' 을 '앞서' (전에)의 의미로 해석하지 않고, 두 번 방문 중 첫 번째 방문으로 해석해야 한다.

[4 : 14] 그들은 바울을 하나님의 천사와 같이, 그리스도 예수와 같이 영접했다. 이것은 바울을 향한 엄청난 존경과 사랑의 표현이다. 바울은 갈라디아 사람들과 같이 자신이 죄인임을 알고, 루스드라 지방에서 나면서 발을 쓰지 못하는 사람을 걷게 한 기적을 행한 후, 그를 신으로 오해하고 그에게 예배하려 할 때 이를 거절하면서 '우리도 여러분과 같은 성정을 가진 사람' 이라 했다(행 14 : 15). 그러나 그는 그들이 본문에서 '하나님의 사자' 라는 존경의 표현을 할 때 그것을 잘못된 것으로 교정하지 않았다. 오히려 그들의 언행이 바른 것이라고 말했다. 왜냐하면 바울은 예수 그리스도의 메신저로 복음을 갖고 왔기 때문에 영접을 받는다는 것이다.

오늘날에 사도는 없지만 하나님의 말씀을 선포하고 가르치는 목사를 갈라디아 사람들이 사도 바울을 영접하듯 존경과 사랑으로 대해야 한다. 목사는 외모나 지적 수준, 또는 매력 있는 행습에 근거한 평가를 받고 대우를 받아야 하는 것이 아니다. 그가 하나님의 메신저로서 그리스도의 말씀을 갖고 전하는지 아닌지를 따라 그 메시지가 어느 특정교회에서 성도의 마음을 움직였든지 아니든지 그 메시지가 받아져서 실행되었다면 그에 따른 평가와 존경이 있어야 한다.

루스드라에서 바나바는 제우스로, 바울은 헤르메스라 한(행 14 : 8 – 18) 산울림으로, 그들은 갈라디아에서는 하나님의 천사로 환영을 받았다. 루스드라에서는 바울 자신이 신이 아닌 것을 알고 거절했으나 갈라디아에서는 자신이 하나님의 사자요, 예수 그리스도의 사도이며, 또 그것이 인정을 받았기 때문에 감사로 받은 것이다. 그러나 바울을 희랍의 신들 중 하나로 예배하려 한 것을 생각하면, 바울이 그리스도 예수와 같이 대우받는다는 것은 있을 수 없는 일이었다.

'너희를 시험하는 것이' 라는 문장은 본문을 읽는 데 혼선을 준다. 5,000개가 넘는 신약성경 사본 중 가장 신빙성이 높은 것으로 알려진 4세기의 '시내산 사본'(Codex Sinaiticus)에는 'humōn'(너희)으로 되었으나 2세기 또는 3세기의 것으로 알려진 파피루스 46쪽(체스터 베티의 수집 가운데 바울서신의 코덱스 52장)에서는 'mou'(나의)로 나타난다. 전자를 따르면 '너희의 시험이 내 육체에 있으나' 로 읽혀지나, 후자를 따르면 '나의 시험이 내 육체에 있으나' 로 읽을 수 있다. 바울의 육체의 가시, 즉 자신의 질병을 말한 것으로, 당시 그 지방에서 말라리아 병은 악귀가 주는 것으로 간주되었기 때문에 바울의 병은 사람들에게 천대받고 버림을 받는 것이었다. 그러므로 이것은 복음을 받아야 할 갈라디아 사람(너희)에게는 큰 시험이었다. 동시에 바울(나의) 자신에게도 이 질병은 복음 전하는 일에 큰 부담이 되어 시험이 되었다. 그럼에도 불구하고 갈라디아 사람들은 바울을 업신여기지 않고 천사처럼 영접했고, 침을 땅에 뱉어 버리듯 버리시 않고 그리스도 예수처럼 영접했다.

[4 : 15] 그런데 갈라디아 사람들의 바울을 향한 태도는 전과 같지 않았다. 전에는 그를 나쁘게 본 적이 없었다. 그러나 지금은 아니다. 그를 향한 기쁨은 사라지고 오히려 바울을 원수처럼 대했다. "너희의 복(makarismos, happiness, blessing)이 지금 어디 있느냐"라는 말은 떠나 있는 것을 생각하고 무엇이 복인지를 묻는 질문이 아니고, 그 순간의 복, 즉 그를 영접할 때 그들의 애정과 기쁨을 생각하면서 감탄하는 표현이다. "그 순간에 너희는 얼마나 행복했었지?"라는 것이다. 기쁨과 사랑과 만족감으로 충만했음을 표현한 것이다.

그들은 바울을 너무 사랑해서 눈까지도 뽑아 줄 수 있을 만큼 모든 것을 줄 수 있었다. 그러나 지금은 그가 가르친 교리를 버리고 완전히 다른 교리를 가르치는 사람들의 지도를 따라갔다. 바울이 안질 때문에 고통을 당하고 있었다는 설을 따르는 이들은 이 구절을 매우 사랑한다. 그들이 바울의 약한 부분을 채워 주고 싶어 자신들의 눈을 뽑아 주고 싶어했다는 것이다. 그것이 아니라면 지체 중 가장 소중한 눈을 뽑아 줄 정도로 모든 것을 주려 했다는 것이다.

[4 : 16] 왜 바울이 그들의 원수가 되었는가? 그들이 바울을 기쁨으로 영접한 후에 설명할 수 있는 유일한 것은 그가 그들에게 진리를 말함으로 그들을 화나게 한 것밖에 없다는 것이다. 이것은 그리스도의 가르치심에 신실한 사람들은 모두 받아야 할 진리인 것이다.

"너희가 받아들인 잘못된 교리와 너희를 타락하고 잘못된 길로 인도하는 이들을 보고 내가 바른 진리를 말하지 않는다면 내가 너희의 친구이겠느냐? 우리의 잘못을 알려 주는 사람을 우리의 원수라고 말을 할 수 있겠느냐? 어떻게 진리를 가르치는 사람을 냉정하게 대하고 좋지 않은 감정으로 교제를 끊을 수 있느냐?"

우리는 우리의 허물과 어리석음을 알고 있는 사람을 좋아하지 않는 습성이 있다. 바울이 그들에게 거짓을 버리고 참된 복음을 믿으라고 함으로 그들은 그를 원수로 대한 것인가? 진리는 핍박을 받고 진리의 수호자는 세상이 적대시한다.

[4 : 17] 바울은 갈라디아 사람들의 바울에 대한 이전의 태도와 지금의 태도 사이뿐 아니라 그들을 향한 자신의 태도에도 호소할 수 있다. 그의 태도는 표리가 없는 성실성과 율법주의로 돌아간 갈라디아 사람들을 얻으려고 시도하고 있는 이들과 대조적으로 두드러지게 나타났다.

바울은 율법주의자들의 활동을 두 가지로 말한다. 하나는 그들의 열심이고 다른 하나는 그들의 동기였다. 열심은 나쁜 것이 아니다. 바울 자신도 갈라디아 사람들을 위한 사역자로서 열심을 다했다. 그는 그들이 복음에 열심을 다할 것을 격려했다. 그리스도를 섬기는 일에 열심이 있다면 좋은 것이다. 그러나 율법주의자들의 경우는 이 열심이 잘못된 것에 대한 열심으로 변질되었다. 율법주의자들의 열심은 자신의 이익과 자신의 영광을 위한 열심이었고, 바울과 그리스도로부터 갈라디아 사람들을 소외시키기 위한 열심이었다.

'Zēloō' (be jealous, covet)는 두 가지 뜻을 가졌다. 시기(envy) 또는 환심을 사려고 어떤 사람에게 깊은 관심을 갖는다는 의미가 있다. 사도 바울은 "내가 하나님의 열심으로 너희를 위하여 열심을 내노니 내가 너희를 정결한 처녀로 한 남편인 그리스도께 드리려고 중매함이로다……"(고후 11 : 2)라고 말한 이 은유법을 갈라디아서에서 배후에 깔고 말씀하고 있다. 율법주의자들의 행위를 남편에게서 신부를 떼어 놓으려는 유혹자로 비유한 것이다.

유대주의자들이 원한 것은 "너희를 이간 시켜 너희로 그들에게 대하여 열심을 내게 하려 함."이었다. 'ekkleisai' (kleiō의 단순과거, shut, close, lock)는 율법의 기능을 생각하게 한다. "믿음이 오기 전에 우리는 율법 아래에 매인 바 되고 계시될 믿음의 때까지 갇혔느니라"(갈 3 : 23에서 sun-kleiomenoi는 kleiō의 현재분사수동태). 이들 두 절은 같은 행위를 말하나 목적은 다르다. 율법은 인간을 죄인으로 가둬 놓고 그리스도 안에 구원이 있음을 발견하게 한다. 율법주의자들은 갈라디아 사람들을 율법 아래 묶어 놓고 그들로 그리스도와 분리시켜 자신들의 선생을 섬기게 하려 했다. 지금 율법주의자들은 갈라디아 사람들에게 구애를 하고 있다. 그러나 갈라디아 사람들은 주의해야 한다. 그들이 그리스도와 바울에게서 떨어져 나가면 그 역할은 바뀐다. 그들은 율법주의자들에게 갇힌 바 된다. 그들이 크리스천의 자유를 유지하지 못하면 노예의 다른 형태로 끌려간다. '좋은 뜻이 아니요' (οὐ kalōs, not well)는 좋은 동기 또는 좋은 계획이 아니라는 것이다. 이는 바울의 사랑과 관심에서 갈라디아 사람들을 분리하려는 유대주의자들의 열심을 향한 표현이었다.

[4 : 18] '열심으로 사모함을 받음은' 에서는 'zēloūthai' (zēloō의 수동태)의 주격이 누구냐가 문제다. 율법주의자들, 바울 또는 갈라디아 사람들을 생각할 수 있다. 이를 위한 각각의 견해가 있다. (1) 율법주의자로 보는 이들이 있다(Lightfoot, Ridderbos). 이 경우 바울은 율법주의자들이 갈라디아 사람들에게 보여 준 관심 자체를 시기한 것이 아니라는 것이다. 그것이 좋은 뜻이었다면 전혀 시기할 이유가 없다는 것이다. 바울은 그들 가운데 있었을 때 동일한 열심을 보였었다. (2) 바울로 읽는 이들이 있다(Burton). 그렇다면 본 절은 "나와 여러분의 관계가 과거와 현재 모두 좋은 관계인 것처럼 좋은 동기를 추구하는 것은 좋은 것이다."라고 읽을 수 있을 것이다. (3) 갈라디아 사람들의 열심으로 읽는 이들이 있다(Cole). 바울이 소원한 것은 바울이 전에 그들과 함께 있었을 때 바른 관계를 추구했던 것처럼 지금도 그들이 강열하기를 바란 것이라는 해석이다.

이것이 단순히 문법적 문제라면 첫 번째 해석이 옳을 것이다. 이 경우 'zēloūthai' 가 수동형이고, 따라서 그들에게 구애하는 율법주의자들이 주어가 될 수 있다. 그러나 바울이 복음의 원수들을 좋은 방법으로 언급한다는 것은 믿기가 어렵다. 더욱이 그들에 대한 초기의 비판이 있은 후에 이런 긍정적 말을 한다는 것은 있을 수도 없는 일이다. 제한된 방법이지만 그들을 좋게 말하는 것은 자신의 논의를 무시하고 있다는 것이다. 반면에 'zēloūthai'를 중간태(middle voice)로 읽을 경우, 이는 참 복음을 따르는 일에 스스로 열심을 내었던 갈라디아 사람들에게 적용될 수 있다. 그들과의 관계가 과거에 아름다웠음에도 불구하고 갑자기 바뀐 것을, 가능한 한 다시 한번 그들과 함께 회복시키고 싶은 바울의 소원을 볼 수 있다(20절).

[4 : 19] 바울은 율법주의자들의 행위와 동기를 언급하고 있다. 갈라디아 사람들에게 대한 자신의 태도는 아주 다르다. 바울은 거짓 선생들처럼 자신 개인의 목적을 세우려고 그들에게 온 것이 아니다. 오히려 그들을 도우러 온 것이다. (1) 그들이 거듭난 것을 보기 위해서, (2) 그들 속에 그리스도 자신의 형상이 이루어지기까지 해산하는 수고를 하기 위해 왔다. 그러므로 바울은 갈라디아 사람들을 '나의 자녀들'이라고 불렀다. 그는 자녀 출산을 위한 해산의 고통을 말하며 자신을 어머니로 묘사하면서 그들이 그리스도께로 돌아오는 회심을 위해 고통을 감수한다고 했다. 그리고 그들이 변절의 자리에서 다시 한번 돌아오도록 해산의 수고를 하겠다는 것이다.

바울이 갈라디아 사람들이 출생 후 그리스도의 형상으로 이루어지기를 생각한 것인지, 아니면 출생 전 태아로서 그리스도의 형상으로 이루어지기를 바란 것인지를 묻는 것은 어리석고 사변적인 질문일 뿐이다. 여기서 바울은 그의 전도 열정이 목회적 관심과 조화를 이루고 있다. 그는 갈라디아 사람들이 율법주의자들의 말을 들었다고 해서 그 열심이 감소되지 않았음을 보여 준 것이다.

[4 : 20] 왜 바울이 이 시점에서 갈라디아에 다시 방문할 수 없었는지는 알 수 없다. 그러나 만일 그렇게 했다면 그가 말한 대로 그는 그의 음성을 변해야 했어야 할 것이다. 이것은 그의 교리를 바꾸거나 그들에 대한 기대가 없

어졌다는 뜻이 아니라 그의 접근 방식이 달라졌을 것이라는 말이다. 그는 질문할 수 있었을 것이다. 왜 그들이 자유에서 노예로 돌아갔는지 알고 싶고, 또 복음이 그들에게 계속 기억나게 하려고 다른 음조로 말을 했을 것이다. 바울은 그들의 기독교에 대한 신실성과 견실함을 의심할 만한 많은 이유를 갖고 있었다. 그래서 그는 그 사실에 대해 깊이 우려하고 있었다. 그가 편지보다 몸으로 그들을 만나면 그들의 행실에 대한 불평과 책망보다 확신 있는, 그리고 해산하는 어머니의 음성으로 음조를 바꿨을 것이라 한다.

3. 은유로부터 호소(4 : 21-31)

[21]내게 말하라 율법 아래에 있고자 하는 자들아 율법을 듣지 못하였느냐 [22]기
록된 바 아브라함에게 두 아들이 있으니 하나는 여종에게서, 하나는 자유 있
는 여자에게서 났다 하였으며 [23]여종에게서는 육체를 따라 났고 자유 있는 여
자에게서는 약속으로 말미암았느니라 [24]이것은 비유니 이 여자들은 두 언약
이라 하나는 시내산으로부터 종을 낳은 자니 곧 하갈이라 [25]이 하갈은 아라비
아에 있는 시내산으로서 지금 있는 예루살렘과 같은 곳이니 그가 그 자녀들
과 더불어 종노릇하고 [26]오직 위에 있는 예루살렘은 자유자니 곧 우리 어머니
라 [27]기록된 바 잉태하지 못한 자여 즐거워하라 산고를 모르는 자여 소리 질
러 외치라 이는 홀로 사는 자의 자녀가 남편 있는 자의 자녀보다 많음이라 하
였으니 [28]형제들아 너희는 이삭과 같이 약속의 자녀라 [29]그러나 그때에 육체
를 따라 난 자가 성령을 따라 난 자를 박해한 것같이 이제도 그러하도다 [30]그
러나 성경이 무엇을 말하느냐 여종과 그 아들을 내쫓으라 여종의 아들이 자
유 있는 여자의 아들과 더불어 유업을 얻지 못하리라 하였느니라 [31]그런즉 형
제들아 우리는 여종의 자녀가 아니요 자유 있는 여자의 자녀니라

갈라디아서의 중심부에 있는 바울의 교리가 구약 이야기를 이치에 맞지

도 않게 사용한 것으로 보이는 비유로 결론을 맺고 있는 것에 대하여 주석가들은 종종 당황했다. 그러나 이것을 당황해 할 필요가 없다. 이 비유는 4장 초두에서 이미 실제로 내린 결론을 재고한 것이기 때문이다. 바울은 4 : 8 이하에서 하나님이 부르신 자유의 사람으로 머물러 있기를 갈라디아 사람들에게 호소한 것이다. 바울은 신중하게 구원받은 것을 논하면서 금상첨화(錦上添花) 격으로 비유를 더한 것이다. (1) 이 비유는 바울로 하여금 율법에 대한 언급을 마지막으로 하게 한다. 특별히 주 모형이 된 아브라함을 언급함으로 그렇게 한 것이다. (2) 율법주의자들의 해석에 대항하기 위해 그들이 사용한 방법을 채택한 것이다. (3) 그것은 바울의 주 논의점을 설명해 준다. 즉, 율법의 원리와 믿음의 원리 사이의 철저한 대립, 율법 아래 있는 삶은 노예의 삶이고, 믿음으로 사는 것은 자유인데, 그 믿음으로 사는 것은 성령으로 이루어지는 하나님의 초자연적 역사의 결과다. (4) 이 비유는 공식적 논의를 매듭짓고 최종적 개인의 호소를 탄원한 감동을 포함한다. (5) 이 비유는 바울의 분명한 생각과 갈라디아서 4 : 30의 말씀처럼 율법주의자들을 내쫓으라는 말씀대로 갈라디아 사람들은 하나님께 복종해야 한다는 받아들이기 어려운 사상을 제시하고 있다. 그러므로 이 비유는 서신의 교리적 부분과 5장에서 그것에 근거하여 시작되는 윤리적 부분을 효과적으로 함께 묶고 있다.

바울은 21~23절의 이야기로 서론을 삼고, 24~27절에서 비유를 발전시키며, 28~31절에서 갈라디아 사람들과 모든 성도에게 비유를 적용한다. 후반부는 그리스도 안에 있는 초자연적 새 생명의 근거를 말하고, 복음 편에 선 사람들의 분명한 핍박과 그럼에도 불구하고 복음 편에 서야 할 필요를 말한다.

[4 : 21] 바울은 율법 아래 있기를 원하는 사람은 율법이 저주를 가져다준다는 것을 보여 주기 위해서 이미 율법에 대한 진술을 했다(3 : 10－14). 그러나 그 진술은 간접적이고 부정적인 것이었다. 이제 바울은 직접적으로, 그리

고 율법이 실제로 말한 것을 율법 아래서 듣고자 하는 자들에게 그들의 어리석음에서 철수할 것을 요청한다. 아직 그는 갈라디아 사람들이 실제로 복음을 거부한 것으로 생각하지 않고, 다만 그들에게 율법 때문에 복음을 거절하려는 희망이 있다고 본 것이다. '내게 말하라' 는 유대 랍비들이 즐겨 사용했던 문답식 교육방법이다. 이는 비록 부드럽지는 않은 명령적 표현이지만 생동감이 있는 침투적 어법으로 책임을 묻는 말이다. "율법의 특성과 효과를 모르느냐?", "율법 아래 있고자 하는 자들아, 율법을 듣지 못하였느냐?"의 두 가지 물음에서 율법은 같은 율법이 아니다. 전자는 관사가 없어 일반적 의미의 율법이고, 후자는 관사(ton)가 있어 시내산에서 말씀된 율법이 아니라 율법책을 의미한다.

[4 : 22] 율법주의자들이 논쟁의 근본으로 삼고 있는 아브라함을 들어 바울은 최종 논의를 맞추려 한다. 유대인들은 아브라함의 후손 된 것을 자랑스럽게 여기고 그의 후손에게 하나님이 주신 약속과 복을 여러 차례 언급했다. 이런 사실은 세례 요한의 말씀에서도 나타난다. "속으로 아브라함이 우리 조상이라고 생각하지 말라 내가 너희에게 이르노니 하나님이 능히 이 돌들로도 아브라함의 자손이 되게 하시리라"(마 3 : 9). 또한 이는 요한복음 8장에서 예수님과 바리새인 사이의 논쟁의 주제가 되기도 했다. 이 논쟁에서 예수님은 바리새인들이 아브라함으로부터 온 영적 후손이 되었다는 것을 부인하셨다(요 8 : 37－40).

이 본문에서도 바울의 공격 방법만 다를 뿐 동일한 이슈를 다루고 있다. 바울은 그들이 아브라함의 후손임을 즉각 부인하는 대신, 아브라함은 두 아들이 있었다는 것을 창세기 16장과 21장의 기록을 통해 말함으로 그의 대적자들에게 상기시키고 있다 : 이스마엘과 이삭을 말한다. 물론 후에 다른 아들들이 있었지만(창 25 : 1－6), 여기서 바울은 율법주의자들은 두 아들 중 누구의 후손이냐고 묻고 있다. 이스마엘은 애굽인 노예였던 하갈, 즉 여종에게서,

다른 하나는 자유 있는 여자 사라의 몸에서 약속의 아들 이삭을 낳았다.

[4 : 23] 두 아들 사이에는 주로 두 가지 차이점이 있었다. (1) 두 아들은 어머니가 다르다(22절). 하나는 자유인이고 다른 하나는 노예였다. 고대법에 의하면 두 아들의 신분에 차이가 있다. (2) 그들 출생의 방법이 달랐다. 하나는 여종에게서 육체를 따라 태어났고, 다른 하나는 약속 성취를 위해 기적으로 태어났다(23절). 아브라함 나이가 86세쯤 되었으나 이스마엘을 낳을 수 있었고, 그의 나이 99세 때 그의 몸이 죽은 것 같고 사라의 태가 죽은 것 같음을 알고도 하나님의 약속을 믿음으로, 그리고 하나님을 믿음으로(롬 4 : 19-21) 기적적으로 이삭을 낳았다.

바울은 '약속으로 말미암았느니라'(dia tēs epaggelias, through the promise)라고 한 말씀에서 전치사 'dia'(through)를 사용함으로 하나님의 약속의 결과로 생명이 존재하게 된 것을 지적한다. '약속으로 말미암았다'는 것은 29절에 의하면 '성령의 능력으로' 되었다는 것이다. 이 출생은 초자연적 성격을 분명히 띠고 있다.

이와 같은 대조는 인간에 의한 육체로 났다는 것과 하나님이 하나님의 초자연적으로 하셨다는 것을 분명히 하고 있다. 행위 구원과 율법이 이스마엘의 육체적 출산을 말한다면 이삭의 초자연적 출산은 성령의 종교, 즉 기독교를 가르친다. 여기서 바울의 생각은 다음과 같다. 노예의 아들은 날 때부터 천하고 열등했다. 그에게는 특별한 언약도 없었다. 그의 전 생애가 열등하고 노예의 상태였다. 반면에 날 때부터 언약을 따라 온 이삭은 약속의 특권 아래 있었다. 바울은 처음부터 끝까지 행위를 따르는 그들은 자유를 얻으려고 율법의 노예로 스스로 들어간 어리석은 사람임을 그들에게 보여 주려 한다.

[4 : 24-26] 바울은 두 아들 사이와 그들의 출생 방법의 차이를 비유로써 역사적 사건을 이용하여 완전한 영적 용어로 설명한다. 바울의 해석이 적용면

에서 기발하다기보다 유대교와 기독교 사이의 갈등을 적절한 적용을 통해 해석한 것이다.

비유를 이해하는 최선의 방법은 서로 비교표를 만들어 보면 좋을 것이다. 본문 자체가 그 대조를 말하고 있기 때문이다. 25절의 'sustoichei' (correspond to, be a figure of, 부합하다, 상응하다)는 같은 칼럼에 있는 것들, 즉 알파벳의 글자들, 또는 부동자세를 취한 군인들을 말한다. 여기서 바울이 말한 비유는 'parabolē' (마 13 : 3)와는 다른 'allēgoroumena' (allēgoreō, speak of, allegorically의 현재분사 수동 복수), 즉 우화 또는 풍유다. 전자가 곁으로 던진다는 뜻으로 한 사물 옆에 진리를 두어 비교함으로 진리의 뜻을 밝히는 것이라면, 후자는 사물을 다른 각도에서 이해하는 것이다. 구약의 어떤 인물이나 사건을 신약의 그림자로 해석하는 모형학(typology)과 같은 것이다. 모형(tupos)은 구약의 역사성 위에서 그 가르치는 진리를 찾으나 우화(비유)는 역사성을 무시하고 그 뜻만을 구한다. 성경 해석의 도구로 우화(allegory)를 사용한 것은 희랍철학자 파일로(philo) 같은 이가 사용했으나 바울은 역사성 다음으로 두 번째 의미를 두어 해석하는 용법을 사용했다.

동사 'allēgoreō'는 두 가지 의미가 있다. (1) 우화적으로 말하는 것, 이것은 고대 희랍사회에서 수수께끼를 말할 때 사용되었다. (2) 어떤 사실을 우화적으로 해석하는 것이다. 본문의 경우는 후자이다. 바울은 그의 우화적 해석이 그 이야기 속에서 적용된 영적 진리와 조화를 이루게 한다. 그래서 그는 역사적 사건을 먼저 언급하고, 그의 우화적 해석과 실제적 적용을 더하고 있다. 바울이 사용한 우화(비유)를 도표로 보면 다음과 같다.

여종 하갈	자유 있는 여자 사라
육체를 따라 낳은 이스마엘	약속 따라 초자연적으로 낳은 이삭
옛 언약	새 언약
지상의 예루살렘	하늘에 있는 예루살렘
유대교	기독교

여기서 여종 하갈은 시내산에서 주어진 옛 언약을 뜻하고, 그의 아들 이스마엘은 초기 예루살렘을 중심으로 한 유대교를 말한다. 반면에 자유 있는 여자 사라는 주 예수 그리스도의 피 흘리심으로 갈보리에서 세워진 새 언약을 뜻하고, 그의 아들 이삭은 그리스도의 대속사역의 희생을 통한 하늘에 있는 예루살렘 교회의 회원이 되는 모든 사람, 즉 그리스도인을 말한다. 외형상으로 이삭과 이스마엘은 둘 다 아브라함의 아들이다. 그러나 그들은 근본적으로 완전히 다르다. 바울은 아브라함을 아버지로 주장하는 것만으로는 충분하지 않다는 것이다. 크리스천도, 유대인도 아브라함을 아버지로 부른다. 문제는 어머니가 누구며, 어떤 방법으로 낳았는가에 있다. 하갈이 우리의 어머니라면 우리는 순전히 인간적 방법으로 태어난 자이며, 그렇다면 우리는 아직도 노예다. 그러나 우리의 어머니가 사라라면 그 출생은 약속에 의한 것이고, 우리는 자유인이다.

바울은 지상의 예루살렘(nūn ierousalēm)과 위에 있는 예루살렘(anō ierousalēm)을 대조시키는 은유법을 사용하면서 그 의미를 분명히 한다. 엄밀히 말하면 지상의 예루살렘은 오는 예루살렘과 대조되고, 위에 있는 예루살렘은 지상의 예루살렘과 대조시켜야 한다. 그러나 바울은 그렇게 하지 않았다. 하늘에서 내려오는 새 예루살렘이 있음에도(계 21 : 2) 불구하고, 그리고 이 예루살렘은 하나님의 영으로 거듭난 예루살렘이지만 오는 예루살렘을 말하지 않았다.

땅에 있는 예루살렘이라고도 하지 않은 것은 땅에 있는 것 자체가 문제가 되지 않기 때문이다. 바울 자신도 지금 땅에 있다. 지금 문제가 된 것은 율법의 종 된 현재의 상태다. 위에 있는 예루살렘은 영적 예루살렘, 즉 하나님의 교회다. 예루살렘은 하나님이 예배를 받으시는 곳으로 교회와 동의어이자 하나님의 백성을 말한다. '위에 있는 것' 은 하늘 또는 천계를 뜻한다(계 21 : 2 ; 히 12 : 22). 자유자 된 우리는 복음으로 말미암아 죄로부터 자유하게 되고 의식과 규례의 멍에로부터 자유하게 된다는 것이다(요 8 : 32, 36 ; 고후

3 : 17). 유대인으로 났든, 이방인으로 났든 복음은 우리를 낳은 어머니다. 그러므로 우리는 그 어떤 종류의 노예 상태로도 우리 자신을 떨어뜨릴 수 없다.

어떻게 하갈이 시내산으로 명시되었는가? 바울이 하갈의 역사적 동일성을 가정하여 시내산 근처에서 하갈이 방황한 것에서나 또는 아라비아어로 하갈이라는 말은 '바위' 를 뜻하기 때문에 돌산으로 이루어진 시내산을 연상하여 그 지역 주민들이 시내산을 하갈로 부른 것(Chrysostom)으로 생각하고 그렇게 했다고 추측하기는 어렵다. 그것이 사실이라 해도 거기에는 증거가 없다. 그리고 갈라디아 사람들이 그것을 알고 있을 리도 없다. 바울이 그의 비유를 통해 주고자 한 것은 하갈로부터 온 계보다. 즉, 시내산에서 세워진 옛 언약을 하갈이 대표한 것이다. 예루살렘으로부터 옛 율법의 언약이 마치 시내산에서부터 전파되듯 퍼져 나갔다는 것을 '하갈은 아라비아에 있는 시내산으로서 지금 있는 예루살렘과 같은 곳이니' 로 말하고 있다.

[4 : 27] '기록된 바' 는 이사야 54 : 1 말씀을 가리킨다. 바울이 인용한 이 구절은 하갈과 사라, 그리고 그들 자손에 관한 이야기와 관계된다. 본 절은 바벨론 포로 후 예루살렘의 회복을 예언한 것이다. 회복 후의 복이 이전의 것보다 더 위대할 것을 내포하고 있다. 바울은 포로 전의 예루살렘과 포로 후의 예루살렘을 대조하고, 지상의 예루살렘과 하늘의 예루살렘을 구분하며 옛 언약 아래서 이스라엘에게 주신 하나님의 복에 대한 약속과 새 언약 아래서 교회에 주신 더 큰 복을 대조시키고 있다. 기독교를 세우기 위한 하나님의 초자연적 간섭이 보인다. 크리스천의 수가 유대주의자들의 수보다 월등하게 많을 것이고, 곧 그 수가 채워질 것이다.

바울이 예루살렘을 어머니로 언급한 것은 이사야가 예루살렘을 오랫동안 황폐한, 그리고 무자한 여성으로 언급한 데서 나온다. 그런 예루살렘이 이방세계로부터 아주 큰 것을 얻음으로 이제는 기뻐한다. 오랜 결혼생활을 한 사람보다 더 많은 자녀를 가진 여인처럼 많은 수가 증가했다. 모든 교회와 유대인과 이방인들이 새 언약의 백성으로 하늘 예루살렘의 자녀이고, 위에 있는 예루살렘은 기뻐하는 어머니를 가리킨다. 바울은 히브리 성경보다 칠십인역 성경에서 인용했다. 이방세계로부터 얻은 것이 유대인보다 그 수가 훨씬 많다. 잉태하지 못한 자여 즐거워하라!

사라는 90세까지 잉태하지 못한 홀로 사는 자였다(창 17 : 17). 남편 있는 자는 육체를 따라(23절) 아브라함의 아내가 되고, 이스마엘을 낳은 하갈을 가리킨다. 그러나 다산했던 하갈의 자녀요 지금 있는 예루살렘의 자녀인 율법주의자들보다 약속의 자녀, 위에 있는 예루살렘 시민인 크리스천의 수가 비교할 수 없이 많을 것이라는 바울의 예언은 적중했다.

[4 : 28] 하갈과 사라의 비유를 다룬 세 번째 단락에서 바울은 모든 크리스천들에게 이 비유를 적용한다. 그들은 이스마엘이라기보다 초자연적 출생을 한 약속의 아들 이삭과 같다는 것이다. 모든 크리스천들은 그리스도 안에서 형제다. 우리는 이스마엘처럼 약속 없는 자가 아니고 위대한 약속을 따라 낳은 이삭과 같다.

[4 : 29] 이삭이 어렸을 때, 아마도 2살 반쯤 되었을 때 이스마엘은 17세쯤 되었다. 이스마엘은 이삭을 조롱했고 비웃었다(창 21장). 그 결과 하갈과 그 아들 이스마엘은 내쫓겼다. 바울은 이 이야기를 연상하면서 본문을 언급하고 있다. 크리스천들이 그때의 이삭처럼 율법주의자들로부터 핍박을 받을 것이라고 한다. 이 같은 말씀은 예수님도(마 5 : 10-12), 사도들도 가르쳤다(빌 1 : 29 ; 살전 3 : 1-4 ; 딤후 3 : 12 ; 벧전 4 : 12-13). 놀라운 사실은 이 같은 일은 세상에서 항상 있는 것이 아니고 이복형제에 의해 종종 일어나는데, 불신자보다 이름만 가진 종교인들(nominal Christians)에게서 더 많이 일어난다. 이것은 역사의 교훈이다. 선지자들을 죽인 자들은 이방인이 아니라 유대인들이었다. 예수님을 대적하고 로마인들에 의해 시행된 일을 선동

한 이들은 바리새인들과 종교지도자들이었다. 바울의 잔인한 대적자들은 광신적 유대 종교지도자들이었다. 오늘날 믿음 있는 교회의 가장 큰 원수들은 믿음 없는 교회의 멤버들 중에 있고, 가장 큰 대적은 강단과 교회 내 계급제도로부터 유출된다.

[4 : 30] 갈라디아 성도들은 인간이 만든 종교와 하나님이 만드신 종교가 절대적으로 일치할 수 없음을 인식해야 한다. 그리고 율법주의자들을 내어 쫓으라는 말씀에 응답을 보여야 한다. 육체를 따라 난 자(29절)는 성령을 따라 난 자가 받을 하나님의 유업을 나눌 수 없을 것이다. 그러므로 크리스천은 율법주의와 그것을 가르치는 이들을 거부한다. 하나님은 이방인을 거부하신 것으로 유대인들은 창세기 21 : 10 말씀을 의심 없이 해석하고 이제 바울은 불신자 유대인을 기독교인으로부터 배제시키는 것으로 대담하게 적용시키고 있다. 아마도 그 과정은 그의 대적자들을 격분하게 했으나 그는 좋은 지적을 한 것이다. 하나님은 육체적 출신보다 영적관계를 보신다. 아브라함의 참 아들은 성령으로 난 자들이다.

[4 : 31] '그런즉' (dio, therefore, for this reason)은 본문 앞 절들의 특별한 결론이라기보다 비유 전체와 바울의 교리적 논의의 결론으로 보아야 한다. 크리스천 신앙이 유대인의 것보다 우월하고, 우리는 종으로 자유자가 되었으며, 의식이나 규례의 종이 아니라 아들의 특권을 얻고, 더 이상 율법 아래 있지 않고 여종의 자녀처럼 느끼고 행동하지 않으며, 자유인의 자녀로 자유를 누리고 자유인처럼 생각하고, 느끼고, 행동하고, 하나님의 양자 되었기 때문에 '그런주 우리는 자유자' 라는 것이다. '너희' 또는 '그들' 대신 '우리' 로 바뀐 것은 바울 자신과 진리의 복음을 받은 모든 사람을 포함한 것이다.

설교를 위한 묵상 : "이전에는 노예, 그러나 이제는 아들"(갈 4 : 1-11)

갈라디아서 3장에서 사도 바울은 구약 역사를 아브라함, 모세, 그리고 예수 그리스도, 세 분의 관계 속에서 설명하고 있다.

하나님은 아브라함에게 그 후손에게 주실 복의 약속을 주셨다. 또한 모세에게 약속을 이루기 위한 율법을 주셨다. 그리고 그 약속은 그리스도 안에서 성취되었다.

갈라디아서 4장에서는 율법 아래 있을 때와 그리스도 안에 있을 때 인간의 조건을 대조시키고 있다. 이 말은 '이전에는 노예였으나 이제는 아들'이 되었으니 어떻게 옛 노예로 돌아갈 수 있겠느냐는 것이다. 처음 교회 나온 이들은 지도가 필요하다. 10년 일한 성숙한 이는 아들처럼 이 집, 교회에서 자유가 있다. 이것은 불신자와 신자의 관계가 아니라 율법과 은혜의 관계를 말한 것이다.

(1) 율법 아래 있는 인간

사람이 어렸을 때에는 노예처럼 사는 것이 행복이다. 후견인과 청지기 아래에 있는 것이 안전하다(2절). 아브라함의 약속의 자녀이지만 어린 사람처럼 율법의 종노릇을 해 왔다. 이 율법은 우리를 그리스도께로 인도하는 초등교사(3 : 24)로, 율법 아래에 있는 우리는 그 율법에서 속량(to be redeemed)함을 받을 필요가 있다(4 : 5). 이 율법은 이 세상의 초등학문(3절)이다. 약하고 천박한 초등학문(9절)이다. 율법은 우리를 구원할 수 있는 힘이 없고 우리에게 복을 줄 수 없기 때문에 천박하다. 그렇다면 초등학문(elemental spirits)이란 무엇인가?

헬라어 'stoicheia'(στοιχεῖα, elements, basic principles, elemental spirits)는 ㄱㄴㄷ, 알파벳과 같이 초보적인 것으로(히 5 : 12), 그리스도가 오실 때 더 깊은 교육으로 완성될 초등단계, 즉 구약시기와 같은 것이다.

바울은 '어렸을 때에 이 세상의 초등학문 아래에 있어서 종노릇하던 우리'(갈 4 : 3)라고 했지만 이 초등학문의 단계는 정확히 노예는 아니다. 또한 초등학문을 RSV나 NEB에서는 'the elemental spirits of the Universe'(우주의 기본정신)로 번역했다. 이는 고대 세계에서의 땅, 불, 공기, 물 또는 해, 달, 별들과 연관된다(10절). 이것은 갈라디아서 4 : 8 말씀과 연관된다. "……본질상 하나님이 아닌 자들에게 종노릇하였더니"(8절), 즉 귀신들이나 악의 영들을 말한다. 그러나 율법에 종노릇하는 이가 어떻게 악의 영들에게 종노릇하겠는가? 바울이 율법을 사탄이 악하게 설계한 것으로 제시한 것인가? 물론 아니다. 율법은 하나님이 모세에게 주신 것이라 한다. "……천사들을 통하여 한 중보자의 손으로 베푸신 것인데 약속하신 자손이 오시기까지 있을 것이라"(3 : 19). 그러나 마귀는 이 선한 율법을 자기 목적을 위해 사람을 노예로 삼는 도구로 악용했다는 것이다.

- 하나님은 율법을 통해 죄를 나타내고 그리스도께로 인도하려 하셨다.
  사탄은 율법을 통해 죄를 나타내고 절망에 빠지게 하려 했다.
- 하나님은 율법을 인간의 칭의의 중간 단계로 사용하신다.
  사탄은 율법을 인간의 저주의 마지막 단계로 이용한다.
- 하나님은 율법을 자유로 가는 디딤돌로 보여 주셨고
  사탄은 율법을 피할 수 없는 두려운 얽매임으로 속였다.

그러므로 우리는 율법에서 속량함을 받아야 한다. 즉, 성숙한 성도가 되어야 한다.

(2) 성도의 존엄성

모세 이래 때가 찰 때까지 인간은 율법 아래 종노릇하였다. "이르시되 때가 찼고……"(막 1 : 15). 그리스도가 오심으로 율법의 지배로부터 자유를 얻게 된다. '그때' 가 그리스도의 오심과 무슨 관계가 있는가? 이때는 복음 확장을 위한 준비가 완성된 때다.

- 로마가 세계를 정복한 때다.
  그들은 도로를 건설하고 군대를 곳곳마다 주둔하던 때다.
- 헬라어와 문화가 세상에 퍼져 있던 때다.
- 헬라와 로마의 고대 신화적 신들이 예배를 받던 때이므로 참 종교에 대한 열망이 있던 때다.
- 모세 율법이 백성들을 붙잡고 있어 그리스도가 오시어 자유롭게 하실 날을 대망하던 때다.

'때가 차매' 하나님은 두 가지 일을 행하셨다. 이것은 성도의 존엄성을 나타낸다.

① 하나님은 그 아들을 보내셨다(4－5절).

하나님이 아들을 보내신 목적은 우리를 구원하시고 양자 삼으시기 위함이었다. 노예에서 구원하실 뿐 아니라 노예를 아들로 삼으려 함이었다. "……우리 죄를 대속하기 위하여 자기 몸을 주신 그리스도"(갈 1 : 4)는 우리를 속량하기 위해 율법의 저주를 받으셨다(3 : 13). 이 일을 위해 하나님은 자기 아들을 인간으로 보내 주시어 율법 아래 있게 하셨다.

그리스도는 율법의 의를 완성시키셨다. 그리스도가 인간이 아니라면 불의한 인간을 구원할 수 없다. 그리스도가 하나님의 아들이 아니라면 하나님을 위하여 인간을 구원할 수도 없고, 우리를 하나님의 아들로 만들 수도 없다. 삼위일체 하나님이 우리를 아들로 부르셨다. 양자 됨으로 자녀의 성품을 우리에게 주셨다.

ⓐ 이 아들 됨은 믿음으로 받은 은혜의 선물이다.

유대인들은 하나님의 가족이 될 것을 요구했다. 이것은 육체적 출생의 방법으로 그들에게 온다고 생각했다. 그러나 우리는 혈통으로나 육정으로나 사람의 뜻으로 나지 아니하고 오직 하나님께로서 난다(요 1 : 13). 이삭처럼 약속으로, 하나님의 섭리의 은혜로, 믿음으로 우리에게 온다. "너희가 다 믿음으로 말미암아 그리스도 예수 안에서 하나님의 아들이 되었으니"(갈 3 : 26). 그러므로 믿음이 없는 불신자는 양자 됨이 없다.

※ 믿음은 우리를 의롭게 한다(갈 3 : 24). 의로워진 사람이 아들이 된다. 그러므로 칭의와 양자는 항상 함께 온다.

※ 믿음은 우리의 양자 됨을 실현한다. 믿음이 온 후로는 초등교사(율법) 아래 있지 않는다(갈 3 : 25). 믿음은 양자 됨의 상징이다. 당신이 예수 그리스도를 믿는다면 유대인이든 이방인이든 하나님의 자녀다. 믿음이 없다면 무슨 열심, 일, 지식, 거룩이 있다 해도 다 헛것이다. 울리는 꽹과리와 소리 나는 구리로 하나님을 기쁘시게 할 수 없다.

※ "누구든지 그리스도와 합하기 위하여 세례를 받은 자는 그리스도로 옷 입었느니라"(갈 3 : 27).

"……그리스도 예수 안에서 하나이니라"(28절). 그리스도의 옷을 입고 그리스도처럼 산다. 그리스도가 우리를 종이라 하지 않고 형제라 했으니 우리는 하나님의 아들이 된 것이다.

ⓑ 양자 됨은 구속함으로 말미암아 우리에게 온다.

"때가 차매 하나님이 그 아들을 보내사 여자에게서 나게 하시고 율법 아래에 나게 하신 것은 율법 아래에 있는 자들을 속량하시고 우리로 아들의 명분을 얻게 하려 하심이라"(갈 4 : 4－5). 너희가 구원받은 것은 은과 금으로 된 것이 아니요, 그리스도의 보배로운 피로 된 것이다. 우리는 율법 아래서 저주 아래 있었던 자다. 그러나 지금은 그리스도가 저주와 율법 아래 오심으로 우리는 구원을 얻어 하나님의 자녀가 되는 권세를 얻었다.

ⓒ 이제는 하나님의 자녀 됨의 특권을 즐거워한다. 더 이상 가정교사나 초등교사 아래 있는 어린아이가 아니라 성장한 자녀다.

- 그리스도가 오실 때까지 우리는 지도자 아래 있었다. 그러나 지금은 믿음으로 하나님의 자녀로서 권리를 얻었다.
- 옛 유대인들은 율법의 멍에 아래 있었다. 희생제물은 계속 바쳐야 하고 끝없는 의식이……. 그러나 이제는 은혜의 법, 사랑의 법 아래 있다. 이것이 하나님 자녀의 자유다.

ⓓ 우리는 유업을 이을 자다(갈 4 : 1, 7).

이제는 더 이상 아이가 아니므로 아버지 집의 영광과 축복을 즐길 자유가 있다. 어떤 재산의 상속자인가? 그것은 하나님 자신이다. 하나님의 상속자다. 하나님 말씀의 약속과 축복의 상속뿐 아니라 하나님 자신의 상속자다. "여호와는 나의 산업과 나의 잔의 소득이시니 나의 분깃을 지키시나이다"(시 16 : 5). 아브람에게 하나님이 이르시되 "……두려워하지 말라 나는 네 방패요 너의 지극히 큰 상급이니라"(창 15 : 1). 영으로 난 모든 사람에게 하나님이 주신 말씀이다.

성도 여러분, 왜 당신이 가난한가? 모든 부가 당신의 것 아닌가?

성도 여러분, 왜 당신은 슬픈가? 축복의 구원 되신 하나님이 당신의 하나님이 아닌가?

성도 여러분, 왜 당신은 무서워하는가? 전능자가 당신을 기다리고 계시지 않는가?

성도 여러분, 왜 당신은 불신앙 하는가? 하나님의 신실하심이 당신과 영원히 함께 하시지 않는가?

ⓔ "그러나 그때에 육체를 따라 난 자가 성령을 따라 난 자를 박해한 것같이 이제도 그러하도다"(갈 4 : 29). 복음을 사랑하는 이들을 옥에 가두고 불에 태워도 놀라지

말라. “너희가 세상에 속하였으면 세상이 자기의 것을 사랑할 것이나 너희는 세상에 속한 자가 아니요 도리어 내가 너희를 세상에서 택하였기 때문에 세상이 너희를 미워하느니라”(요 15 : 19).

② 하나님이 그 아들의 영을 우리 마음 가운데 보내셨다(갈 4 : 6).

하나님은 세상에 아들을 보내셨고 우리 마음에 그 아들의 영을 보내셨다. 성령 하나님은 아버지와 아들로부터 오신다.

ⓐ 성령은 예수의 영으로서 오신다.

‘그 아들의 영’이란 그리스도의 성품이나 기질을 뜻하지 않는다. 성령 하나님을 말한다. 그렇다면 왜 그 아들의 영 또는 예수의 영이라고 했나? 예수 그리스도의 수세 시 성령이 비둘기같이 그 위에 강림하셔서 이는 내 사랑하는 아들이라 증언하셨다. 성령은 그리스도와 함께 계셨고, 표적과 기사로 그리스도의 사역의 진실성을 증거하셨다. 성령은 또한 우리 주님이 교회에 주신 큰 선물이다. 부활 승천하신 후 오순절에 오신 성령은 하나님의 백성과 영원히 함께하신다. 이런 여러 이유로 성령은 그 아들의 영으로 불렸다.

ⓑ 성령 하나님은 믿는 사람의 마음을 그의 거처로 삼으셨다.

성도 가운데 거하시고 우리를 인도하신다(6절). 하나님은 성령을 우리 머리나 두뇌에 보내신 것이 아니다. 하나님의 영은 지적, 인도와 판단 작용을 하시지만, 그것이 그의 주된 사역은 아니다. 그는 우리 마음에 오시어 믿음으로 의에 이르게 하신다. 마음은 우리 존재의 중심이다. 그러므로 성령은 우리 성품의 중심 요새로 오시고 마음을 사로잡음으로 우리 전 존재를 다스리신다. 이처럼 아들을 보내 주시고, 아들의 영을 보내 주심으로 성도의 존귀함을 보여 주셨다.

(3) 아빠 아버지로 부르게 하셨다.

① 성령이 우리 마음에 오시면 하나님을 아빠 아버지라 부르게 된다(6절).

“너희는 다시 무서워하는 종의 영을 받지 아니하고 양자의 영을 받았으므로 우리가 아빠 아버지라고 부르짖느니라”(롬 8 : 15)라고 했다. 그러나 갈라디아서 4 : 6에서는 성령 자신이 아빠 아버지라고 부르게 하신다. 로마서 8 : 26에서 “……성령도 우리의 연약함을 도우시나니 우리는 마땅히 기도할 바를 알지 못하나 오직 성령이 말할 수 없는 탄식으로 우리를 위하여 친히 간구하시느니라”라고 했다.

이처럼 성령 자신이 하나님의 자녀 안에서 하나님을 아빠 아버지로 부르게 하신다. 동시에 성령도 하나님을 아빠 아버지로 부르시는 것이다. 마치 엄마가 어린아이에게 말을 가르칠 때 하듯이 성령 자신이 양자의 영이 되사 우리로 양자 되게 하시고 아빠 아버지로 부르게 하신다. 신비롭게 우리도 하나님을 아빠 아버지로 부르게 된 것은 성령께서 신적 에너지를 우리에게 넣어 주셨기 때문이다. 우리가 아버지라고 부를 수 없었을 때 그가 우리 안에서 불렀다. 의심과 두려움에 잡혀 있던 때 내주하시는 성령이 우리 위해 중보기도를 해 주셨다.

② 하나님은 아들의 영을 우리 마음에 보내심으로 하나님을 아빠 아버지라고 우리가 부르게 되었다. 아빠는 아람어로 아버지의 애칭이다(유대인들이 아람어를 썼다). 'πατερ', 즉 아버지는 헬라어로 아버지다. 유대인과 이방인이 하나님 앞에서 자녀로 부름받는다. 아빠 아버지는 하나님과 아주 친밀한 사이(관계)를 보여 준다. 어린아이와 부모의 관계만이 아니라 매우 가까운 관계를 가르친다. 왕이나 높은 이와의 관계가 아니라 언제나 무엇이나 부르고 구할 수 있는 처지를 말한다. 사랑하는 관계다. 평화의 관계다.

③ 아들의 영을 우리 마음 가운데 보내시어 아빠 아버지로 부르게 하심은 말로 오시는 것이 아니고 마음으로 전달된다. 아빠 하면 모든 것을 다 말한 것이다. 본문(6절)은 불렀다가 아니고, '부르게 하셨느니라'(현재분사형)로 매일 부르는 것이다. 아침에도, 일을 시작할 때도, 어려울 때도, 저녁에도 "아빠 도우소서."라고 기도한다.

(4) 맺는 말

아버지가 함께 계시니 당신 홀로 있는 것이 아니다. 아버지는 우리를 고아와 같이 버려 두지 않겠다고 하셨다(요 14 : 18). 아버지가 당신을 사랑하시기 때문에 무슨 일을 만나도 염려가 없다.

아버지 하나님이 당신을 사랑하신다. 그의 자녀로 살고 일하라. 그분에게 가고 복종하라. 이것이 옳다.

자녀로서 아버지 하나님을 모방하라. 존경하고 찬양하라. 기뻐하라. 맡겨라. 사람들이 당신을 하나님의 자녀로 알게 하라.

제 IV 부

경건한 삶으로의 부름

갈라디아서 5 : 1~6 : 10

A. 개요와 전이(5 : 1)

B. 은혜로부터 떨어진 자의 위험(5 : 2－12)

C. 성령 안에서의 삶(5 : 13－26)

1. 자유는 면허증이 아니다(5 : 13－18)
2. 육체의 일(5 : 19－21)
3. 성령의 열매(5 : 22－26)

※ 설교를 위한 묵상("사랑으로써 역사하는 믿음", 갈 5 : 2-6)

D. 실제적 권면(6 : 1－10)

1. 서로 짐을 지라(6 : 1－5)
2. 돈의 사용(6 : 6－10)

| 갈라디아서 5 : 1~6 : 10 |

경건한 삶으로의 부름

바울은 갈라디아 사람들에게 호소함으로 두 가지 중요한 목적을 이미 성취했다. 첫째, 그는 자기의 사도권을 방어했다. 어떠한 인간의 도움이 있든 없든, 복음 전할 권리가 있음을 방어한 것이다(1 : 11-2 : 21). 둘째, 율법의 저주로부터 자유를 얻고 하나님과 바른 관계를 맺은 크리스천은 행위로 된 것이 아니고 오직 은혜로만 된다는 것을 보여 주는 복음 자체를 방어했다(3 : 1-4 : 31). 그런데 바울은 그의 서신을 맺기 전, 한 가지를 더 추가하고 있다. 믿는 자를 자유인으로 부르신 것은 그의 대적자들이 도전해 올 때, 그는 이제 자유인이 되었다는 면허증으로 주신 것이 아니다. 오히려 성숙한 책임이 있다는 것과 내주하시는 성령의 권능을 통해 하나님 면전에서 거룩한 삶을 살아야 한다는 것을 강조한 것이다. 이 내용이 곧 본서의 마지막 두 장의 주제이다.

A. 개요와 전이(5 : 1)

[1]그리스도께서 우리를 자유롭게 하려고 자유를 주셨으니 그러므로 굳건하게 서서 다시는 종의 멍에를 메지 말라

[5 : 1] 본서의 3부에 돌입하기 전 바울은 한 절을 삽입한다. 즉, 전에 주었던 모든 것의 개요와 앞으로 해야 할 것을 연결한 것이다. 사실 이 말씀은 본서의 핵심절이다. 복음의 성격과 그리스도의 사역 때문에 믿는 자들은 이제 율법주의를 떠나, 그를 위해 승리하신 그리스도의 역사와 성령의 권능으로 자유인답게 산다.

잘 알려진 사본들은 본 절을 두 부분으로 분류한다. 우리를 구원하신 그리스도의 목적을 명시한 부분("그리스도께서 우리를 자유롭게 하려고 자유를 주셨다.")과 그 목적에 근거하여 호소한 부분("그러므로 굳건하게 서서 다시는 종의 멍에를 메지 말라.")이다. 전반부가 3장과 4장을 총괄한 것이라면, 후반부는 윤리적이고 실천적인 것이다. 바울은 율법주의로 다시 돌아가지 않도록 그 자유를 굳게 지키라고 당부한다.

바울 시대에 유대인들은 율법의 멍에를 메고 있었는데, 바울은 여기서 그와 같은 종의 멍에를 언급하고 있는 것이다. 유대인들에게서 율법의 멍에를 벗기는 것은 좋은 일이다. 그것은 종교의 기본 사명이다. 바울은 예수님께서 마태복음 11 : 29~30에서 주신 말씀을 기억했을 것이다("나는 마음이 온유하고 겸손하니 나의 멍에를 메고 내게 배우라 그리하면 너희 마음이 쉼을 얻으리니 이는 내 멍에는 쉽고 내 짐은 가벼움이라 하시니라"). 주님의 멍에는 쉽고 가벼우며 자유의 쉼을 얻게 하지만, 율법의 멍에는 종노릇하고 죽이는 것이다. 그러므로 다시는 종의 멍에를 메지 말고 그리스도께서 주신 자유 안에 굳게 서라는 것이 바울의 요지다.

B. 은혜로부터 떨어진 자의 위험(5 : 2 - 12)

2보라 나 바울은 너희에게 말하노니 너희가 만일 할례를 받으면 그리스도께
서 너희에게 아무 유익이 없으리라 3내가 할례를 받는 각 사람에게 다시 증
언하노니 그는 율법 전체를 행할 의무를 가진 자라 4율법 안에서 의롭다 함
을 얻으려 하는 너희는 그리스도에게서 끊어지고 은혜에서 떨어진 자로다
5우리가 성령으로 믿음을 따라 의의 소망을 기다리노니 6그리스도 예수 안
에서는 할례나 무할례나 효력이 없으되 사랑으로써 역사하는 믿음뿐이니라
7너희가 달음질을 잘하더니 누가 너희를 막아 진리를 순종하지 못하게 하더
냐 8그 권면은 너희를 부르신 이에게서 난 것이 아니니라 9적은 누룩이 온 덩
이에 퍼지느니라 10나는 너희가 아무 다른 마음을 품지 아니할 줄을 주 안에
서 확신하노라 그러나 너희를 요동하게 하는 자는 누구든지 심판을 받으리라
11형제들아 내가 지금까지 할례를 전한다면 어찌하여 지금까지 박해를 받으리
요 그리하였으면 십자가의 걸림돌이 제거되었으리니 12너희를 어지럽게 하는
자들은 스스로 베어 버리기를 원하노라

5장 초두를 읽는 독자들은 여기서 바울이 본서의 윤리적 부분을 써야 함에도 불구하고 그가 이미 다룬 주제로 다시 돌아감으로 그의 목적을 벗어난 것처럼 느꼈을 것이다. 그러나 만약 그렇게 이해했다면, 윤리적 삶은 하나님께서 인간을 다루시는 근거가 율법보다 믿음을 통한 은혜임을 인식하는 것에서 시작되어야 한다는 중요한 요점을 놓쳤기 때문이다. "당신은 거룩한 삶으로 인도되기를 소원하는가?", "율법을 피하고 믿음의 원리로 시작하는가?" 하는 것을 바울은 묻고 있다. 성결함은 사람이 만드신 규례나 심지어 하나님이 만드신 규례에 집착한 사람의 결과로 덧입혀지는 것이 아니다. 본문(2 - 12절)은 이것을 두 가지로 설명한다. (1) 갈라디아 사람들처럼 더 높은 선에 이르기를 생각하면서 율법주의에 빠지는 경우(2 - 6절)와 (2) 그 같은

거짓교리를 가르치는 사람들을 언급함으로(7 – 12절) 온다고 생각한 것이다.

[5 : 2] '보라'(ide, look, see, listen)는 서론적 접사(接辭)로서 다음의 말에 주의를 기울이게 하는 표현이다. 갈라디아 사람들이 할례를 받으면 그리스도 예수는 그들에게 아무 유익이 없게 된다는 것이다. 할례는 율법주의의 특별한 형태로 바울시대의 문제였다. 그리스도를 믿고 할례 없는 것과 할례를 행하고 그리스도 없는 것 사이에서 하나를 선택해야 했다. 환언하면 갈라디아 사람들의 삶에서 그들이 어떤 것을 하기 전에 표적을 가(加)해야 한다면 하나님은 그리스도 앞에 있는 표적을 제하셔야 한다.

이것은 왜 바울이 갈라디아 사람들이 할례받는 것을 단언적으로 저주했는지를 설명한다. 할례 자체가 중요한 것은 아니다. 바울도 디모데에게 할례를 행했다(행 16 : 3). 바울은 할례나 무할례나 효력이 없다고 한다(갈 5 : 6). 바울이 저주한 것은 할례의 신학이다. 즉, 구원을 위하여는 할례가 필요하다고 주장하는 신학이다. 이는 영적 표시로서 행위의 외적 표준을 세우려 한 신학이다. 그러나 아브라함도 할례 제도가 생기기(창 17 : 10) 전에 여호와를 믿음으로 의롭다 여김을 받았다(창 15 : 6).

본 절에서는 동사 '할례를 받는'(peritemnēsthe, to be circumcised, temnō의 현재수동태)의 시상이 중요하다. '너희가 만일 할례를 받으면'이라는 말은 갈라디아 사람들이 아직은 할례를 받지 않았으나 고려 중에 있음을 알게 한다. 그러므로 여기에는 그들의 동기가 중요하게 된다. 이것을 통해 우리는 바울이 이미 할례를 받은 유대인 크리스천을 저주한 것이 아님을 알 수 있다. 그래서 바울은 "오직 주께서 각 사람에게 나눠 주신 대로 하나님이 각 사람을 부르신 그대로 행하라 내가 모든 교회에서 이와 같이 명하노라 할례자로서 부르심을 받은 자가 있느냐 무할례자가 되지 말며 무할례자로 부르심을 받은 자가 있느냐 할례를 받지 말라 할례받는 것도 아무것도 아니요 할례받지 아니하는 것도 아무것도 아니로되 오직 하나님의 계명을 지킬 따름이니라 각 사람은 부르심을 받은 그 부르심 그대로 지내라"(고전 7 : 17-20)라고 말한다. 율법주의에서 어떤 특별한 형태는 그 자체가 중요한 주제가 아니라는 것이다. 중요한 것은 행위 대 은혜, 또는 영과 육의 문제이다. 바울의 관심은 크리스천 중심 교리를 흐리게 하는 어떤 것도 아니라는 것이다. 구원의 조건으로 할례를 의지하면 그리스도를 믿음으로 의로워진다는 교리와 그리스도가 무시된다는 것이다.

[5 : 3] 바울은 갈라디아 사람들에게 그리스도께서 그들에게 주신 자유 안에서 왜 머물러 있어야 하는지에 대한 이유를 이미 전했다 : 할례를 시행하게 되면 구원과 크리스천의 삶을 위해 죽으신 그리스도의 존귀하신 가치가 상실된다는 것이다. 그뿐 아니라 할례를 선택하는 것은 율법을 행하겠다는 것이므로 율법 전체를 지킬 의무가 있다는 것이다. 율법주의자들은 갈라디아 사람들에게 그들의 율법을 단계적으로 요구하기 시작했다. 먼저 절기를 지키게 하고(4 : 10), 그 다음에는 할례를, 그리고 마침내는 모든 율법을 지켜야 한다고 했다. '내가 할례를 받는 각 사람에게 다시 증언하노니' 바울은 그들에게 처음 복음을 전했을 때 이 말씀을 했을 것이다. 그래서 그는 다시 증언한다고 말한 것이다.

[5 : 4] 바울은 여기서 다시 한번 그의 주장을 반복한다. 다만 '만일' 이라는 가설만 없을 뿐이다. "율법 안에서 의롭다 함을 얻으려 하는 너희는 그리스도에게서 끊어지고 은혜에서 떨어진 자로다" 그들이 율법으로 구원을 받기 원했던가? 그렇게 될 경우 그리스도는 그들에게 가치가 없게 되고 그들은 모든 율법을 지켜야 할 의무가 있다는 것이다. '은혜에서 떨어진 자' 란 무슨 뜻인가? 어떤 이는 이 말을 구원을 잃어버릴 수 있다는 교훈으로 이해한다. 크리스천이 죄를 지으면 그는 은혜에서 떨어진 자요, 그러므로 구원을 잃어버린다는 말은 이 구절이 주는 참된 의미가 아니다. 은혜에서 떨어진다는 것

은 율법으로 떨어진다는 것이다. 또는 율법을 선택하는 것은 하나님과 관계 맺기를 원하는 이에게 원리로써 주어지는 은혜를 포기하는 것이다. 은혜와 함께 나온 관사(tēs charitos)는 바울이 복음의 핵심으로 이미 언급한 그리스도 안에 있는 하나님의 특별한 은혜를 가리킨 것이다.

[5 : 5] 본서에서 믿음으로 의로워지는(以信得義) 원리를 마지막으로 제시한 복음의 본질이다. 바울은 지금까지 갈라디아 사람들을 말하면서 '너희' 라는 말을 사용했다. 그러면서 바울은 그들이 시행하려고 하는 것처럼 보이는 것에 관해 그들에게 경고하고 있다. 그리고 여기서 대명사 '우리' 를 쓰면서 "우리가, 즉 크리스천이 기다린다.", "우리가 소망한다."라는 말을 바울 자신이 말하고 있는 것처럼 강조하고 있다. "그러나 우리 크리스천들은 율법을 택하지 않는다. 오히려 하나님의 의를 완전히 실현하기 위하여 성령으로 믿음을 기다린다." 헬라어 성경에서는 '우리' 다음에 '성령으로' 가 온다(hemeis gar pneumati, for we in spirit). 이것은 구원에 있어서 하나님의 선택적 은혜를 상기하게 한다. 우리는 오직 성령의 도우심만으로 구원을 기대한다. 그리고 그 뒤에는 '믿음을 따라' (ek pisteōs, by faith)가 이어진다. 이것은 육체와 대조된 것으로, 즉 3장과 4장에서 논의된 할례가 육체에 해당되는 것과 대조된 것으로서의 믿음을 말한 것이다. 믿음은 완전히 다른 접근을 한다. 그리고 우리 크리스천은 구원의 완전한 실현을 열심히 기다린다. 그는 그것을 위해 어떤 일을 하지 않고 기다린다. 이런 점에서 우리가 소망하는 의는 성도가 그리스도의 대속적 죽음을 믿음으로 현재 의를 전가받은 것이 아니고, 오히려 윤리적인 면에서 성도가 실제로 의로워지는 것은 영광에 안전하게 성장하고 도달한 의를 말한다. 성경에서 소망은 아직 충분히 완성되지 못한 것을 언급할 때 사용하는 단어이기 때문이다.

[5 : 6] 본 절에서 두 가지가 더 강조된다. (1) 할례도 무할례도 그 자체가 구

원을 위해서는 아무것도 아님을 지적한다. 그의 관심은 의식이 아니라 신학이다. 이것은 우상에게 바친 제물을 먹는 것과 같은 의미이다(고전 8 : 8). (2) 윤리적 관점에서 참 믿음은 사랑으로 역사하는 것이다. 우리는 행위로 구원받는 것이 아니라 이런 종류의 믿음으로 구원을 받는다. 그러나 믿음은 마치 크리스천이 철저하게 믿는 한, 그가 소원한 바를 이룰 수 있다는 단순한 지적 확신이 아니다. 이것은 바울이 로마서 6 : 1~2에서 말한 것처럼 강한 표현이다. 믿음은 우리를 사랑해서 우리를 위해 자신을 주신 그리스도를 인격적으로 신뢰하는 것이다. 그러므로 그 같은 사랑을 배운 크리스천이라면 그의 믿음은 진실해야 하고, 나아가 그 믿음은 다른 이를 위해 자신을 부인하는 사랑이어야 한다.

바울은 위의 두 가지를 강조함으로 참 종교를 정의할 수 있게 된다. 벵겔(Bengel)이 말했듯이 "이 안에 기독교의 모든 것이 있다."라고 볼 수 있다. '그리스도 예수 안에서' 있는 사람들을 언급함으로 문장이 시작된다. 이는 한 사람이 하나님의 아들에게 접붙임을 받게 하시는 하나님의 역사(役事)에 대한 중요성을 강조한 것이다. 이는 하나님과의 관계를 결정한다는 의식이나 형식의 가치를 끊음으로 시작된다. 그리고 하나님과 사람을 향한 믿음과 사랑의 조화를 강조함으로 끝이 난다. 바울은 그의 서신 어느 곳에서도 이와 같은 말씀을 하지 않았다. 5절과 6절에서 믿음…… 소망……, 그리고 사랑이 함께 나타난다(고전 13장 ; 골 1 : 4-5 ; 살전 1 : 3). 6절의 전반부는 6 : 15과 고린도전서 7 : 19에서 다시 나타난다. 이 두 절에서도 '사랑으로써 역사하는 믿음' 이 발견된다. 즉, '새로 지으심을 받는 것' (6 : 15)과 '하나님의 계명을 지킬 따름' (고전 7 : 19)이라는 말씀을 동의어로 볼 수 있다.

동사 'energoumenē' (energeō〈en+ergov, work〉의 현재 분사 중간태, operating, expressing itself)는 로마가톨릭 신학자들 사이에서, 그리고 가톨릭과 다른 신학자들 사이에서 논쟁이 되는 단어이다. 대부분의 가톨릭 학자들의 주장대로 이 동사가 수동태라면 믿음은 사랑의 감동이다. 사랑이 먼저이고, 믿음은 사랑으로부터 유래한 것이 된다. 이것이 언어학적으로는 가능한 해석이기는 하나 바울이 뜻한 것은 아니다. 그러나 이 동사를 신약의 다른 곳에서처럼 중간태로 읽으면 '사랑으로써 표현되는 믿음'(faith expressing itself through Love)으로 해석된다. 이것은 바울이 다른 곳에서 보여 준 기본사상과 연결이 된다. 그것은 즉, "사랑은 율법의 완성이다"(롬 13 : 10), 그리고 "믿음은 사랑이 제일 먼저 나오는 성령의 열매를 맺게 한다"(갈 5 : 22)라는 사상이다. 사랑을 통해서 믿음이 나타나고, 야고보서에서 지적된 대로 사랑의 행실로 믿음이 증거된다.

[5 : 7] 본문에는 기독교에 할례를 더하려는 이들과 그리스도만 믿는 성도들 사이의 대조가 보인다. 바울은 그 대조를 '너'와 '우리'로 보여 준다. 여기서 그 대조는 '너희를 혼란으로 집어 던진 거짓 스승'과 '바른 교훈을 가르친 나, 바울'로 변경된다.

바울은 크리스천의 삶을 운동선수의 이미지로 설명한다. 그에게 삶이란 곧 경주다. 성공적으로 완주하여 상을 얻는 경주를 하기 위해서는 규칙을 지켜야 하고 훈련을 쌓아야 한다. 바울은 종종 자신을 경주자로 묘사했다(고전 9 : 24-27 ; 갈 2 : 2 ; 빌 3 : 13-14 ; 딤후 4 : 7). 동시에 그는 본문에서처럼 회심자들의 삶을 경주자로 생각한다. 바울은 갈라디아 사람들이 경주를 잘하였다고 쓰고 있다. 그들은 진리에 대해 지적 동의만 한 것도 아니고, 크리스천의 삶과 성품에서 단순한 정통교리를 분리시킨 것도 아니며, 교리 없는 기독교인의 삶을 산 것도 아니었다. 그들은 진리에 순종한 것이었다. 그들은 머리와 가슴으로 믿은 것이다.

그런데 이렇게 훌륭한 출발을 한 그들에게 잘못된 어떤 것이 들어가게 되었다. 어떤 이들이 그들이 달리는 길을 막고 방해했다. 동사 'enkoptō'(막는다)는 군사적 용어로 장애물을 설치하거나 또는 길을 파괴하는 것을 뜻한다. 달리는 자를 불법적으로 방해함으로 해를 끼지는 것이나. 갈라디아에시 나타난 이러한 상황은 이미 복음 진리에 순종하는 것이 끝난 상태로 보인다.

[5 : 8] 본 절은 거짓교훈과 거짓교사에 관한 말씀이다. 바울은 그 같은 거짓교훈의 기원과 결과, 목적을 언급하고 있다. 그는 그 기원이 너희를 부르신 이에게서 난 것이 아니라고 말한다(8절). 갈라디아 사람들을 천국백성으로 부르신 분은 분명히 하나님이시다(1 : 6). 그러나 바울은 이 거짓교훈의 기원이 사탄이라고 말하지는 않았다. 행위구원 교리는 하나님에게서 온 것이 아니고 하나님의 은혜에 대적하는 자로부터 유래된 것이다. '그 권면은' 모세율법을 순종해야 하는 것과 구원을 위해 크리스천 신앙에 유대의식을 더할 필요를 말한 것이다.

[5 : 9] 바울은 그 거짓교훈의 결과를 말한다. 즉, 적은 누룩은 확산되어 간다는 것이다. 유대 율법은 누룩처럼 백성들에게 침투하여 은밀히 퍼져 가는 위험이 있다. 바울은 고린도전서 5 : 6에 있는 잠언 같은 말씀을 인용한다. 그러나 어떤 사람들이 행한 것처럼 주님의 말씀이라고 말할 필요는 없다. 요점은 거짓교훈이 누룩처럼 자라서 그것이 닿는 곳마다 영향을 미친다는 것이다. 그러므로 우리는 갈라디아 교회에서 일어난 사건에서 바울의 경고를 정당화해야 한다.

[5 : 10] 악의 본질이 퍼져 나가는 것은 하나님께서 궁극적으로 악이 승리하도록 허락하신다는 것이 아니다. 사실 거짓교훈의 목적은 그 반대다. 그 상황을 분석한 바울은 갈라디아 사람들이 바른 신앙으로 돌아올 것을 확신하고, 거짓교사가 누구이든 그는 하나님의 심판으로 고통을 받을 것이라는 결론을 내린다. 바울이 '너희를 요동하게 하는 자는'(the one)이라는 단수형을 사용한 것은 지나친 압력을 가하지 말아야 했기 때문이다. '너희가 아무 다른 마음'(ouden allo phronēsete, you will take no other view)이라는 구절은 무엇을

말하는가? 무엇으로부터 다른 마음을 말하는가? 복음으로부터인가? 바울의 교훈을 듣고 형성된 믿음으로부터인가? 율법주의자들의 교훈의 기원과 위험에 대해 바울이 한 말로부터인가? 그 대답은 주어지지 않았다. 셋 중 하나일 것이다. 어쩌면 바울은 그 마음에 세 가지 모두를 생각했을지도 모른다.

튀빙겐 학파의 계열을 따르는 메이어(Meyer)는 그의 논문("Ursprung und Anfaenge des Christendums", Ⅲ, 1923, p. 434)에서 알려지지 않은 채 갈라디아 사람들을 혼란에 빠지게 만든 한 사람은 베드로였다고 주장한다. 이 이론에 동의하는 몇몇 독일학자들도 있다. 그러나 바울이 베드로를 언급했다는 이 이론은 우리가 아는 사도행전에 나타난 모습의 베드로나 갈라디아서에 등장하는 베드로, 모두와도 충돌된다. 바울과 베드로가 사도행전과 갈라디아서에서 첨예하게 대립되어 있지만, 그 두 책 모두는 믿음의 본질면에서 볼 때 바울과 베드로 사도의 할례에 대한 입장은 하나였음을 지적하고 있다.

[5 : 11] 바울은 두 가지 개인적 의견을 말하는데, 하나는 본 절에서, 다른 하나는 다음 절에서 전한다. '내가 지금까지 할례를 전한다면' 이라는 말은 무엇을 의미하는가? 이것은 크리스천이 되기 전의 그를 언급한다고 할 수 없다. 그때에는 할례에 대한 비판이 없었기 때문이다. 그렇다면 오히려 이 말은 바울이 크리스천으로서 핍박을 받았던 초기에 '디모데에게 할례를 행한 것처럼(행 16 : 3) 행하였더라면' 이라는 의미인가? 그러나 할례 문제에 대한 바울의 입장을 따르는 이들은 핍박을 받고 있다. 고대 사본 중 Western에서는 '아직' (eti, still)이라는 말이 빠져 있다. 그러므로 바울이 그의 초기 사역에서 할례를 가르쳤을 것이라는 주장이 나올 수 있는 것이다. 바울이 공격을 받은 것은 고린도전서 7 : 18, "할례자로서 부르심을 받은 자가 있느냐 무할례자가 되지 말며 무할례자로 부르심을 받은 자가 있느냐 할례를 받지 말라"라는 말씀에서 기인된 것이거나, 아니면 디모데에게 할례를 받도록 격려했던 사실이 있음에도 불구하고 이제는 금한 것에서 기인했을 것이다.

'십자가의 걸림돌' (skandalon tou staurou, offense of the cross)은 바울에게 중요한 사상이다. 헬라어 'skandalon'은 'trap'(올가미, 덫), 'snare'(함정, 유혹), 'that which causer sin'(죄 짓게 하는 것, gives occasion for sin), 'that which causes stumbling or trouble', 'obstacle'(넘어지게 하는, 고통이나 방해물), 'temptation'(시험)을 의미한다. 바울은 이것을 격렬한 반대를 일으킨 본성에 공격적인 것으로 사용한다. 그런데 바울은 왜 이방인에게 할례를 허락하는 것을 십자가의 걸림돌과 연결시키고 있는가? 분명한 것은 그가 할례나 육체의 다른 행위를 반대한 이유가 모두 같다는 것이다. 제사 지냄, 할례, 의식들, 율법수행, 종교의 외형적 상징들은 모두가 공로를 통해 하나님 앞에 서 보려는 인간적인 방법이다. 이런 것들에 반해 십자가는 인간의 완전 타락과 자기를 구원할 수 있는 것은 아무것도 없다는 것을 선포하는 것이다. 십자가는 하나님의 은혜가 인간에게 절대 필요하다는 것을 선언한다. 자연인은 이와 같은 진리를 이해하지 못한다(고전 2 : 14). 사실 영적 성취를 한 것처럼 꾸며진 자신의 모습을 벌거벗겼기 때문에 오히려 그들은 십자가를 미워한다. 하나님의 영의 선물을 통해서만 인간에게 올가미(덫)였던 십자가가 인간의 가장 큰 자랑이며 영광이 된다(갈 6 : 14).

[5 : 12] 바울의 두 번째 개인 의견은 율법주의자들에 관한 것이다. 그들은 의식에 대한 열심으로 인해 할례받는 일을 중단할 수 없었기 때문에, 바울은 그들을 향해 완곡하게 표현하기를 원했다. 이 때문에 바울은 차라리 거세하는 것이 좋겠다고 한다. 신성한 거세는 고대사회 사람들에게는 잘 알려진 의식이었다. 아시아 지방에서 잘 알려진 Attis-Cybele 제례의식에서처럼 이방세계에서는 자주 시행되었다. 그러나 바울이 고대 유대인의 할례의식과 이방인들의 거세의식을 비교했다는 것은 우리를 놀라게 한다. 율법주의자들이 이방인들에게 할례를 받게 하려는 노력을 그토록 그가 싫어하는 이방인들이 시행하는 거세에 비견한다는 것은 놀라운 일이다. 또한 이것은 유대주

의자들이 주장하는 할례와 유대교 내에서조차 "고환이 상한 자나 음경이 잘린 자는 여호와의 총회에 들어오지 못하리라"(신 23 : 1)라고 한 말씀과 연결시킬 수 없기 때문에 이 말씀은 우리를 경악하게 한다.

오늘날 많은 학자들은 바울의 표현을 다듬어지지 않은 조잡한 것, 비난받을 만한 것이라고 한다. 그러나 분명한 것은 바울이 악령으로 말한 것도 아니고 홧김에 말한 것도 아니라는 사실이다. 그는 오직 은혜의 복음과 하나님의 진리에 대한 관심에서 우러나온 말을 하였다. 우리가 하나님의 교회와 하나님의 말씀에 대한 관심을 바울만큼 갖고 있다면 우리 역시 거짓선생들이 이 땅에서 끊어지기를 소원할 것이다. "스스로 베어 버리기를 원하노라"라는 그의 말은 교회의 교제로부터 끊어지기를 바란다는 뜻이다. 즉, 바울은 할례를 주장하는 이들이 하나님 백성들의 모임인 교회로부터 배제되기를 원한 것이다.

C. 성령 안에서의 삶(5 : 13 - 26)

1. 자유는 면허증이 아니다(5 : 13-18)

[13]형제들아 너희가 자유를 위하여 부르심을 입었으나 그러나 그 자유로 육체
의 기회를 삼지 말고 오직 사랑으로 서로 종노릇하라 [14]온 율법은 네 이웃 사
랑하기를 네 자신같이 하라 하신 한 말씀에서 이루어졌나니 [15]만일 서로 물고
먹으면 피차 멸망할까 조심하라 [16]내가 이르노니 너희는 성령을 따라 행하라
그리하면 육체의 욕심을 이루지 아니하리라 [17]육체의 소욕은 성령을 거스르고
성령은 육체를 거스르나니 이 둘이 서로 대적함으로 너희가 원하는 것을 하
지 못하게 하려 함이니라 [18]너희가 만일 성령의 인도하시는 바가 되면 율법
아래에 있지 아니하리라

바울은 본서에서 이미 여러 차례 자유에 대해 말했다(2 : 4 ; 4 : 26, 31 ; 5 : 1). 한편으로 보면 갈라디아 사람들은 거의 완전한 자유인이다. 그러나 다른 면으로 보면 그렇지 않다. 바울이 아직 정의한 것은 아니지만 실제로 그들의 윤리적 삶을 보면 그러하지 못했다. 그는 크리스천 자유의 성격을 보여 줄 뿐만 아니라 크리스천은 성령의 삶과 성령의 권능으로 하나님을 위하여 살 수 있게 되고, 자기 죄의 욕구를 채우지 않게 된다고 한다. 부정적으로 그리스도 안에서 자유는 면허증이 아니다. 긍정적으로 하나님과 사람을 섬기는 자유다. 그것은 크리스천의 덕성 안에서 표현된다. 우리는 육체의 일과 성령의 열매를 대조시킴으로 우리의 자유가 하나님과 사람을 섬기는 성령의 열매를 맺게 하는 것으로 쓰임받도록 해야 한다.

바울이 본서에 이 부분을 첨가시킨 이유는 '사랑으로써 역사하는 믿음'(6절)을 보여 주기 위함이다. 그리고 또 다른 이유는 갈라디아 교회 안의 분쟁과 분열을 잠재우기 위함임이 분명하다. 그래서 "서로 물고 먹으면 피차 멸망할까 조심하라"(15절)라고 한 것이다. 그러나 가장 큰 이유는 우리가 그리스도 안에서 자유를 위하여 부르심을 받은 것은 거룩한 삶으로 인도하는 책임 있는 자유를 위해서라는 것을 보여 줌으로 참 기독교의 초상을 완성하려고 한 데 있다. "자유를 위하여 부르심을 받은 크리스천은 사랑의 명령을 따라 하나님과 이웃을 섬기는 자유를 가진 자다. 율법 없는 믿음은 이방인들의 윤리적 방탕을 막는 데 충분하지 못하다는 유대주의 내에 자리잡힌 두려움이 바울의 마음에 제일 먼저 떠올랐을 것이다. 그러므로 바울은 지금까지 믿음으로 율법으로부터 논하고, 이제는 그 자유를 사랑으로 지킬 것을 권한다.

[5 : 13] 1절처럼 13절은 새로운 시작의 과도기적 출발점이다. 바울은 '너희가' 라는 말을 헬라어 문장의 제일 앞에 놓음으로 강조하고 있다. 그것은 바울이 갈라디아 사람들이 서 있는 위치에 대해 일찍이 신뢰를 보인 것처럼(10절), 여기서도 "그리스도께서 우리를 자유롭게 하려고 자유를 주셨으니"(1절)라는

말씀을 통해 본래의 도전을 산울림처럼 들려주고 있다. 반면에 바울은 다시는 종의 멍에를 메지 말 것을 경고하며 그의 말씀을 이어 간다. 이 경우, 경고는 이 자유가 죄 된 자신을 용납하는 변명이 되어서는 안 된다는 명령으로 바뀐다. 그는 여기서 자신의 면죄부와 사랑으로 서로 섬기는 것을 대조시키고 있다.

크리스천에게 자신이 원하는 삶의 발판을 얻기 위한 교두보가 되는 이러한 자유는 허락되지 않았다. 바울이 말한 자유는 그리스도 안에 있는 자유다. 육체의 '기회'로 번역된 'aphormē'는 출발점(starting point)이나 탐험대의 활동기지, 즉 기회나 구실(pretext, 고후 11 : 12)을 의미한다. 바울이 말하는 육체 'sarks'(flesh, sinful nature)는 그의 삶에서 하나님의 영의 분에 넘치는 개입으로부터 분리된 인간, 즉 죄 된 인간을 말한다(16절 참조).

갈라디아 사람들로 하여금 율법의 종이 되지 않도록 간청한 바울이 그들로 하여금 서로 종이 되라고 말하는 것은 반어적(反語的, ironical)으로 들린다. 그러나 그것이 'douleuete'(douleuō의 현재명령형, serve you as slaves)가 의미한 바이다. 이것은 모순적인 논리지만, 도리어 역설적인 이 표현이 교훈을 더욱 강하게 한다. 갈라디아 사람들에게 '서로의 종이 되라'고 했을 때, 이 종은 율법의 종과 같은 것이 아니다. 사실 이것은 모순적인 논리로 크리스천의 자유를 설명한 것이다. 인간이 죄의 종이 된 것은 자의적으로 된 것이 아니다. 인간은 죄악 중에서 태어났다(시 51 : 5). 그리고 그 죄를 피할 수도 없다(롬 7 : 18). 율법에게 종 되는 것은 선택에 의한 것으로 어리석은 짐을 지는 것이다. 그러나 서로가 서로에게 종 되는 것은 자발적으로 되는 것이므로 깊은 기쁨의 근원이 된다. 크리스천은 성령의 임재와 권능으로 그들 삶 속에서 필연적으로 죄를 섬기는 것으로부터 구원을 받았기 때문에, 오직 그 이유로 서로 섬기는 자가 되는 것이다.

유대인 의식과 규례로부터 자유함을 얻기 위해 부름받은 크리스천은 그 자유를 빼앗기거나 파기해서는 안 된다. 그들은 죄의 종노릇을 하고 어떤 의식과 규례에 얽매였던 상태에서 이제 자유자가 된 것이다. 그것을 잊어버리게 하는 것이 사탄이다(12절). 이 자유는 반율법주의자들처럼 우리의 도덕적 덕성을 무시하는 자유가 아니다. 또한 서로 사랑함이 복음적 자유와 마찰되는 것이 아니다. 사랑할 때 종이 되는 것이 아니다. 의무를 수행하면 기쁨이 온다. 친절은 인간의 적합한 행동이지만, 바울이 말한 모든 율법과 제약으로부터의 자유는 그런 것을 뜻한 것이 아니다. 그 자유는 사랑의 법으로만 온다고 한다. 그들은 육체의 욕심에 면죄부를 주는 자유를 원했지만, 사랑의 법으로 서로 사랑할 때 자유로운 자가 된다는 것이다. 이와 같이 크리스천은 자유의 법을 성취해야 한다.

[5 : 14] 바울은 본서를 통해서 율법에 대항하고 은혜의 복음을 방어한다. 이제 놀랍게도 그는 율법을 칭찬하듯 율법을 돌이켜 보면서 크리스천들이 이웃을 사랑하고 섬기는 것이 율법을 성취하는 것임을 강조한다. 헬라어 'peplērōtai' (plēroō, fulfill의 현재수동태)는 다음의 두 가지 의미를 갖는다. 첫째, 레위기 19 : 18의 말씀처럼 이웃 사랑하기를 네 자신과 같이 함으로 율법을 쉽게 요약할 수 있다는 뜻으로, 이런 사상은 랍비들의 공통된 사상이었고, 예수님도 마태복음 22 : 39과 누가복음 10 : 25~28에서 인정하신 것이다. 둘째, 로마서 13 : 8의 "……남을 사랑하는 자는 율법을 다 이루었느니라" (fulfilled)라는 말씀을 뜻한다. 이런 의미에서 바울은 성령을 통해 크리스천 공동체 내에서 사랑의 새로운 삶을 사는 것으로부터 율법이 완성된다는 것이다.

여기서 '율법' 이라는 말은 율법의 요구를 크리스천에게 보여 준 것이다. 이것은 크리스천이 규례나 의식을 지킴으로 거룩해진다는 의미가 아니다. 갈라디아서 후반부나 신약성경 어디에도 그런 주장은 없다. 여전히 율법의 근본적 마침은 하나님으로부터 부름받고 성령충만하여 그의 성품에서 성령의 열매를 맺는 이에게서 이루어질 것이다. 본 절에서 율법의 완성은 하나님의 요구사항으로 남아 있다. 무엇인가를 요구하는 율법의 특성상 완성될 수는 없다. 그것은 율법의 명령이 아니라 하나님의 뜻을 성취시킨 근거요 기원인 그리스도를 믿는 것으로 보증이 된다.

[5 : 15] 갈라디아 교회 안에 있을 수 있었던 다툼을 연상하는 것은 어렵지 않다. 그러나 그것이 고린도 교회에 있었던 다툼(고전 1 : 10 – 12 ; 3 : 1 – 4)과 같은 것인지, 아니면 율법주의자들과의 갈등에서 일어난 다툼인지 바울 자신은 구체적으로 언급하지 않았다. 그러나 바울이 사용한 동사들, 즉 '물고 먹으면' 이 현재형으로 쓰인 것으로 보아 그 같은 다툼이 현재 갈라디아 교회 내에 있는 것이 분명해졌다. 그리고 그 강도가 점차 증가되고 있는 것으로 보아 그 상황이 아주 심각하다고 볼 수 있다.

'서로 물고' (daknō, bite, sting)라는 말은 강경하게 주장함으로 논쟁하거나 다툰다는 뜻으로, 개나 야생동물로부터 유추된 것이 아닌 은유적 표현이다. '먹으면' (esthiō, eat, consume)이라는 말은 야생짐승들처럼 서로 잡아먹는다는 뜻이다. 유대인과 이방인 회심자들이 같은 교회 안에서 두 개의 파당을 이루고 다투면 서로 죽는다는 말이다. 이런 다툼은 그들의 영성과 행복을 파멸시킬 것이다. 그들의 성품도 파멸되고 교회조차도 파멸될 것이다. 그러므로 조심하라는 것이다. 'blepete' (blepō, see, look, beware of, perceive, take care의 현재 명령형)는 멸망하지 않도록 돌보라는 의미다.

[5 : 16] 크리스천들의 모임에서 너무나 일반적으로 나타나는 '물고 먹어 멸망에 이르는 일들' 의 해결책은 무엇인가? 이에 대한 바울의 대답은 '성령을 따라 행하라' 는 것이다. 그리하면 육체의 욕심을 채우는 일이 끝날 것이라 한다. 성령만이 성도를 참으로 자유롭게 할 수 있기 때문이다.

'sarks' (flesh)와 'pneuma' (Spirit)의 대조는 바울신학, 특히 신약성경의 특별한 주제 중 하나다. 이것은 율법의 행위와 본서에서 강조하는 믿음과의 대조처럼 중요한 것이다. 초기 헬라어의 'sarks' 는 몸의 부드러운 육질

부분을 의미하는 히브리어 'basar'와 같은 뜻으로 쓰였다. 그러나 곧 'sarks'는 인간의 물질적 부분, 즉 몸 전체를 가리켰다. 그리고 이후에는 몸의 존재와 본능적 욕구를 가진 인간 전체를 말하는 것으로 쓰였다. 이런 의미에서 'sarks'는 부정적인 뜻이 아니다. 그러나 이 단어가 크리스천에게 적용될 때에는 타락한 인간, 즉 그의 소욕이 최선일지라도 '죄로부터', 그리고 '죄로' 오염된 것을 의미한다. 이처럼 'sarks'는 인간은 모두 악하다는 것과, 인간의 생애 중 하나님의 은혜가 끼어드는 것에서부터 분리될 수 있는 악을 말한다. 이런 뜻에서 'sarks'는 '자연인' 또는 '옛 사람'과 동의어다. 왜냐하면 타락한 인간은 하나님의 영의 개입을 떠난 육체일 뿐이기 때문이다. 그러므로 이는 '천한 성품'(lower nature, NEB, Phillips), 또는 '짐승의 성품'(animal nature)보다는 '옛 성품'(old nature) 또는 '죄 된 성품'(sinful nature, NIV)으로 번역된다.

'sarks'는 지적으로나(고전 2 : 14에서 육에 속한 사람을 psychikos anthropos, natural man으로 표현) 도덕적으로(롬 7 : 15) 인간이 가진 한계성을 말한다. 따라서 육체(sarks)는 특별 계시와 죄의 담을 허는 구원 없이 하나님을 알 수 없다. 반면에 여기서 '영'(pneuma, spirit)은 관사가 없으므로 '사람의 영', '영적 생활 방식', '성령'으로 읽을 수 있을 것이다. 초기 이 말은 바람, 공기, 숨 또는 생명을 의미했다. 후에는 영 또는 호흡이 사람을 떠나면 죽는 것과 같이 인간의 비물질적인 부분을 뜻했다. 이것은 신약에도 있다. 그러나 성경에서 강조된 영은 항상 하나님의 영을 말한다. 하나님께서 그의 숨을 사람에게 불어넣으셨기 때문에 사람은 숨을 쉬게 되었다. 이 단어는 인간의 비물질적 부분과 천사나 악마 같은 비물질적 존재를 언급하기도 한다. 즉, 이것은 명백히 종교적 용어다. 크리스천에게 내주하시는 하나님의 영은 그리스도를 주와 구원주로 받아들이게 하고, 하나님을 아버지로 부르게 하며(롬 8 : 15 ; 갈 4 : 6), 크리스천의 성품을 발전시키는 영으로 이해된다(고전 2 : 14). 성령은 우리가 하나님과 교제하도록 만드시기도 하고, 인간으로 하여금 죄를 이기는 권능을 주시기도 하지만, 성령은 우리 가운데 내주하시는 하나님이다.

성령은 타락한 상태에 있는 인간에게 자연적으로 임하시는 것이 아니다. 이것은 성령의 은사로 구원받은 인간이 죄를 대적할 필요를 피할 수 있다는 것을 의미하지 않는다. 성령은 성도의 믿음의 정도, 즉 성령으로 사는지 또는 성령 안에서 행하는지, 그 정도를 따라 승리를 가능하게 만든다. 'peripateite' (pateō, walk의 현재 명령형) 동사의 현재 시상은 행하라는 계속적 동작 또는 계속할 필요를 말한다. 또한 명령형의 표현은 선택의 필연성을 가리킨다. 'pneumati' (in Spirit)는 성령의 영향 아래서 사는 것을 뜻한다. 그리하면 성령께서 자신의 능력으로 육체적 욕심을 누르신다.

[5 : 17] 바울은 16절에서 육체와 성령을 언급하면서 각각 그 앞에 관사를 생략하므로 그 둘이 깊은 화해를 할 수 없는 갈등 관계에 있음을 보여 주었다. 바울은 육체를 선하지도 않고 선을 추구하지도 않는 것으로 보았다. 그러나 영은 하나님을 기쁘시게 하지 않는 것에 대적하고 악이 아니라 했다. 이 문제를 바울은 로마서 7장에서도 언급하고 있다.

17절 하반부는 다음 세 가지 중 하나로 해석된다. (1) 죄성이 너희 소원하는 선을 이루지 못하게 한다. (2) 성령이 너희 소원하는 악을 이루지 못하게 한다. (3) 쌍방이 서로의 요구를 이루지 못하게 한다. 로마서 7 : 15~16에 언급된 말씀에 비추어 볼 때 첫 번째 해석이 바람직하다. 나아가 18절에서 성령의 권능으로 얻을 수 있는 승리를 말씀하고 있기 때문이다. 어떤 이들은 크리스천에게는 갈등이 없다고 한다. 왜냐하면 육체로 지배되는 옛 사람은 성령으로 말미암아 근절되었기 때문이라 한다. 그러나 본문과 다음 구절들에 의하면 이 같은 말은 사실이 아니다. 크리스천이 성령 안에서 행하도록 은혜로 가르침 받는 것처럼 육체 또한 점진적으로 정복되는 것이다. 하지만 완전히 제거된 것은 아니다. 그러므로 크리스천은 주의 길을 가려고 의식적으로 선택할 필요가 있다. 그러기 위해서는 하나님의 은혜가 절대적으로 필요하다. 'hina' (so that, in order that)는 계속되는 것보다는 최종적인 것을 말한다. 즉, 육체의 소욕은 성령을 거스리고 성령은 육체를 거스리나니 이 둘이 서로 대적함으로(hina) "……내가 원하는 것은 행하지 아니하고…… 내가 원하지 아니하는 그것을 행하면…… 이제는 그것을 행하는 자가 내가 아니요 내 속에 거하는 죄니라 …… 그런즉 내 자신이 마음으로는 하나님의 법을 육신으로는 죄의 법을 섬기노라"(롬 7 : 15 - 25)이다. 여기서 '할 수 없다' (cannot do)는 표현이 강하게 보인다. 그래서 본문(17절)에서 말하기를, "너희가 원하는 것을 하지 못하게 하려 함이니라"라고 했다(so that you do not the things that you would).

[5 : 18] 본 절에서 바울은 총괄적으로 갈라디아 사람들에게 다시 주지시키고 있다. 우리가 지금은 경건한 삶을 살 필요가 있지만, 그렇다고 율법주의로 되돌아가서는 안 된다는 것이다. 성령으로 사는 삶은 율법도 어떤 면허증도 그들 사이의 중간의 어느 것에도 지배받지 않는다. 그것은 믿음과 모든 거짓을 뛰어넘은 사랑의 삶이다. 성령으로 사는 사람은 수동적으로 살기보다 오히려 자신이 인도됨을 허락할 필요가 있는 사람이다. 성령에 대한 응답은 16절의 '성령을 따라 행하라' (walk), 18절의 '성령의 인도하시는 바' (led), 그리고 25절의 '성령으로 살면' (live)이라는 세 단어로 묘사된다.

2. 육체의 일(5 : 19 - 21)

> 19육체의 일은 분명하니 곧 음행과 더러운 것과 호색과 20우상 숭배와 주술과
> 원수 맺는 것과 분쟁과 시기와 분 냄과 당 짓는 것과 분열함과 이단과 21투기와
> 술 취함과 방탕함과 또 그와 같은 것들이라 전에 너희에게 경계한 것같이 경계
> 하노니 이런 일을 하는 자들은 하나님의 나라를 유업으로 받지 못할 것이요

갈등 속에 있는 영과 육은 육체의 일과 성령의 열매를 대조시킴으로 설명된다. 바울은 이 두 가지를 마음에 갖고 이 부분을 기록하고 있다. 동시에 여기서 열거된 것들은 그가 앞에서 기록했던 것보다 더 확실하게 기록되고 있다. 그는 특별한 행동을 하여 자신을 영적인 사람으로 간주하는 이들의 행동을 측정하기 위해 대조표를 제시한다. 어떤 사람의 행동이 육체의 일에 해당하는 특색을 지녔다면, 그는 성도가 아니거나 또는 하나님의 영에 인도함을 받지 않는 거짓 성도일 것이다. 동일한 평가 기준이 교회에도 적용된다.

개역개정 성경에 있는 '음행'(KJV에는 '음행과 살인')이 가장 권위 있는 사본들에는 없다. 바울이 지적한 죄의 종류가 육체의 일을 전부 포함한 것이 아니므로 그것을 빠뜨렸다 해서 문제가 되지는 않는다.

[5 : 19] 육체의 일은 육체가 눈에 보이는 것처럼 분명히 나타난다. 그렇다고 공개적으로 보여진다는 것은 아니다. 물론 그런 것도 있고, 그렇지 않은 것도 있다. 분명한 것은 그 행동의 기원이 죄성에서 온 것이지 하나님이 성도에게 주신 성품에서 온 것이 아니라는 것이다. '육체'(sarks)라는 단어의 범위는 여기서 분명해졌다. 그 목록(list)은 소위 육체적인 죄만 포함한 것이 아니고 인간 본성의 모든 부분에서 유출된 죄들을 포함한다.

바울이 죄의 종류를 생각하면서 여기서 기록한 것인지 말할 수는 없다. 그러나 그런 의도가 있었든 그렇지 않았든 상관없이 그 목록은 네가지로 분류할 수 있다. (1) 성도덕을 범한 죄들(음행, 더러운 것, 호색), (2) 종교적 영역에서 온 죄(우상 숭배, 주술), (3) 대인관계(사회적)에서의 죄(원수 맺는 것, 분쟁, 시기, 분 냄, 당 짓는 것, 분열함, 이단, 투기), (4) 특별한 이방인들의 죄(술 취함, 방탕함).

처음 세 가지는 성적 죄다. '음행'(fornication)은 성적 부도덕성 또는 간음(porneia) 같은 부도덕한 성적 관계를 말한다. 이 말은 매춘(prostitution)과 매춘부(prostitute)를 뜻하는 단어에서 온 것이다. 이 같은 악으로 시작하여 바울은 헬라, 로마 세계의 공개된 악을 지적한다. '더러운 것' (akatharsia, impurity)은 인간 존재가 더러운 상태에 있음을 의미한다. 그러나 후에는 도덕적으로나 의식적으로 정결하지 못한 사람을 뜻함으로 윤리적으로 함축된 말로 쓰였다. 이를 바울은 도덕적으로 더러운 것, 아마도 비본성적 악으로 사용했을 것이다. '호색' (aselgeia, debauchery)은 예절에 대한 무모하고도 공개된 경멸을 말한다(Lightfoot). 이것은 여러 악한 것들 중 으뜸이 될 만한 것이다(고후 12 : 21 참조).

[5 : 20] 성적 죄들이 육체가 짓는 죄의 전부는 아니다. 바울은 또한 종교적 죄를 말한다. 우상 숭배(eidōlolatria, idolatry)는 창조주가 아닌 피조물을 예배하는 것이다. 주술(pharmakeia, witchcraft)은 마귀의 힘을 예배하므로 몰래 속이는 행위다. 이 두 행위는 악마에 대한 공포를 상승시키고, 육체의 일은 하나님을 대적할 뿐 아니라 자신과 이웃을 향해서도 대적하는 일을 포함한다고 지적한 것이다.

바울의 목록 가운데 이웃, 즉 사회적 죄에 대한 것들이 여덟 가지 있다. 이것들의 대부분은 설명을 필요로 하지 않는 것들이다. 원수 맺는 것(echthrai, hatred)은 'enmities' (적의, 증오)와 같이 복수형으로 되어 질적으로 다양한 형태, 즉 계급 간, 민족 간, 개인 간의 적대관계를 가리킨다. 그런데 그리스도 안에서 이 적대감이 깨어졌다(갈 3 : 28 ; 엡 2 : 14－16).

'분쟁' (eris, discord)은 세상과 교회에서 원수 맺는 일(hatred)로부터 오는 자연적 결과다. 바울이 사용한 단어 중 4개는 교회생활과 연결되어 있다. '시기' (zēlos, zealousy)와 '분 냄' (thumoi, angers, fits of rage)은 좋은 점과 나쁜 점의 양면성이 있다. 의분과 같은 경건한 열심(zeal)도 있는 반면에 시기나 분 냄은 이기적 동기와 교만에 의해 상처를 입은 것으로부터 기인한다. 그것들은 바울이 본문에서 지적한 것처럼 악한 것으로 타인을 해한다.

당 짓는 것(eritheiai, selfish ambition, selfish rivalry)은 여러 번역이 가능하다. 경쟁(contention), 분쟁(strife), 이기심(selfishness), 내항(rivalry),

음모(intrigues) 등이 그것이다. 기본적 의미는 일에 대하여 이기적이고 자기 확대적인 것을 뜻한다. 당 짓는 것과 위에서 언급한 세 가지(분쟁, 시기, 분냄)는 고린도후서 12 : 20에 있는 순서와 같다. 분열함(dichostasiai, dissensions)과 이단(haireseia, factions)은 사람들이 분리되고 격심한 반목의 상태를 가리킨다.

[5 : 21] 투기(phthonoi, envy)는 시기(zēlos)와 가까운 관계에 있다. 이 둘을 구별하기는 어려운데, 다만 투기는 항상 나쁜 것이지만 시기는 그렇지 않다.

이상 여덟 가지 죄들은 사회 속에서 보여진 인간관계를 깨트리는 책임이 있는 것들이다. 마지막으로 알려진 이방인들의 죄는 술 취함(methai, drunkenness)과 방탕함(komoi, orgies), 즉 알코올로부터 오는 죄다. 이것들은 방탕으로 타락한 것을 즐거워하는 것을 가리킨다. 그리고 바울은 "또 그와 같은 것들이라"라고 함으로 여기에 나열하지 않은 죄들이 더 있음을 말하고 있다.

바울은 이와 같은 일들을 습관적으로 실행하는 사람들은 하나님의 나라를 유업으로 받지 못할 것임을 엄숙하게 경고한다. 그렇다고 해서 그리스도인이 술 취하거나 방탕함으로 죄에 빠질 경우 구원을 상실하게 된다는 뜻은 아니다. 여기서 동사의 시제가 현재형으로 되어 있는 것이 중요하다. 그것은 육체적인 죄에 계속 머물러 있는 상태를 가리킨다. 계속해서 그 같은 죄를 범하는 사람은 하나님의 영을 받지 않았다는 증거다. 앞에서 바울이 갈라디아 사람들에게 경고하는 말을 할 때 그의 설교는 단순한 전도라고만 할 수 없었다. 그는 그리스도인에게 기대한 도덕적 표준을 행할 것이라는 메시지를 항상 담고 있었다.

하나님의 나라에 대한 언급은 신약에서 아주 중요한데, 그것은 매우 복합적인 개념이며 크고도 새로운 주제임을 알려 준다. 그러나 여기서 바울은 하나님의 나라를 종말론적 의미로 생각하고 있다. 하나님의 나라(basileia theou)는 하나님의 통치, 즉 인간의 중심에서 하나님이 다스리시는 현재싱과 종말의 때에 하나님이 권능으로 오실 것을 기다리는 미래성이 있다. 하나님의 나라는 복음서와 사도행전, 그리고 바울서신에 편만하게 나타난다(롬 14 : 17 ; 고전 4 : 20 ; 6 : 9 ; 15 : 24, 50 ; 살후 1 : 5). 특히 21절 끝 부분의 "유업으로 받지 못할 것이요"라는 말씀은 갈라디아서 3 : 29의 말씀을 생각나게 한다. 육체대로 살기를 계속하는 사람은 아브라함의 자손이 아니요, 그런 사람은 구원을 유업으로 받을 수 없다는 것이다.

3. 성령의 열매(5 : 22-26)

22오직 성령의 열매는 사랑과 희락과 화평과 오래 참음과 자비와 양선과 충성
과 23온유와 절제니 이 같은 것을 금지할 법이 없느니라 24그리스도 예수의 사
람들은 육체와 함께 그 정욕과 탐심을 십자가에 못 박았느니라 25만일 우리가
성령으로 살면 또한 성령으로 행할지니 26헛된 영광을 구하여 서로 노엽게 하
거나 서로 투기하지 말지니라

바울은 19절에서 시작한 육체와 성령의 열매들을 대조시키는 일을 계속한다. 이제 19절에서 말한 육체의 일에 대조되는 성령의 열매를 여기서 말한다. '일'(erga)이라는 단어는 인간이 할 수 있는 것을 말한다. 예를 들어 율법을 지키는 일은 이미 구원을 위해서는 부적절한 것으로 보여졌다(2 : 16 ; 3 : 2, 5, 10). 반면에 성령의 열매는 크리스천과 하나님 사이에 살아 있는 관계로 가능한 인간의 산출보다 성령의 자연스러운 산물이다(2 : 20 ; 요 15 : 1-17 참조). 성령의 열매(karpos)가 단수형으로 된 것은 열매가 낱개로 된 것보다 포도송이처럼 하나임(unity)을 강조한 것이다. 또한 그 열매는 그리스도인 모두에게서 발견되어야 함을 뜻한다. 이런 의미에서 교회의 필요를 따라 각 사람에게 주신 성령의 은사(gifts)와는 다른 것이다(고전 12장).

성령의 9가지 열매는 세 부분씩, 세 가지로 나눌 수 있지만, 분류하기가

쉽지 않다. 첫 번째 셋은 일반적으로 그리스도인의 마음의 습성을 포함한다. 그것들의 본질적 방향은 하나님을 향한 것이다. 두 번째 셋은 그리스도인의 대인관계와 사회적 덕성에 관한 것이다. 세 번째 셋은 그리스도인의 자기 자신과의 관계를 말씀하고 있다.

[5 : 22-23] '사랑'(agapē)은 성령의 열매 목록 중 첫 번째다. 모든 그리스도인들은 "하나님은 사랑이심"(요일 4 : 8)을 알고 믿음, 소망, 사랑 중 제일은 사랑(고전 13 : 13)임을 알고 있다. 하나님과 연관된 '아가페'라는 말은 특별한 의미가 있다. 하나님의 사랑은 과분한 것("우리가 아직 죄인 되었을 때에 그리스도께서 우리를 위하여 죽으심으로 하나님께서 우리에 대한 자기의 사랑을 확증하셨느니라"〈롬 5 : 8〉)이요, 큰 것("긍휼이 풍성하신 하나님이 우리를 사랑하신 그 큰 사랑을 인하여"〈엡 2 : 4〉)이며, 변형시키는 것("……우리에게 주신 성령으로 말미암아 하나님의 사랑이 우리 마음에 부은 바 됨이니"〈롬 5 : 5〉)이고, 변치 않는 것("……어떤 피조물이라도 우리를 우리 주 그리스도 예수 안에 있는 하나님의 사랑에서 끊을 수 없으리라"〈롬 8 : 35-39〉)이다. 이 사랑이 죄인을 위하여 죽게 하시려고 그리스도를 세상에 보내셨고, 인간들이 죄를 사랑하고 죄를 따름에도 불구하고 그들의 생을 보전하신다. 이제는 사랑으로 특징지어진 그리스도의 성령은 그 까닭에 다른 사람과 세상을 향해 하나님의 사랑을 보이기 위하여 그리스도인 안에 살고 계신다. 이로 말미암아 그리스도인은 그리스도의 제자 됨을 사람들이 알게 한다(요 13 : 35).

'희락'(chara)은 세상에서의 행복에 상응하는 그리스도인의 덕성이다. 표면적으로 행복과 희락은 관계가 있는 것처럼 보인다. 그러나 행복은 환경에 의존하지만 희락은 그렇지 않다. 신약에서 기쁨은 그리스도인들의 인사말에 자주 쓰였다(마 28 : 9 ; 눅 1 : 28 ; 행 15 : 23 ; 고후 13 : 11 ; 약 1 : 1). 희락은 영적으로 잃어버린 것을 찾았을 때 특별히 충만해지는 것이다(눅 15 : 6-7, 9-10, 32). 예수님은 요한복음 17장에서 대제사장으로서 교회를 위한 기도를 하시면서 "……그들로 내 기쁨을 그들 안에 충만히 가지게 하려 함이니이다"(13절)라고 말씀하셨다. 예수님 자신이 기쁨이시다. "……보라 내가 온 백성에게 미칠 큰 기쁨의 좋은 소식을 너희에게 전하노라"(눅 2 : 10). 아버지 하나님의 뜻을 성취시킨 것이 곧 주님의 기쁨이다. 이 기쁨은 교회의 특성이기도 하다. "항상 기뻐하라"(살전 5 : 16, chairete, 너희들은 기뻐하라)가 복수형으로 표현된 것은 개인보다 교회에 주신 말씀이기 때문이다. 구원받은 무리의 거룩한 기쁨, 즉 성령의 기쁨(살전 1 : 6)이 교회에 항상 있어야 한다.

'화평' (eirēnē)은 그리스도인들의 인사말로 가장 많이 쓰였다. 이것은 히브리어 '샬롬' 과 같은 말이다. 샬롬은 모든 좋은 것을 말한다. 병든 자가 고침을 받는 것, 군인은 전쟁에서 승리하는 것, 농사짓는 농부에게는 풍년이 드는 것과 같이 모든 좋은 것을 샬롬이라 한다. 그러나 '에이레네' 는 그보다 더 깊은 뜻이 있다. 화평은 그리스도의 십자가에서 그분이 성취하신 것을 하나님이 인간에게 주신 것이다. 즉, 하나님과 화평이 이루어진 것이다(peace with God, 롬 5 : 1). 하나님과 화평을 이룬 이는 하나님의 평화(peace of God)를 누린다(빌 4 : 6 – 7). 그리고 하나님을 아는 모든 사람 사이에서 실제적 평화를 누린다. 가정에서(고전 7 : 12 – 16), 유대인과 이방인 사이에서(엡 2 : 14 – 17), 교회 내에서(엡 4 : 3 ; 골 3 : 15), 성도와 모든 사람과의 관계에서(히 12 : 14) 화평을 누린다. 그러므로 그리스도인들은 화평을 구하며 그것을 따라야 한다(벧전 3 : 11). 이 단어가 신약성경에 80회나 나타나고, 모든 신약 책 가운데 나타나 있으므로 누구나 그 중요성을 엿볼 수 있다.

'오래 참음' (makrothumia)은 타인과의 관계에서 참는 것이다. 이것은 하나님의 성품이다. "……너희 하나님 여호와께로 돌아올지어다 그는 은혜로우시며 자비로우시며 노하기를 더디하시며 인애가 크시사 뜻을 돌이켜 재앙을 내리지 아니하시나니"(요엘 2 : 13). 시험과 고난 중에, 다른 이로 인해 해를 받을 때 참는 것이다(고전 13 : 4 ; 약 5 : 7 ; 롬 2 : 4 ; 고후 6 : 6).

'자비' (chrēstotēs)는 하나님께서 인간에게 향하신 행동에서 나온 하나님의 자비다(시 34 : 8 ; 눅 6 : 35). 이것은 구약에서 '하나님은 선하시다' 라는 말을 선포할 때 자주 쓰인다. 하나님께서 인간에게 자비를 베푸시듯 그리스도인은 다른 사람에게 자비를 베풀어야 한다. 한편 로마서 3 : 12에서는 '선' (good)으로 번역되었다(KJV, AV, 개역개정판).

'양선' (agathōsunē)은 정의하기가 어렵다. 위에 있는 자비와 연관되어 있지만, 자비에 비해 보다 능동적인 선을 뜻한다. 칠십인역에서는 '친절' (삿 8 : 35), '의' (시 38 : 20), '번영' (전 5 : 10)으로 사용되고, 신약에서는 바울 서신에서만 볼 수 있다(롬 15 : 14 ; 엡 5 : 9 ; 살후 1 : 11). 이는 주로 친절로부터 오는 관용을 뜻한다. 그리스도인은 착한 사람이어야 한다(a christian must be a goodman).

'충성' (pistis)은 하나님께 대한 믿음(faith)을 의미한다. 다른 이에게 신실하거나 의존하는 것이다. 이 말은 신실한 종을 설명할 때도 사용된다(눅 16 : 10 – 12 참조). 복음의 종과 그리스도의 종은 충성해야 한다(딤전 1 : 12 ; 딤후 2 : 2). 그리스도를 고백하기 위해 죽을 수 있는 사람의 특성이 바로 충성이다(계 2 : 10 ; 3 : 14). 이것은 그리스도의 성품을 말한다. 즉, 그리스도는 아버지 하나님의 충성된 증인(계 1 : 5)이시다. 아버지 하나님은 자기 백성들에게 항상 신실하게 대하셨다(고전 1 : 9 ; 10 : 13 ; 살전 5 : 24 ; 살후 3 : 3).

'온유' (prautēs)는 옳은 때에 결코 노하지 않고 잘못된 때에 노하는 자기 절제를 하는 사람의 성품이다(Aristotle, *Nicomachean Ethics*, Ⅳ, 5, 1 – 4). 자기를 비방하다가 하나님의 저주를 받은 미리암을 위해 오히려 기도하는 모세처럼 남의 유익에 초점을 맞춘 마음이다(민 12 : 3). 우리가 배워야 할 마음이고(약 1 : 21), 남의 과오를 바로잡고 자신을 살피는 마음의 태도다(갈 6 : 1). 또한 거역하는 자를 대하는 덕성이며(딤후 2 : 25), 그리스도를 증거할 때 갖는 그리스도인의 성품이다(벧전 3 : 15 – 16).

'절제' (enkrateia)는 육체의 욕망을 이기게 하는 기능이고, 그러므로 마음과 행동을 순결하게 하는 것과 연관된다. 이는 그리스도가 마음에 계시는 사람에게 오는 위대한 특성으로, 그를 세상에서 살고 행할 수 있게 하되 그의 옷에 세상으로부터의 먼지를 묻지 않게 하는 덕성이다.

이와 같은 것들은 예수 그리스도가 요구하는 삶의 덕성이고, 성령이 이끄시는 덕성이다.

"……이 같은 것을 금지할 법이 없느니라"(23절). 이 마지막 절은 수사학적 효과를 위한 조심스러운 표현이다. 바울이 언급한 율법(nomos)은 악을 억제한다. 그러나 이와 같은 덕성은 억제할 필요가 없다. 그러므로 이 같은 사람을 저주할 율법은 없다는 것이다. 또한 이는 율법이 요구하는 모든 것을 원칙적으로 성취하게 한 것이므로 율법은 이런 태도로 사는 사람에게 대항할 수 없다는 것이 바울의 제언이다. 이런 사람은 자유인으로서 하나님을 섬기는 일에 자유하다. 율법은 죄를 저주한다. 그러나 성령의 사람은 율법의 저주로부터 자유한 자다.

[5 : 24] 육체와 성령의 전쟁은 격렬하고도 쉴 사이 없이 일어나고 있음이 갈라디아의 독자들에게 명백해졌다. 이들의 성품은 근본적으로 상극이다. 17절에서 바울이 언급한 바와 같다. "육체의 소욕은 성령을 거스르고 성령은 육체를 거스르나니 이 둘이 서로 대적함으로 너희가 원하는 것을 하지 못하게 하려 함이니라" 그렇다면 어떻게 승리를 할 수 있을까?

성도는 승리하기 위해서 무엇을 해야 할까? 바울은 본 장의 마지막 절들에서 두 가지 대답을 준다. 첫째, 바울은 그의 독자들에게 그들이 그리스도께로 올 때 육체의 일을 충분히 회개하고 거기에서 영원히 돌이킬 것을 상기시킨다. 이 같은 행동을 그들은 지속해야 한다. 바울은 이 같은 적극적 회개를 언급하면서 십자가의 생생한 이미지를 사용한다. 그가 좋아하는 이러한 이미지는 그가 다른 곳에서도 사용한 것이다. 그러나 여기서 그가 말한 것, 즉 "십자가에 못 박았느니라"라는 말씀은 로마서 6 : 6이나 갈라디아서

2 : 20에서 사용한 것과는 약간 다르다. 다른 곳에서 사용한 예들의 동사는 수동태(was crucified, have been crucified)로, 그때의 표현들은 그리스도의 죽음의 결과로 성도를 위해 하신 것을 말한다. 그러나 여기서는 동사가 능동태다(have crucified). 성도 자신이 행한 것을 언급하고, 그 일을 계속해야 한다는 것이다. 이것을 묘사한 적절한 용어를 찾는다면 '회개' 다. 이와 같이 그리스도 안에 있는 성도는 이미 옛 성품을 실현한 삶의 방식을 회개했다. 이것이 전쟁이 이미 끝났다는 것을 의미하지는 않는다. 실제 십자가에서처럼 죄는 비록 십자가에 못 박혔지만 그 옛 사람의 생명은 오래 간다. 그럼에도 불구하고 성도는 진행되고 있는 것처럼 결정적 행동을 한 것으로 간주된다. 십자가에 한 번 못 박힌 것에 대해 성도는 십자가에서 벗어날 길을 찾지 않는다. 부패한 정욕은 멸망에 이르게 한다. 여기서 '탐심' 은 16절의 '육체의 욕심' (epithumian)과 같은 말이다. 정욕(pathēmasin)과 탐심은 육체의 일을 총괄하는 대명사다.

[5 : 25] 둘째, 바울은 성도들에게 그들이 참 성도로서 성령으로 살면 성령으로 또한 행할 것을 상기시킨다. 성령이 인도하시고 그들은 성령을 좇을 것이다. 그들은 성령과 같은 줄에 서 있거나 함께 걷는다(stoichōmen, let us walk). 이 동사는 아브라함의 믿음의 자취를 따르는 자에게도 쓰였고(롬 4 : 12), 복음의 진리를 순종하는 자에게도 쓰였다(갈 6 : 16).

[5 : 26] 본 절이 앞의 구절에 속한 것인지 아니면 그 다음에 나오는 것과 연결이 되는지에 대해서는 말하기가 곤란하다. 분명한 것은 성령으로 인도함을 받는 이들의 특성 중 첫 번째 것을 말씀한 것이 틀림없다는 것이다. 반면에 15절의 주제로 돌이키고 있다. 6 : 1에서 '형제들아' 로 시작하므로 새로운 말을 시작하고 있음을 알 수 있다. 아마도 바울이 알고 있는 갈라디아 사람들의 교만을 꺾고 분열을 막기 위한 말씀을 하고 있는 것으로 보인다. 성

령으로 사는 사람은 궁극적으로 이와 같은 악을 이긴다.

'헛된 영광'(κenodoκsoί)은 자랑 또는 헛된 특권(출생, 자산, 우아함, 지식)을 뜻한다. 자신의 하찮은 특권을 비교하여 우월감을 갖는 자들이 갈라디아 교회 안에 있었다. 유대인들은 그들의 출생과 피를 자랑했으나, 이런 것들은 구원에 아무런 공로가 못된다. 그리스도인은 자신이 덜 중요함을 인식하고 헛된 영광을 찾다가, 서로 노엽게 하거나 투기함으로 성도의 교제와 조화와 화평을 깨는 일을 해서는 안 된다.

설교를 위한 묵상 : "사랑으로써 역사하는 믿음"(갈 5 : 2-6)

인간의 행위로 구원을 얻는다는 것은 사도 바울에 의해 배제되었다. 어떤 이는 종교의식으로, 또 어떤 이는 비종교의식(착한 행실)으로 구원받을 것을 희망했지만, 바울은 "그리스도 예수 안에서는 할례나 무할례나 효력이 없으되……"(6절)라고 단칼에 베어 버린다.

유대인들이 할례를 의지하듯, 많은 그리스도인들은 세례와 성찬을 의지하려 한다. 그러나 이런 외적인 의식으로 구원을 얻는 것은 아니다. 구원은 예수 그리스도를 믿는 믿음으로만 얻을 수 있다. 그리스도의 대속의 피로 우리 죄가 씻김을 받고 구원을 받는 것이다.

사도는 믿음 자체와 거짓 믿음을 분별한다. 참 믿음은 사람을 구원한다. 이는 하나님에 대한 확신과 행하는 믿음으로 나타난다. 그러면서 많은 열매를 맺는다. 사랑으로써 역사하는 믿음이 참 신앙이다.

헤롯 왕은 세례 요한의 준엄한 책망을 받고 자기에게 임할 심판을 두려워하면서 마침내 세례 요한의 목을 베는 죄를 범했다. 헤롯의 믿음은 심판을 두려워하는 믿음이었다. 그러나 구원 신앙을 가진 이는 사랑으로써 역사하는 믿음을 가진다. 당신이 주 예수 그리스도를 믿고, 사랑하며 섬긴다면 당신은 참 신앙을 가진 자라 할 수 있다. 사랑과 믿음의 뿌리와 가지는 서로 엉켜 있는 것이다. 내게 사랑과 믿음이 얼마나 되는지를 헤아려 보면, 자신의 영혼의 상태를 어렴풋이 볼 수 있을 것이다.

(1) 믿음은 항상 사랑을 생산한다

① 믿음이 어떤 일을 행할 때 믿음 옆에는 사랑이 동반한다. 이 두 은혜는 분리할 수 없다. 믿음, 사랑은 항상 함께 있을 것이다(고전 13 : 13).

베다니의 마리아와 마르다 자매는 주님을 영접하고, 마리아는 주님 발 앞에 앉아 말씀을 듣고, 마르다는 주님을 대접하기 위해 음식 준비에 분주했다. 의의 태양이신 그리스도로부터 은혜의 광선이 비쳐질 때 그 집안에는 믿음의 등불이 켜지고 사랑의 열이 활활 타올랐다.

하나님을 믿는 믿음은 하나님을 사랑함이 없이는 존재하지 않는다. 믿음 없는 진실한 사랑도 없다. 어린양의 피를 믿는 사람이 어린양 되신 주님을 사랑하지 않는다는 것은 상상할 수가 없는 일이다. 믿음에서 생긴 사랑은 그가 믿는 그리스도의 아름다움을 발견할수록 그리스도에 대한 사랑으로 계속해서 커진다.

② 믿음은 영혼의 눈이다. 볼 수 없는 것을 보는 망원경이다. 거룩한 믿음으로 주님의 성품을 보게 되고, 그분의 인격을 인식하며, 비교할 수 없는 그의 사역을 알게 된다. 거기서부터 지식이 생기고 바로 거기서 사랑이 생긴다. 그분이 우리를 먼저 사랑하셨기 때문에 우리는 그분을 사랑한다. 이렇게 믿음은 그리스도의 사랑을 보게 한다. 그리고 "그분이 나를 사랑하셨고 나를 위해 자신을 주셨다."(갈 2 : 20)라고 고백하게 한다.

또한 믿음은 그리스도의 상처를 보게 한다. 그리고 그분의 신성을 감지하게 한다. 그리고 마침내 '나의 주 나의 하나님' (요 20 : 28)이라고 외치게 한다.

③ 사랑은 소유의식에서부터 일어난다. 어머니는 자녀를 오로지 '내 아이' 이기 때문에 더 많이 사랑한다. 소속감이라 한다. "하나님이여 주는 나의 하나님이시라 내가 간절히 주를 찾되…… 내 영혼이 주를 갈망하며 내 육체가 주를 앙모하나이다"(시 63 : 1). 은과 금, 자동차와 토지를 소유해도 사람들은 자기 것은 사랑한다. "네 보물 있는 그곳에는 네 마음도 있느니라"(마 6 : 21). 당신이 그리스도를 믿음으로 모시고 있다면 "이는 내 사랑하는 이요 내 기쁨이라."라고 고백할 것이다. 예수님을 즐거워하는 사랑은 그분을 소유하고 그분 안에서 승리함으로 그분께 사랑의 노래를 기쁘게 불러 드리는 것이다.

④ 믿음은 받은 은혜를 즐거워함으로 사랑을 일으킨다. 우리는 믿음의 기도로 은혜를 받는다. 그 은혜를 기뻐하면 그 은혜를 주신 하나님을 사랑하게 된다. 믿음은 하

나님께 가까이 가게 한다. 하나님께 말씀을 아뢰이고 사랑을 받게 한다. 아브라함처럼 아침을 하나님과 함께 시작하고, 이삭처럼 저녁에는 들에서 하나님과 함께한다. 하나님 안에서 믿음의 삶은 바다에 있는 물고기의 삶과 같다. 늘 즐겁고 자유롭고 감사한 삶을 영위할 수 있다.

예수 그리스도의 품 안은 믿음의 베개처럼 푸근하고, 하나님의 마음은 믿음의 누각처럼 안식을 준다. 믿음은 우리로 하여금 하나님께 가까이 가게 하고 하나님을 사랑하게 하기 때문이다. 엠마오로 가던 두 제자는 "길에서 우리에게 말씀하시고 우리에게 성경을 풀어 주실 때에 우리 속에서 마음이 뜨겁지 아니하더냐"(눅 24 : 32)라고 했다.

⑤ 하나님의 사랑을 안 사람은 받은 사랑을 말해야 한다. 사람 중에 그 어느 누구도 그리스도와 같은 이가 없다. 그분의 아름다움은 우리 마음을 온전히 빼앗아 간다. 예수 그리스도가 자신을 계시하시면 그를 보는 순간 우리 마음은 녹아 버리게 된다. 그를 자랑하게 되고 높이게 된다.

⑥ 그리스도와 친밀감은 그리스도를 닮게 한다. 행복한 부부는 서로 닮아 간다. 목표와 가치관이 닮고 생각이 닮는다. "오직 사랑 안에서 참된 것을 하여 범사에 그에게까지 자랄지라 그는 머리니 곧 그리스도라"(엡 4 : 15). 사랑은 성품까지도 닮게 한다. 그리스도와 같은 믿음을 가진 이는 그리스도를 능력 있게 사랑한다. 당신은 주 예수 그리스도를 믿는가? 그분을 신뢰하는가?

뿌리가 있으면 꽃은 곧 필 것이다. 하나님을 사랑하려고 노력하겠다는 말을 하지 말라. 당신 자신이 누구를 사랑하라고 요청받는다고 해서 사랑하게 되는 것은 아니다. 사랑은 강요되거나 구입할 수 없다. 사랑은 정의할 수 있는 것이 아닌 신비로운 것이다. 사랑하기 전, 반드시 필요한 게 있다. 그것이 믿음이다. 믿으면 사랑하게 된다. 믿지 못하는 자는 믿음이 생길 때까지 사랑할 수 없다. 주님을 믿기 때문에 사랑할 수 있는 것이다.

(2) 사랑은 완전히 믿음에 의존한다

'사랑으로써 역사하는 믿음' (갈 5 : 6)이란, 믿음의 힘 없이 사랑 자체만으로는 역사하지 않는다.

① 즉, 믿음 없는 사랑은 존재하지 않는다. 사랑은 믿음에 의존되어 있다는 것이다.

신뢰할 수 없는 주님을 사랑할 사람은 없다. 그리스도를 신뢰할 때 우리는 그분을 사랑하고 그분의 말씀을 사랑하게 된다. 따라서 믿음의 번창함이 없이 사랑이 왕성할 수 없다. 주님의 지혜와 선하심에 의심과 고통이 생긴다면 우리는 주님과 다투거나 냉담해질 것이다. 그러므로 사랑하려면 반드시 믿음이 있어야 한다. 그러므로 우리는 믿음이 떨어지지 않도록 조심해야 한다.
② 믿음 없는 사랑은 번창할 수 없듯이 사랑 없는 믿음도 성장할 수 없다. 막달라 마리아가 예수님의 무덤을 찾아간 것은 믿음이 아닌 사랑에 이끌려서였다. 그 사랑이 믿음을 살렸다.

-사랑은 설계사, 기획사라면 믿음은 시공자다.
-사랑은 "김 씨를 그리스도께로 인도합시다."라고 말한다. 믿음은 김 씨에게 달려나가 복음을 선포한다.
-사랑은 "아이들이 예수님을 알아야 한다."라고 말한다. 믿음은 교회학교를 열고 아이들을 가르친다.

사랑은 근육이 되고 힘줄이 되며 힘을 주는 믿음이 있어야 한다. 사랑은 솔로몬의 백합화같이 향기가 있다. 보기에도 아름답다. 그러나 살아 있는 꽃은 숨겨진 땅속에 산 뿌리를 박아야 산다. 믿음의 뿌리가 없으면 모래 위에 세운 집처럼 바람이 불고 창수가 날 때 쉽게 무너진다.
하나님을 사랑하는 마음은 예수 그리스도에게 뿌리를 내려야 한다. 그리스도를 향한 참회, 겸손, 지식이 없이는 주님을 사랑할 수 없다. 예수 그리스도를 향한, 예수 그리스도에 대한 지식과 믿음에 뿌리를 내린 사랑은 무너지지 않을 것이다.

(3) 믿음은 사랑으로 그 힘을 나타낸다

① '사랑으로써 역사하는 믿음'은 그 팔에 사랑을 가진 힘차고 활력 있는 대장장이와 같다. 그리고 사랑 없는 믿음은 팔이 없는 사람과 같다. 사랑은 팔이면서 도구다. 사랑은 믿음의 망치로서 믿음이 이루려는 모든 것을 만들 수 있다.
② 사랑은 믿음의 용광로다. 세상에 있는 모든 도구들은 대장장이가 연탄불에 부채질할 수 없거나 열을 만들어 낼 수 없는 한, 훌륭한 연장이 될 수 없다. 하나님께 대

한 신실한 사랑의 열을 가해야 믿음이 힘을 낸다. 믿음은 하나님을 믿고 하나님을 즐거워하는 것이다. 그를 사랑하게 되면 느부갓네살이나 히틀러, 김일성과 같은 이들도 사랑의 용광로 속에서 오히려 완숙해지고 성장하게 된다. 이때 하나님께 대한 충분한 사랑이 없으면 믿음은 죽는다.

"……우리에게 주신 성령으로 말미암아 하나님의 사랑이 우리 마음에 부은 바 됨이니"(롬 5 : 5). 성령이 예수 그리스도의 사랑을 우리 마음에 부으심으로 불 같은 사랑이 일어난다. 이 불은 모든 죄와 강퍅한 마음을 녹이고 소멸할 것이다. 그 불을 끌 수 있는 이는 없다. 사랑의 연탄에 바람을 일으키고 그 불꽃 속에 강한 쇠를 넣으면 쓸모 있는 연장이 만들어지듯 사랑으로써 믿음의 힘이 나타난다.

③ 사랑은 믿음의 틀이다. 사랑의 용광로에서 모든 것이 녹아 하나님 사랑의 틀에 맞게 된다. 예수 그리스도께서 우리를 사랑하시듯 우리는 다른 사람을 사랑하게 된다. 그리스도께서 아버지를 사랑하고 율법을 완성하며 자신을 희생제물로 바쳐 아버지께 영광을 돌리셨듯, 우리도 형제와 아버지를 위하여 사는 자가 된다.

④ 사랑은 믿음을 빛나게 한다. 내가 믿음으로 갈고닦은 일에 사랑이 부어짐으로 빛이 난다. 이처럼 믿음은 사랑으로 역사한다. 당신이 이 방법 외에 다른 것으로 하나님을 위해 일을 한다면, 혼란에 빠질 수밖에 없다. 율법은 하나님이 받으실 만한 일이 되도록 당신을 도울 수 없다. 율법은 지옥의 감방을 만들지, 성전의 기둥은 세우지 못한다. 당신은 하나님을 사랑하기 때문에 하나님을 위해 일해야 한다. 의무감이 변하여 자원하는 기쁨이 되고 근심이 변하여 즐거움이 되려면, 믿음에 사랑이 있어야 한다. 당신을 구원하신 하나님을 사랑하면 하나님 앞에서 어떤 고난도 이길 수 있다.

(4) 사랑은 믿음을 완성한다

믿음에 사랑이 이처럼 중요한 동반자가 됨으로 믿음은 사랑에 빚진 자다.

① 사랑은 사람을 감탄하게 한다. 그래서 믿음을 자라게 한다. 비둘기의 눈을 가진 사랑은 그리스도의 완전성을 더욱 보게 한다. 그리하여 믿음의 눈을 돕는다. 사랑은 주님의 권능과 신실성과 불변성을 보고 "나는 주님을 전보다 더 신뢰할 수 있다."라는 즉각적이고 신앙적인 결론을 내린다.

② 사랑은 불신을 버리고 믿음을 돕는다. 하나님을 의심하면서 어떻게 하나님을 기쁘게 해 드릴 수 있을까? 사랑하기 위해서 의혹은 버려야 한다. 결혼생활에서 신뢰

가 끊어지면 사랑이 죽은 것이다. 사랑은 "모든 것을 참으며 모든 것을 믿으며 모든 것을 바라며 모든 것을 견디느니라"(고전 13 : 7). 그리스도를 사랑하면 내 속에 있는 의심과 의혹의 여우가 죽게 되고 믿음의 뿌리를 해하려는 것이 없어진다.

③ 완전한 사랑은 두려움을 던져 버린다. "사랑 안에 두려움이 없고 온전한 사랑이 두려움을 내쫓나니 두려움에는 형벌이 있음이라"(요일 4 : 18). 사랑은 담대하게 하고 가장 존경하게 한다. 냉정, 냉담은 하나님의 자녀에게 있을 것이 아니다. 하늘 아버지와 가장 가깝게 교제하도록 부르심을 받은 성도는 시내산에서가 아니라 갈보리 언덕에서 하나님을 만난다. 믿음과 사랑은 주의 집에 영원히 거한다. 노예적 공포는 사라지고 사랑의 기쁨이 그리스도 예수 안에서 넘쳐흐른다. 모든 면에서 하나님을 의지하되 작은 일이나 큰일이나, 기쁠 때나 슬플 때나 하나님을 의지하고 사랑하라.

(5) 맺는 말

우리가 갖고 있는 믿음으로 하여금 일하게 하자. 그리스도 교회의 모든 회원은 그리스도를 위한 일꾼이 되어야 한다. 믿음은 다툼을 버린다. 사랑으로 역사하게 한다. 사랑으로 일하기 위해 우리는 믿음을 가져야 한다. 기도하라. 예수 안에서 당신의 믿음을 새롭게 하라. 성령께서 당신을 십자가에 못 박히신 그리스도께로 인도하신다. 그 안에서 영원히 거하라. 그리스도께서 당신을 위해 모든 것을 하셨다. 이 같은 일관성 있는 신앙은 열렬한 사랑을 만들 것이다. 열렬한 사랑은 오래 참는 일을 할 것이다. "믿음, 소망, 사랑, 이 세 가지는 항상…… 그중의 제일은 사랑이라"(고전 13 : 13). 믿음의 선한 일을 위해 사랑으로 행하자.

D. 실제적 권면(6 : 1-10)

1. 서로 짐을 지라(6 : 1-5)

[1]형제들아 사람이 만일 무슨 범죄한 일이 드러나거든 신령한 너희는 온유한

심령으로 그러한 자를 바로잡고 너 자신을 살펴보아 너도 시험을 받을까 두
려워하라 [2]너희가 짐을 서로 지라 그리하여 그리스도의 법을 성취하라 [3]만일
누가 아무것도 되지 못하고 된 줄로 생각하면 스스로 속임이라 [4]각각 자기의
일을 살피라 그리하면 자랑할 것이 자기에게는 있어도 남에게는 있지 아니하
리니 [5]각각 자기의 짐을 질 것이라

바울은 5장 마지막 부분에서 육체의 일과 성령의 열매를 대조시키고, 그리스도인은 성령의 인도를 받는 삶을 살아야 함으로 결론을 내리고 있다. 그러나 사랑, 희락, 화평, 오래 참음과 그 외의 다른 덕성으로 특징된 그리스도인의 삶은 어떠한 삶을 의미하는가? 바울은 신비적 경험을 좋아하는 이나 또는 공상의 날개를 타고 날아가기를 좋아하는 이들을 이 땅 위의 인생 문제로 끌고 내려와 대인관계(1-5절)와 돈의 사용(6-10절)에 대해 말함으로 영성을 가늠케 하고 있다.

성령의 열매에 관해 행하기는 어렵지만 말하기란 쉽다. 그리스도인은 감성적으로 보다 구체적 삶의 상황에서 성령의 실체를 나타내야 한다.

[6:1] 먼저, 영적으로 성숙한 성도의 특성을 말한다. 바울은 가정법을 쓰고 있다. “사람이 만일 무슨 범죄한 일이 드러나거든…… 온유한 심령으로 그러한 자들을 바로잡고 너 자신을 살펴보아 너도 시험을 받을까 두려워하라” 라고 했다. 성숙한 성도는 남이 죄를 짓든 말든 무시하거나, 그 죄를 다루는 것을 거부하거나, 아니면 죄를 폭로하여 자신의 우월성을 드러내지 않는다. 성령의 인도함을 받는 성도는 어떻게 해야 할지를 제시한다.

첫째, 바울은 마땅히 해야 할 바를 알려 준다. 즉, 그리스도인은 죄에 빠진 사람을 회복시켜야 한다. 동사 ‘katarizō’(restore, 회복하다)는 골절된 뼈를 제자리에 놓는다는 의학용어다. 타락한 그리스도인의 잘못된 삶이 바르게 교정되는 것이다. 이는 부정되거나 공개되는 것이 아니다.

둘째, 회복시키는 일은 영적인 사람에 의해 수행되어야 한다. '영적'(pneumatikos)이라는 말은 두 가지를 뜻한다. (1) 5장에서 바울이 사용한 말과 연관된다 : 당신은 당신을 육체적 그리스도인 대신 영적인 그리스도인으로 생각하는가? 여기서 그것을 시험해 보라는 것이다. 죄 많은 형제를 회복시키는 것은 영적인 그리스도인이 해야 할 일이다. (2) 바울은 성령의 인도를 받는 성도만이 다른 형제의 죄를 다룰 수 있는 성숙성을 가졌다는 것을 독자들에게 상기시키고 있다. 모든 그리스도인들은 그 같은 성숙함을 소원해야 하고 성숙한 성도가 되어야 한다.

셋째, 회복은 온유함으로 이루어진다(5 : 22 이하에 있는 성령의 열매 중 하나가 '온유'다). 얼마나 영적인 삶을 사느냐에 따라 시험을 면할 수 있는 것이 아니다. 우리 모두는 시험에 빠질 수 있다. 단, 우리가 성령으로 행하면 우리는 서로 사랑하게 된다. 우리가 서로 사랑하면 서로의 짐을 져 주게 되고, 우리가 서로 짐을 져 주면 죄에 빠져 있는 형제를 회복시키는 일에 위축되지 않는다. 더욱이 우리가 마땅히 해야 할 사도적 권면에 순종하면 많은 잘못된 소문들이 제거될 것이다. 결국 뒤에서 수근거림은 사라지고 교회의 선함이 나타나고 그리스도의 이름이 영화롭게 될 것이다.

그리스도인은 다윗과 베드로처럼 세상에서 완전하지 못하기 때문에 항상 죄에 빠질 위험이 있다. 그러므로 누가 죄에 빠지면 책망이나 저주하기보다 온유한 마음으로 그가 회복되도록 도와주는 것이 영적인 사람이다.

[6 : 2] 실제로 영성을 가진 두 번째 사람의 두 번째 특징은 남의 짐을 져 주는 데 있다. 본서에서 바울은 '지탱하다'(bastazo, bearing)라는 단어를 네 번 쓰고 있다. 5 : 10 ; 6 : 5 ; 6 : 17 ; 그리고 6 : 2이다. 본 절에서는 시험이 짓누르거나 삶이 억누름당할 때마다 그의 짐을 서로 져 주는 것을 언급한다. 여기서 바울은 그리스도의 법을 성취하라면서 그리스도의 새 계명인 사랑을 제시한다(요 13 : 34). 만일 네가 져야 할 짐이 있다면 그들과 서로 동정의 짐

을 지라는 것이다. 그리하여 그리스도의 법인 사랑의 법을 성취하라고 하나님께서는 말씀하신다.

[6 : 3] 이 법을 성취시킴으로 성도는 두 가지 과오에서 지켜진다. 첫째, 자신이 다른 사람보다 더 중요하다고 생각하는 자만심에 빠지지 않게 된다. 그리스도인이 다른 사람의 짐을 부정하거나 거부하면, 그것은 자신의 우월감 때문이다. 그러나 그것은 자기를 속이는 것이다. 하나님의 잣대로 재어 볼 때 그 누구도 다른 사람보다 더 중요한 사람은 없다. 바울의 표현은 헬라어로 더 정확히 나타났다. '생각하다' (dokei, think)는 '존재하다' (ōn, being)와 대조되는 말이다. '무엇인가' (tis, something)는 '없는 것' (mēden)과 대조된다. 전자의 대조는 바울이 2장에서 예루살렘 교회의 기둥들(2, 6, 9절)을 묘사한 것이고, 그리고 이 사람들은 하나님의 은혜를 떠나 있으면 아무것도 아니라는 것을 바울이 반복한 것이다. 이것은 사실이다. 바울은 같은 원리를 로마서 12 : 3에서 좀 더 적극적인 표현으로 전했다. 즉, 자신의 존재와 생각이 다르다는 것이다. 되지 못한 사람이 된 줄로 생각한다. 자신은 무엇이 된 것처럼 생각하고, 범죄한 자를 억압하거나 고통을 더해 주는 사람은 되지 못한 사람이요 스스로 속이는 자다.

[6 : 4] 둘째, 성도가 남의 짐을 져 줌으로 자신과 다른 사람의 일을 비교하는 것에서 생기는 과오로부터 성도 자신을 지킨다. 나는 그들보다 낫다든지, 그 반대로 나는 아무것도 할 수 없다는 생각은 둘 다 잘못된 것이다. 성도 각자는 주님으로부터 사명을 받았고, 주 앞에서 그것을 행할 의무가 있다는 것을 바울은 제시한다. 다른 사람을 규범으로 삼는 것은 피해야 한다. 성도는 항상 눈을 하나님께 돌리고 사람을 보지 말아야 한다. 그럴 경우 자신은 무익한 종이라(눅 17 : 10) 할 것이고 영광은 하나님께만 돌리게 된다(고후 10 : 12－18).

'살피라' (dokimazetō, dokimazō의 현재명령형, let prove)는 순금을 골라

내는 것(벧전 1 : 7)처럼 참과 거짓을 구별하는 것을 뜻한다. 합당한 방법, 즉 하나님의 말씀으로 자신을 비교해 보아 마지막 심판 날을 대비하라는 것이다.

'자랑할 것' (kauchēma, boast)은 기쁨이 있는 승리적 자랑을 말한다. 남을 폄하하고 비교하여 얻는 상대적 기쁨이 아니라 자신을 하나님의 말씀으로 비추어 보아 상급으로 얻어지는 내심의 자랑이며 절대적인 기쁨이다(고후 12 : 9-10). 이것이 바로 자랑할 것이 자기에게만 있다는 뜻이다. 자신을 부적절한 사람으로 평가하면 절망한다. 그러나 자신의 부족함을 말씀 앞에서 깨닫는 사람은 하나님의 은혜를 상급으로 기쁘게 받는다. 여기에 진정한 기쁨이 있다. 그러므로 우리 자신을 부적절하게 평가하지 말아야 한다. 우리는 아무것도 되지 못하였다고도, 무엇인가 된 줄로도 생각하지 말아야 한다. 그리고 하나님과 사람에게 칭찬과 박수를 받기 위해서가 아니라 선한 양심을 가지고 성실과 정직으로만 맡겨진 일을 감당해야 한다.

[6 : 5] 그리스도인의 의무는 각각 자기의 짐을 지는 것이다. 2절의 "너희가 짐(barē)을 서로 지라"와 5절의 "각각 자기의 짐(phortion)을 질 것이라" 부분에서는 두 개의 다른 단어가 쓰였다. 'phortion' 은 선박의 화물(짐)처럼 배가 옮길 수 있는 짐이다(행 27 : 10 참조). 그러나 'barē' 는 인간이 감당할 수 없는 무거운 짐이다. 2절은 범죄자의 죄를 가리키고, 5절은 자신의 부족을 말하고 있다. 자신을 살피면 스스로의 죄와 부족함을 알게 되고, 그 부족함은 스스로 책임을 지라는 것이다. 그때 진정한 자기 기쁨도 얻을 수 있고 남을 위로할 수도 있다. 그러나 무거운 죄의 짐은 서로가 기도해 주고 권면하여 회개하게 해야 한다. 이러한 면에서 2절과 5절은 상충되는 말이 아니다.

2. 돈의 사용(6 : 6-10)

6가르침을 받는 자는 말씀을 가르치는 자와 모든 좋은 것을 함께하라 7스스로

속이지 말라 하나님은 업신여김을 받지 아니하시나니 사람이 무엇으로 심든
지 그대로 거두리라 [8]자기의 육체를 위하여 심는 자는 육체로부터 썩어질 것
을 거두고 성령을 위하여 심는 자는 성령으로부터 영생을 거두리라 [9]우리가
선을 행하되 낙심하지 말지니 포기하지 아니하면 때가 이르매 거두리라 [10]그
러므로 우리는 기회 있는 대로 모든 이에게 착한 일을 하되 더욱 믿음의 가정
들에게 할지니라

바울은 성령의 삶을 물질 사용에 실제적 방법으로 적용한다. 사실 물질보다 마음의 우선권 문제를 가르치고 있다. 7~9절은 물질 문제를 주로 다루고 있지 않기 때문에 많은 주석가들은 이 부분을 돈 사용에 관한 부분이라고 말하기를 주저한다. 그럼에도 불구하고 바울은 적어도 세 가지 면에서 돈 사용 문제를 다루고 있음을 볼 수 있다. (1) 일반적으로 6절의 주제에 대한 확대가 7~9절이지만, 10절에서 다시 주제로 돌아온다. "……모든 이에게 착한 일을 하되……"라는 것은 구제하라는 완곡 표현이다. 즉, 물질적인 것에 관한 관심이 바울의 마음속에서 떠나지 않고 있음을 볼 수 있다. (2) 7절은 잠언 같은 말씀으로 관용을 베풀 것을 격려한다(고후 9 : 6). 여기서 우리는 주는 것이 바울의 마음속 최우위에 있음을 가정해 볼 수 있다. 마침내 갈라디아의 상황을 떠나서 예루살렘의 가난에 대한 구제가 예루살렘 회의의 결과(갈 2 : 10)로 그가 감당할 사명 중 하나가 된 것을 볼 수 있다. 이런 빛 속에서 본 절은 구제헌금에 대한 간접적 암시로 볼 수 있다.

바울은 돈 사용에 대해 세 가지로 언급한다 : (1) 교회에서 말씀을 가르치는 자를 도와라. (2) 육체를 먹이기보다 영적 삶을 세우는 일에 사용하라. (3) 다른 사람 특히 그리스도인들을 돕는 일에 쓰라. 이 세 가지 원리는 모두 잠언 속에서 선언된 것이다. 즉, 사람은 무엇으로 심든지 그대로 거둔다. 심은 대로 거두는 원리에 따라 그가 힘써 노력한 것으로부터 얻을 터이니 돈을 하나님이 주신 목적에 따라 바르게 사용하라는 것이다.

[6:6] 말씀을 '가르침을 받는 자'(katechoumenos ton logon)는 후일 교회에서 흔히 볼 수 있는 발전된 교육제도를 말한 것이 아니고, 초기에 놀랍게도 은급을 받는 교사에게 가르침을 받는 자를 지적한 것이다. 바울의 정책은 복음을 선포하는 이는 돈을 받지 않고 전해야 함이 분명했다. 그래서 그 자신은 천막 깁는 직업을 갖고 생활했다. 그러나 이것은 개척단계에서 있었던 일이다. 그는 곧 다른 구조를 세웠다. 즉, 일꾼은 그에 합당한 은급을 받아야 한다는 것이다(고전 9 : 11－14 ; 딤전 5 : 17－18 ; 그리고 눅 10 : 7 참조).

주의 종을 돕는 것은 마음이 내키지 않지만 행해야 하는 의무 사항이 아니다. 바울은 이것을 '함께하라'(koinōneō, partnership, fellowship, sharing)는 단어로 말한다. 선생이 말씀의 좋은 것으로 나누어 주듯, 성도는 선생과 모든 좋은 것으로 함께하라는 것이다. 모든 좋은 것(pasin agathois, all good things)은 그들이 편안하도록 필요한 모든 것, 즉 물질 또는 도덕적 선 등을 공급하는 것을 말할 수 있을 것이다.

바울은 왜 하필 돈 사용에 대한 말씀을 전하다가 말씀을 가르치는 자와 모든 좋은 것을 함께하라는 이야기를 하는 것인가? (1) 그는 아마도 우리가 알지 못한 그 당시 갈라디아 교회의 상황을 말한 것 같다. 예민한 교회 문제를 직접 말하는 것은 현명하지 못할 뿐 아니라, 또한 그렇게 할 수도 없는 상황이었기 때문일 것이다. (2) 이 문제는 바울이 교회 문제를 다룰 때 우선순위에 놓고 있었던 부분이다. 바울은 고린도서에서 돈 문제를 길게 쓰고 있다. 그리고 여기서도 돈 문제를 빼놓지 않고 있다. 특히 바울은 앞에서 육체의 일과 성령의 열매를 말한 후, 돈 사용을 바르게 할 것을 말하고 있는 것이다.

[6:7] 6절의 특별 권고는 일반적으로 선행을 확대하라는 것과 모든 좋은 것을 함께하라는 원칙을 말한 것이다. 심은 대로 거두는 것이 변치 않는 하나님의 법칙이다. "하나님은 업신여김을 받지 아니하시나니"(Theos ou muktērizetai, God is not mocked). 하나님은 우리의 성품을 아신다. 그리

므로 하나님은 모욕, 경멸, 조소를 받지 않으신다. 사람들은 적게 심고 많은 것을 기대하는 어리석은 일을 하지만, 그렇다고 하나님을 어리석게 만들 수는 없다. 적게 심은 대로 결과가 나타날 것이기 때문이다.

[6 : 8] 이것은 그리스도인의 삶에서 진리다. 사람이 자기 돈을 육체를 위하여 사용하면 그는 육체적인 것을 거두게 될 것이다. 육체는 임시적이기 때문에 어느 날 없어질 것이고, 거둔 것도 모두 없어질 것이다. 반면에 자기 돈을 영적인 것을 도모하는 일이나 영적인 것을 먹이는 일에 사용하면 그의 추수는 남아 있게 될 것이다. 이 두 가지 사실은 바울이 제시한 원칙을 적용한 것이다. 즉, (1) 그는 돈 문제를 다루고 있다. 그리고 (2) 그리스도인의 영적 특성을 다루고 있다. 그것도 원리와 적용을 광범위하게 하고 있다. 자기 자신에게보다 다른 사람에게 적용한다. 목회자의 경우처럼 만일 회중이 그들을 돕는 일을 거부하거나, 그렇게 함으로 좋은 가르침의 기회를 박탈할 경우, 그리고 자신들을 위해 그들의 돈 사용을 즐기면 그 결과는 부패에 빠진다. 그러나 반대로 좋은 목회자를 도울 경우 결과적으로 그들은 영적인 추수를 하게 될 것이다. 이 원리는 시간 사용에도 적용된다. 마음이나 다른 것을 무엇을 위해 사용하느냐의 문제에도 똑같이 적용된다.

옛 서양 속담이 유익하게 들린다. "생각을 심고 행동을 거둔다. 행동을 심고 습관을 거둔다. 습관을 심고 성품을 거둔다. 성품을 심고 운명을 거둔다." 성경적 교훈과 지극히 흡사하다. 육체를 심는 것과 성령을 심는 두 종류의 삶 앞에서 어느 것을 선택할 것인지 자신을 되돌아보아야 한다.

[6 : 9] 좋은 것을 심는 일의 큰 방해 요소는 열매에 대하여 낙심하거나, 그래서 포기할 것을 염려하는 것이다. 심는 것과 추수하는 것 사이에는 4개월의 간격이 필요하다(요 4 : 35). 영적으로 뿌린 것을 거두는 데에 드는 시간은 그보다 빠를 수도, 혹은 늦을 수도 있다. 그래서 바울은 "선을 행하다가 낙

심하지 말라"(살후 3 : 13 참조)고 했다. 오래 참는 것을 권면한 내용은 바울 서신에서 자주 볼 수 있다(고전 15 : 50, 58 ; 16 : 13 ; 빌 1 : 27 이하, 2 : 15 이하, 4 : 1 ; 살전 3 : 5, 13 ; 5 : 23). '포기한다' (egkakeō)는 헬라어 동사는 부정사를 주로 선행사로 갖고 있다(눅 18 : 1 ; 고후 4 : 1, 16 ; 엡 3 : 13). 그리스도인은 성령을 받고 믿음으로 의로워지고, 죄로부터 씻김받았으나 거룩한 삶 속에서 인내해야 하고, 그들의 인생 항해에는 쉼이 없다. 바울은 자신의 삶 속에서 인내의 필요성을 알고 있었다(고전 9 : 26 이하 참조). 인내하는 자는 포기하지 않는다. "때가 이르매 거두리라" 이 '때' 는 그리스도의 초림 또는 재림의 때를 말한다. 여기서는 종말론적 추수기를 말하며 예루살렘 구제기금이 열매로 거둬질 것을 암시한다. 낙심하고 포기하게 하는 두 가지 시험을 조심하라는 것이다. 필요한 준비를 했다면 추수는 분명하므로 염려하거나 포기하지 말라는 것이다.

바울은 포괄적인 생각으로 자신에 대한 말을 한 것이 아니라 갈라디아 교회에 확산되어 있는 무보수 사역에 대한 말을 한 것이다. 일인칭 복수인 '우리가' 는 이 가정을 지지한다. 여기서 '선' 은 6절의 '좋은 것' 과 같다. 바울은 이웃에 대한 자선 행위를 권하고 있는 것이다. 6절에서는 말씀의 스승을 향한 자선을, 7~8절에서는 일반적 자선을 가르쳤으나 본 절은 자선을 하다가 낙심하거나 포기하지 말라고 한다. 눈물로 씨를 뿌리는 자는 기쁨으로 단을 거두듯이(시 126 : 5) 선을 심고 인내하면 영의 열매를 거둔다는 것이다.

[6 : 10] 바울은 여기서 모든 이에게 착한 일을 해야 할 의무에 관해서 말을 한다. 여기서 착한 일은 돈을 주는 것을 주로 의미한다. 이때 많은 이들은 자신의 한계를 생각하는데, 그럴 경우 바울은 모든 이들에게 착한 일을 하되 믿음의 가정을 위해 더욱 그리 하라고 한다. 그들이 믿는 이들로부터 받지 못하면 그들은 아무 곳에서도 도움을 받을 수 없기 때문이다. 그러나 더 많은 자원을 가졌다면 그들 모두에게 착한 일을 하라고 한다.

바울은 여기서 특별한 관심을 두 곳에 기울인다. 첫째, 믿음의 가정들이다. 그들은 그리스도를 믿음으로 우리와 관계가 있는 사람들을 의미한다. 그들은 실제적인 친밀도를 넘어선 사람들이다. 믿는 모든 사람을 말한다. 그러므로 교단이나 지방색 때문에 돕는 일이 제한을 받아서는 안 된다.

둘째, 시간에 대한 관심이다. 이러한 관심은 9절에서는 '때'(kaíros), 그리고 10절에서는 '기회'(kaíron)로 표현되었다. 'kaíros'는 어떤 것에 대한 바른 시간(the right time), 또는 적절한 시간(the proper time)을 가리킨다. 영원히 잃어버리기 전에 단 한 번 일어나는 시간이다. 하나님이 정한 시간 전에 추수할 곡식을 바라는 사람은 아무도 없다(9절). 그러나 씨를 뿌릴 시기를 놓치면 추수 때에 곡식을 얻지 못할 것이다(10절).

제 Ⅴ 부

결론

갈라디아서 6 : 11~18

※ 설교를 위한 묵상("세 개의 십자가", 갈 6 : 14-18)

※ 특주- '바울신학에 대한 새 관점학파'(School of the New Perspectives on Paul)에 대한 비판적 연구

| 갈라디아서 6 : 11~18 |

결론

[11]내 손으로 너희에게 이렇게 큰 글자로 쓴 것을 보라 [12]무릇 육체의 모양을 내
려 하는 자들이 억지로 너희에게 할례를 받게 함은 그들이 그리스도의 십자
가로 말미암아 박해를 면하려 함뿐이라 [13]할례를 받은 그들이라도 스스로 율
법은 지키지 아니하고 너희에게 할례를 받게 하려 하는 것은 그들이 너희의
육체로 자랑하려 함이라 [14]그러나 내게는 우리 주 예수 그리스도의 십자가 외
에 결코 자랑할 것이 없으니 그리스도로 말미암아 세상이 나를 대하여 십자
가에 못 박히고 내가 또한 세상을 대하여 그러하니라 [15]할례나 무할례가 아무
것도 아니로되 오직 새로 지으심을 받는 것만이 중요하니라 [16]무릇 이 규례
를 행하는 자에게와 하나님의 이스라엘에게 평강과 긍휼이 있을지어다 [17]이
후로는 누구든지 나를 괴롭게 하지 말라 내가 내 몸에 예수의 흔적을 지니
고 있노라 [18]형제들아 우리 주 예수 그리스도의 은혜가 너희 심령에 있을지
어다 아멘

사도는 그가 하고 싶은 말을 거의 다했다. 그리고 본서를 마무리하고 있다. 바울은 대필자의 손에서 붓을 취하여 친필로 서신의 개요를 씀으로 끝을 맺고 있다. 율법주의자들에 대한 추가 경고를 통해 기독교는 율법주의자들처럼 외형적이고 인본주의적이기보다, 내면적이고 초자연적인 기본 원리를 갖고 있음을 재진술하면서 그리스도 때문에 고난받을 것을 말하고 축복으로 끝낸다. 어떤 면에서 갑작스런 끝맺음은 갈라디아 성도들 앞에 놓인 본서의 대주제인 '믿음이냐 행위냐' 하는 문제를 떠난 결론이었다고 보인다.

[6 : 11] 여기서 바울은 자기 손으로 붓을 잡고 두 가지 목적을 이루고 있다. (1) 본서의 저자가 바울 자신임을 입증한 것이다. 그는 다른 서신에서처럼 친필로 끝을 맺는다(고전 16 : 21 ; 골 4 : 18 ; 살후 3 : 17). (2) 주목적이 강조되었다.

그렇다면 '큰 글자'(pēlikois …… grammasin, how large〈great〉 …… letter)는 무슨 뜻인가? 종교개혁자들(Martin Luther, John Calvin)은 그것이 글자의 크기를 말한다고 한다. 그래서 "내가 쓴 긴 서신을 보라."라는 뜻으로 이해한다. 그러나 다른 서신에 비해 비교적 짧은 본 서신의 길이는 이를 지지하지 않는다. 대부분의 학자들은 이것이 바울이 쓴 서신의 크기를 말한다고 한다. 그러나 이에 동의하지 않는 이들도 있다.

다이스만(Deissmann, Gustav Adolf)은 '큰 글자'란 노동자의 서툰 글씨를 말한다고 한다. 바울의 손은 노역으로 망가졌기 때문이다(Deissmann, *Light from the Ancient East Licht von Osten*, trans. by Jack Finegan , pp. 166 – 167 ; A Paulus, *eine kultur und Religions geschichtliche*, Skizze Tübingen, 1925, E. T. by L. R. M. Strachen, st. Paul, A study in social and Religious History〈London, 1912〉, p. 49). 이것은 설득력이 없어 보이지만, 바울은 직업적인 서기관 같은 명필도 아니었던 것으로 보인다. 이것은 큰 글자인지 그것을 강조한 것인지 알기 어렵다. 또 다른 이들은 현

대 인쇄술에서 이탤릭체나 굵은 글자로 강조점을 나타내듯 글자의 크기를 키웠을 것이라는 가정을 한다. 갈라디아 사람들의 마음에 각인시키기 위해 강조점을 큰 글씨로 했다는 견해다. 어떤 이는 바울의 시력 때문에 큰 글자를 썼을 것으로 본다(고후 12 : 7 ; 갈 4 : 15 참조, Clemens, "St. Paul's Hand Writing", EXPT. 24. 1912 – 1913, p. 380).

[6 : 12] 바울은 앞서 율법주의자들에 관하여 말을 했다. 이제 여기서는 율법주의자들이 시도하려는 것과 왜 그들이 그것을 시도하려 했는지에 관하여 갈라디아 사람들에게 말해 줌으로 경고를 하고 있다. 율법주의자들의 행동 목적은 육체의 모양을 내려 하기 위한 것이라고 바울은 지적한다. 사실 헬라어 'euprosōpēsai' (to look well)에는 '불성실' 또는 '위선'이라는 뜻이 함축되어 있다. 그들은 그들이 보이는 대로가 아니고 그들이 원하는 인상을 사람 앞에서 외형적으로 만든 것이다. 본서 전체를 통해 자주 나타난 'sarks' (flesh, 육체)라는 단어가 이것을 말한다. 육체는 율법주의자들이 되고 싶어 하는 인간을 말한다. 즉, 그들 종교의 시금석이 된 할례를 말한다. 이것과 대조적으로 기독교에서는 은혜받은 자가 하나님을 기쁘시게 하려고 새로 지으심을 받는 것이다(14 – 15절).

그러나 율법주의자들이 그들의 과오를 고집한 것은 바울이 지적한 대로 오류를 범한 것이다. 바울에 따르면 거기에는 두 가지 이유가 있다. **첫째,** 그리스도의 십자가로 인한 핍박을 피하기 위함이었다. 여기서 그리스도 자체는 문제가 아니다. 그리스도는 유대교나 다른 종교에 의해 잘 동화될 수 있는 선생일 뿐이다. 문제는 십자가다. 십자가는 인간의 죄를 유일하게 해결할 수 있는 신의 죽음을 말하고 있기 때문이다. 십자가를 진다는 것은 세 가지 불안하게 하는 것과 치욕적인 교리를 인정하는 것이었다 : (1) 인간은 죄인이라는 것, (2) 그 죄는 인간을 하나님의 저주하에 있게 하지만 그 저주를 그리스도가 지셨다는 것, (3) 인간은 구원을 스스로 얻을 수 없다는 것. 만일 이것이 가능하다면 십자가는 불필요하게 될 것이라는 교리다. 이 교리들은 인간을 겸손하게 한다. 결과적으로 인간들은 십자가를 미워하게 되었고, 십자가 교리를 주장하는 이들을 심하게 핍박했다.

[6 : 13] **둘째**, 율법주의자들은 그들의 육체로 자랑하려고 그들의 과오를 계속 고집했다. 여기서 그들은 두 가지 잘못을 범하고 있다. (1) 다른 사람을 이기려는 시도는 그 자체가 파멸을 가져오는 것이다. 할례받은 사람만이 율법을 지킬 수 있는 것은 아니기 때문이다. (2) 자랑에 근거한 것이기 때문이다. 율법주의자들은 갈라디아 사람들이 육체로 자랑하기를 원했다. 그들이 할례자의 수를 자랑하고, 갈라디아에서 대량 회심자를 얻었다고 자랑하고 싶어했다. 이것은 오늘날도 교회가 빠지기 쉬운 결신자 수나 수세자 수를 자랑하려는 경향의 함정과도 같다. '할례를 받은 그들' 은 할례받은 자가 된 이방인(5 : 3)이나 율법주의자들 또는 유대인 전부(롬 2 : 17 - 29)를 가리킬 수 있다. 여기서 바울은 유대 율법주의자도, 율법을 지킨 것을 자랑하는 유대인도 아닌, 갈라디아 사람 일부 중에 할례와 같은 외적인 것에 집착하여 영광을 받고자 한 이들을 말한 것이다.

[6 : 14] 부적절하고 죄로 물든 자랑에 대항하여 바울은 완전히 다른 자랑을 말한다. '우리 주 예수 그리스도의 십자가 외에 결코 자랑할 것이 없다' 는 확고한 신념을 천명한 것이다(빌 3 : 7 - 9 참조). 십자가는 인간의 죄로 필수적이 된 속죄를 말한다(12절 참조). 구세주의 완전한 이름은 그의 품성을 말하고, 구원하시는 하나님, 즉 메시야를 의미하며 그의 사역을 뜻한다. '우리' (hemōn, our)라는 대명사는 그리스도의 구속의 인격적인 면을 말하는데, 그것은 믿음의 반응을 통한 '우리' 가 된다.

율법주의자들은 행동의 동기가 있었다. 핍박을 두려워할 뿐 아니라 할례받은 자의 숫자를 가지고 자랑하고 싶은 동기가 있었다. 그러나 사도 바울은 그리스도의 십자가를 자랑했다. 그 십자가로 인해 자기 삶 속에서 성취된 것이 있었기 때문에 십자가를 자랑했다. 그 십자가로 말미암아 바울은 세상과의 관계가 끊어졌다. 세상과의 관계가 존속되었다면 그는 세상과 함께 멸망했을 터이니 십자가는 바울의 자랑거리요 모든 성도들의 자랑거리다. 그리스도인에게 십자가는 영광의 제목이다. 왜냐하면 (1) 그리스도가 거기에서 고난받으심으로 하나님의 사랑이 나타났기 때문이다. (2) 무죄한 자로 죽으심으로 그리스도의 거룩함과 순결함이 나타났기 때문이다. (3) 그리스도가 죽으심으로 하나님의 법을 성취했기 때문이다. (4) 그의 죽으심으로 인간에게 하나님과 화해의 길이 열렸기 때문이다. (5) 대속의 죽음으로 죄 용서함을 받았기 때문이다. (6) 그 십자가로 인해 우리는 세상에 대해 죽고 하나님께 대하여는 살았기 때문이다. (7) 시험을 이길 힘을 받았기 때문이다. (8) 천국에 들어가는 영광을 받았기 때문이다.

바울은 그의 회심 이전을 돌아보면서 그때의 자신은 율법주의자들과 같았음을 인식했다. 그때에는 외형적인 것에 자신이 매여 있었다. 인간적인 성취로 영광을 찾겠다(빌 3 : 4 - 6) 했으나 예수를 만난 후 모든 것을 해로 여기고, 그런 것들은 십자가에 못 박았다. 이기심으로 채워진 세상과 육체적 마음 자세는 십자가에 못 박고 자신도 세상에 대하여 죽었다. 자신이 십자가에 죽는 것은 그리스도께서 우리 대신 십자가에 죽으신 사실을 믿음으로만 되는 일이다. 그리고 그 자리에 모든 것이 되시는 그리스도만 오셨다.

[6 : 15] 전체적 요약은 간단하다. 할례나 무할례나 구원의 수단으로는 아무것도 아니다(5 : 6 ; 고전 7 : 19 참조). 오직 한 가지 중요한 것은 새로 지으심을 받는 것이다. 이것은 율법을 지킴으로 오는 것이 아니라 복음의 진리를 받아들이고, 거기로 나아감으로써 얻어지는 것이다.

[6 : 16] 아직도 요점을 찾지 못한 이에게 바울은 적나라한 언어로 그것을 다

시 한번 언급하고 있다. 그는 "이 규례(kanon, rule)를 행하는 자에게와 하나님의 이스라엘에게 평강과 긍휼이 있을지어다"라고 했다(시 125 : 5 ; 128 : 6 참조). 이 말씀은 세 가지 점을 지적한다 : (1) 하나님의 평강과 긍휼은 이 복음에 충실한 사람들에게만 주어진다. (2) 복음을 믿는 모든 이들은 계속 복음 안에서 살아야 할 의무가 있다. (3) 이런 사람들이 참 이스라엘이다. 본 절에서 '규례'는 선언된 복음의 핵심을 말한다. 물론 성경의 정경(canon)을, 그리고 기독교 교리 전체를 말할 수도 있다. 복음의 본질과 기독교 참 교리에 관심을 가진 사람들이 종종 교회를 혼란에 빠뜨리기도 한다. 그러나 바울은 정반대의 입장이다. 복음은 평강의 진정한 촉매이고 하나님의 긍휼의 통로다. 이 규례를 따라야 할 책임 있는 사람들이 그것을 떠날 때 교회에는 평강도 긍휼도 없다는 것이다.

본 절에서 '이 규례를 행하는 자에게와(kai, and) 하나님의 이스라엘'은 두 가지로 이해된다. 하나는 단순한 연결 접속사로 읽는 것이다. 그럴 경우 바울의 최종 말이 이방인 중에서 복음의 진리와 이스라엘을 따라 사는 모든 이에게 직접적으로 있게 된다. 이것은 불신앙의 이스라엘을 의미하지 않는다. 이것은 그리스도인 유대인을 말한다. 그럼에도 불구하고 어떤 감람나무 가지가 기독교 유대인으로 퍼져 나간 것이다. 반면에 'kai'가 두 개의 부류나 두 개의 축복보다 'even'(심지어, 한층 더)의 의미를 갖고 유대인과 이방인을 다 포함한 하나의 그룹, 즉 하나님의 이스라엘을 강조한다고 보는 해석이 있다. 참 유대인은 육체를 따른 아브라함의 자녀가 아니고, 하나님의 영을 좇아 은혜로 새로 태어난 하나님의 자녀를 말한다.

[6 : 17] 바울의 마지막 말들에는 어떤 요구와 마지막 축복이 담겨 있다. 그 요구란 갈라디아에서 분출된 문제들로 자신을 괴롭게 하지 말라는 것이다. 그들이 문제를 일으켰다면 그와 같은 문제에 대해 듣고 싶지 않다는 뜻일까? 그들이 문제를 일으켰다면 바울은 그들과 싸워야 했을 것이다. 문제를

일으킨 율법주의자들로부터 더 이상 괴로움당하기를 원치 않은 것도 아니라면 그의 소원과는 상관없이 그는 그들에게 직접 호소할 수 없을 것이다. 그 대신 그 호소는 교회들을 향한 것이다. 그러므로 교회는 율법주의 이단들에게 길을 열어 줌으로 바울을 더 이상 괴롭게 하지 말아야 한다. 그 이유는 바울 자신은 이미 충분히 고통을 받았기 때문이다. 율법주의자들에 의해 바울의 사도권이 부정되었고, 십자가의 복음은 훼손당했으며, 갈라디아 교회는 혼란에 빠짐으로 그는 온갖 괴로움을 겪었다. 시제가 현재형으로 된 것으로 보아 그들의 핍박이 계속적이었음을 생각할 수 있다. 그러므로 바울은 필요하다면 율법주의자들의 주장에 우선 항거하고, 교회는 그들로부터 오는 고난을 함께 나눠 가질 수 있으면 좋겠다는 것이다.

'예수의 흔적' (stigmata tou iēsou, marks of Jesus)은 그의 주 예수 그리스도 때문에 그가 핍박을 받을 때 그 몸에 받은 상처들을 말한다. 이 흔적들은 그와 그리스도와의 관계를 나타낸다. 마치 노예의 흔적처럼 그 자신은 그리스도의 소유임을 나타낸다. 더 이상 그의 사도권이 도전받는 고통은 있을 수 없다는 것이다. 이 흔적들의 항목은 고린도후서 6 : 4~6과 11 : 23~30에서 볼 수 있다. 이와 같이 순결하고 영광스러운 예수의 흔적을 지닌 바울은 갈라디아 성도들에게 의미 없는 할례의 흔적을 강요하는 율법주의자들과 대조된다.

[6 : 18] 바울의 끝맺음은 본서를 시작할 때 썼던 바(1 : 3) 주 예수 그리스도의 은혜가 갈라디아 사람들의 심령에 있기를 빌고 있다. 따라서 바울의 소원은 하나님의 은혜가 점점 더 증가하여 나타나고, 외형적 흔적이 어떠한 자든지 받아들이며, 종교의식으로 하나님을 감동시키는 것이 아니라 참된 그리스도인의 심령으로 그리하는 것이다. 그리스도의 놀라운 흔적이 있는 하나님의 백성들에게는 항상 위대한 날이 될 것이다.

여기서 '은혜'는 그리스도가 주신 모든 것의 총체를 말하며, 구원과 영생, 영광을 포함한다. 바울은 이 같은 "은혜가 너희 심령과 함께 있을지어다"라고 말 한다. '형제들아' 라는 호격을 제외하고 본서의 축도는 빌립보서 4 : 23(여기에는 humōn, '우리' 가 빠져 있다), 빌레몬서 1 : 25과 동일하다(딤후 4 : 22에는 "나는 주께서 네 심령에 함께 계시기를 바라노니 은혜가 너희와 함께 있을지어다"로 기록되었다). 바울이 갈라디아 성도들을 '형제' 라 부른 것으로 보아 아직 그들은 유대주의자들의 그릇된 교훈에 빠지지 않은 것이 분명하다. 바울은 그들이 거짓 스승을 멀리하게 하려고 그들을 '형제' 라 불러 친근한 교제 관계를 확인했다.

'아멘' (āmen)은 확인의 공식어(1 : 5)다. 서신을 읽을 때 회중이 진심으로 그 말씀에 동의할 경우 그들은 응답으로 '아멘' 이라 고백한다. 이는 그리스도인들의 예배 시 의식적 용어로 사용되었다(고전 14 : 16). 또한 그리스도인들은 그들의 기도나 송영 끝에 '아멘' 이라 고백한다(롬 15 : 33 ; 계 1 : 7 ; 22 : 20 - 21). 그리하여 바울 편에서뿐만이 아니라 회중의 이름으로도 확인한다.

설교를 위한 묵상 : "세 개의 십자가"(갈 6 : 14 - 18)

우리가 타인을 책망할 경우 동시에 그들의 공격에 대해서도 대비해야 한다. 사도 바울은 육체의 자랑을 하고 있는 이들을 책망했다. 거짓 선생들과 속이는 이들을 바울은 강한 어조로 책망했다. 자신은 율법을 지키지 않으면서 갈라디아 교회 성도들에게는 할례를 요구하는 이들의 위선을 책망했다.

그들은 십자가에 못 박힌 그리스도(고전 1 : 23)보다, 그리스도와 그 부활의 권능과 그 고난에 참여함(빌 3 : 10)보다, 십자가를 참으사 부끄러움을 개의치 아니하시더니 하나님 보좌 우편에 앉으신 예수를 바라보는 것(히 12 : 2)보다, 할례를 더 중요시하고 강요했다. "어리석도다 갈라디아 사람들아 예수 그리스도께서 십자가에 못 박히신 것이 너희 눈앞에 밝히 보이거늘 누가 너희를 꾀더냐"(갈 3 : 1). 바울은 구원이 십자가로부터 오는 것이지 할례로부터 오는 것이 아닌데, 갈라디아 사람들이 거짓 선생들의 미혹에 이끌렸다고 책망을 하고 있다.

이방인과 함께 먹다가 할례자들이 올 때에 두려워 떠난 베드로의 위선적이며 나약한 행실도 바울은 가차 없이 책망했다(갈 2 : 11-14). 바나바도 그들의 유혹에 넘어졌고(갈 2 : 13), 이런 추세라면 십자가의 복음은 무익하게 될 것이므로 바울은 십자가에 못 박히신 그리스도를 확신 있게 선포했다. 그 십자가가 모든 소망의 중심이며, 거기서 고통받던 양심이 평화를 찾고 하나님의 능력으로 우리를 구원하시기 때문이다.

오늘의 본문에서 우리는 3개의 십자가를 볼 수 있다. 못 박히신 그리스도의 십자가와 그로 말미암아 세상이 나를 대하여 십자가에 못 박히고, 즉 세상의 십자가와 내가 세상을 대하여, 즉 바울과 성도들이 그리스도와 함께 십자가에 못 박혔다는 것이다. 즉, 나의 십자가가 그것이다. 우리는 갈보리 언덕 위에 세워진 3개의 십자가를 보아야 한다. 그 한가운데 그리스도의 십자가가 있고, 한편에는 두 번 죽어야 할 사람이, 그리고 다른 한편에는 주님과 함께 낙원에 있게 될 사람의 십자가가 있다.

(1) 십자가에 못 박히신 그리스도

"그러나 내게는 우리 주 예수 그리스도의 십자가 외에 결코 자랑할 것이 없으니"(14절). 도대체 십자가가 무엇이기에 사도 바울은 십자가 외에는 자랑할 것이 없다 했을까?

① 사실 십자가는 죄인을 죽이는 사형틀이다. 십자가에서 죽는 죄인만이 아니고 그의 가족에게까지도 치욕스러운 일이 되는 것이다. 그렇다면 당시 기독교 신앙의 창시자라는 예수께서 십자가에 못 박혔다면 그를 따르는 이들도 수치를 당할 것이 분명함에도 불구하고 사도는 오히려 예수 그리스도의 십자가 외에 결코 자랑할 것이 없다고 했다. 십자가를 영광으로 생각한다 한 것이다. 뿐만 아니라 고난의 십자가를 영광스럽게 자랑한다고 했으니 모순적인 고백이 아닐 수 없다. 여기서 중요한 것은 그가 단순히 그리스도의 죽으심이나 예수 그리스도의 죽으심을 말한 것이 아니라, '우리 주 예수 그리스도의 십자가' 라고 고백한 것이다. 그가 자랑하고 있는 것은 우리 주님의 십자가다. 우리 예배를 받으셔야 할 구주 예수 그리스도의 십자가다. 모든 성도들이 예수 안에서 구원을 받는다. 그래서 우리는 그를 부끄러워하는 것이 아니라 사랑한다. 우리 주 예수 그리스도의 십자가는 메시야 직분을 감당하게 했다. 우리는 그의 발 앞에 엎드려 그분을 찬양하고 그분께 배워야 한다. 부끄러운 십자가가 영광의 십자가가 되었다.

십자가를 지신 예수님은 우리와 함께 계신 하나님, 즉 임마누엘이시다. 그러나 그는 저주의 나무 위에 매달려 죄인의 죽음을 죽었다. 바울은 그리스도의 수치와 영광을 거리낌 없이 들고 나와 선언한다.

② 바울에게 십자가는 무엇을 의미하는가?

㉠ 물론 바울이 말하는 십자가는 그리스도의 복된 손과 발에 못을 박고 세워진 나무 십자가를 말한 것은 아니다(로마가톨릭).

㉡ 물론 그것은 성도들이 지는 비유적 십자가도 아니다. "……누구든지 나를 따라오려거든 자기를 부인하고 자기 십자가를 지고 나를 따를 것이니라"(마 16 : 24). 여기서 십자가는 핍박을 뜻한다.

㉢ 바울이 여기서 말하고 있는 십자가는 그리스도의 대속적 죽음을 의미한다. 예수 그리스도의 대속의 죽으심으로 말미암아 우리는 그 안에서 의롭다 인정함을 받게 된 것이다. 우리 주님이 죽으심으로 그를 믿는 사람마다 죄에 대한 속죄함을 받고, 은혜로 대속의 죽음을 감당하신 그리스도를 믿음으로 영생을 얻게 된다. 바울에게 십자가는 모세에게 광야의 놋뱀과 같은 의미가 있다(민 21 : 6－9). 광야에서 놋뱀은 죄로 인해 매를 맞은 이들에게 소망인고로 모세는 불뱀에게 물린 백성에게 "장대에 매여 단 놋뱀을 보라. 그리하면 살리라." 한 것처럼, 바울은 지금도 대속의 죽음을 죽으신 그리스도의 십자가가 인류의 소망이므로 우리도 "십자가에 못 박히신 그리스도를 보라. 그리하면 살 것이라." 하고 외쳐야 할 사명이 있다는 것이다. 그러나 십자가에 못 박히신 그리스도의 복음은 이 시대의 문화와 철학에 의해 냉소를 받고 있다. 그러나 우리는 복음을 부끄러워해서는 안 된다. 예수 그리스도가 내 대신 대속의 매를 맞으시고 십자가에 죽으셨다는 사실을 영광스럽게 자랑해야 한다.

"하나님이 죄를 알지도 못하신 이를 우리를 대신하여 죄로 삼으신 것은 우리로 하여금 그 안에서 하나님의 의가 되게 하려 하심이라"(고후 5 : 21). "우리는 다 양 같아서 그릇 행하여 각기 제 길로 갔거늘 여호와께서는 우리 모두의 죄악을 그에게 담당시키셨도다"(사 53 : 6). "그리스도께서 우리를 위하여 저주를 받은 바 되사 율법의 저주에서 우리를 속량하셨으니……"(갈 3 : 13). 우리는 우리의 죄를 대신 짊어지고 벌을 받으신 그리스도의 대속적 죽음을 믿는다. 그가 저주를 받음으로 우리는 그 안에서 속량을 받은 자가 되었다.

우리는 우리 주 예수 그리스도의 십자가를 자랑해야 한다. 사람들은 자기 조상으로부터 받은 유산이나 가훈을 자랑한다. 때로는 보이지 않는 희생의 삶을 산 것을 혼자서 속으로 자랑스럽게 여기는 이도 있다. 가난해도 정직하게 산 것이라든가, 고난 중에도 비굴하지 않고 정도를 걸으며 살아온 것을 자랑스럽게 여긴다. 삶이 파산 지경에 이르렀을 때 모험을 무릅쓴 일이라든가, 풍랑을 만났으나 지금껏 자녀들을 잘 양육시킨 것을 내심 자랑스럽게 생각한다.

③ 왜 우리는 이런 것들을 자랑스럽게 생각하는가? 그 대부분의 대답들은 내가 할 수 없는 일을 대신 해 주신 것에 감사하기 때문이다. 사실 죄 문제를 해결하는 속죄함을 받기 위해서 우리는 속수무책이었다. 내 자신이 할 수 있는 일은 아무것도 없었다. 인간 중에 죄 문제를 해결할 수 있는 사람은 아무도 없다. 하나님이 인간이 되시어 죗값을 받으시고 십자가에서 죽으심으로, 하나님의 의를 이루시고 하나님의 사랑을 나타내신 신비한 구원 기적을 이루신 것이다. 십자가는 하나님의 지혜다. 십자가에서 하나님의 공의와 사랑이 만났기 때문이다. 우리 위해 독생자를 보내 주시고 우리 대신 대속의 제물로 죽게 하신 하나님의 놀라우신 사랑과 하나님의 법대로 죄를 심판하시는 하나님의 공의가 그리스도의 십자가에서 계시된 것이다. 구원받은 성도가 우리 주 예수 그리스도의 십자가를 자랑하는 이유가 여기에 있다.

④ 우리도 십자가상에 나타난 예수 그리스도의 사랑을 자랑해야 한다. 하늘 보좌를 버리시고 인간의 몸으로 세상에 오신 예수님은 배고픈 자를 먹이시고, 병든 자를 고치시며, 죽은 자를 살리셨다. 그분의 전생애가 사랑 자체였다. 그분은 박애주의자들의 왕이시고 자비의 왕관을 쓰셨다. 죄를 미워하시는 하나님의 죄에 대한 심판을 우리 대신 받으시며, 잔인한 저주의 십자가를 지고 대속의 죽음을 죽으셨다. 그분은 죄가 없으심으로 그분이 당하신 고난은 전적으로 나를 대신한 고난이었다. 이것을 믿는 성도는 주님의 십자가를 부끄러워하지 않고 감사하며 자랑해야 한다.

⑤ 우리는 우리 주 예수 그리스도의 십자가가 우리 죄를 사해 주기 때문에 자랑한다. 죄를 끝낼 어떤 방법도 없고, 형벌 없이 죄를 용서받을 수 있는 어떤 길도 없었다. 용서함을 받지 못한 채 마음의 평안도, 양심의 자유도 얻을 수 없다. 속죄함이 없는 용서는 있을 수 없다. "친히 나무에 달려 그 몸으로 우리 죄를 담당하셨으니……" (벧전 2 : 24). 그리스도는 우리 죄를 위해 자신이 제물이 되셨다. 십자가에 못 박히신 주님은 마침내 '다 이루었다' 하시고 운명하셨다. 오, 이 놀라운 은혜! 이 크신 사랑! 이 기쁜 의가 그를 믿는 이들에게 주어졌다. 동이 서에서 먼 것같이 하나님은 그

리스도의 죽으심으로 말미암아 우리에게서 죄를 옮기셨다. 그러므로 이 십자가 외에 내가 자랑할 것이 무엇이 있겠는가!

⑥ 따라서 무거운 죄의 짐이 더 이상 우리를 짓누르지 못하게 되었다. 그 십자가는 내 영혼에 소망과 평화와 기쁨을 준다. 십자가를 체험하고 맛보지 못한 이가 어떻게 십자가를 자랑할 수 있겠는가? 사람은 자신이 아는 것과 체험한 것을 말할 수 있을 뿐이다. 무거운 죄의 짓눌림 속에서 밤낮으로 죽음을 체험하던 자에게 어느 날 우리 주님의 은혜로 내게서 죄짐이 거두어지고 그 본성이 변하여 새사람이 되었을 때 그 평화와 기쁨을 무슨 말로 표현할까! 구원받은 성도들은 이 같은 체험을 하고 십자가를 자랑하게 된다.

⑦ 우리가 십자가를 자랑해야 할 이유는 이밖에도 얼마든지 있을 것이다. 그러나 우리가 죽음에서 생명을, 어둠에서 광명을, 지옥에서 천국을, 저주에서 축복을 받게 한 십자가만 자랑해야 한다. 우리 주 예수 그리스도의 십자가만을!

(2) 십자가에 못 박힌 세상

바울은 "세상이 나를 대하여 십자가에 못 박혔다."라고 한다(14절). 이것은 무엇을 의미하는가?

① 세상이 죄수처럼 십자가에 못 박혀 죽었다는 것이다. 세상이 저주를 받았다는 것이다. 세상을 중범 죄인처럼 보고 있는 바울은 세상이 우리 주님을, 즉 그의 하나님을 십자가에 못 박은 죄를 범했음을 알고 있다. 그래서 바울은 "오, 세상아, 나는 네가 누구인지 알고 있다."라고 말한다. 그러나 세상은 "오, 어리석은 바울아, 네가 믿는 그리스도의 복음은 어리석은 것이고, 그분은 메시야가 아니라 말 장난꾼에 불과하다."라고 한다. 눈 뜬 소경 같은 세상은 하나님의 아들을 알지를 못한다. 그는 완전하신 분, 그러나 네가 그를 거부하고 십자가에 못 박았다. 가엾은 세상아, 네 판단은 잘못된 것이다. 너는 우리에게 못 박힐 것이다.

오늘도 많은 사람들이 세상으로 인해 오판하며 살고 있다. 그들은 말하기를 "우리는 존경받는 사람이 되어야 한다. 그러기 위해서는 할 수 있는 한 남을 이겨야 하고, 필요하나면 죽여야 한다."라고 한다. 세상은 여론(public opinion)을 중요시한다. 여론 조사 결과 하나님이 없다는 사람의 수가 많으면 그것이 진리라고 세상은 주장한다. 그러나 사도 바울은 이런 세상은 나에게는 죽었다는 것이다.

당시 로마의 원형극장에서는 로마의 황제를 비롯한 원로원의 회원들과 수많은 관중들이 앉아서 기독교인들의 손발을 착고에 채운 채 사자와 싸우게 하여 피를 흘리며 찢기어 죽는 모습을 즐기고 있었다. 바울은 이런 세상을 두고, 자기에게는 저주받아 십자가에 못 박힌 세상이라는 것이다.

바울이 만일 오늘날 우리 사회를 보았다면 아마도 같은 말을 하였을 것이다. 소위 높은 사람들, 영광을 누리는 사람들이 거들먹거리며 사는 이 세상을 향해 바울 그에게는 십자가에 못 박힌 세상이라고 할 것이다. 많은 이들이 가난한 사람들을 불우한 사람이라고 하나, 실은 세상에 속한 사람, 세상적 관점을 갖고 사는 세속적 사람이 불우한 사람이다. 그들의 관능적 욕망은 도저히 사람 같지 않은 괴물처럼 매일매일의 새로운 쾌락을 찾아 헤매인다.

바울은 세상의 보화를 캐내어 쌓으려 하지 않고, 하늘의 보화에 관심과 애정을 쏟고 있기 때문에 세상은 바울에게 죽은 것과 같다. 찬송가를 쓴 크로스비는 "세상과 나는 간 곳 없고 구속한 주만 보이도다"라고 고백했다. 불타 버릴 돈, 명예, 쾌락, 이생의 자랑만을 위해 살던 것을 버리고, 이제는 세상을 십자가에 못 박은 채 예수 그리스도만 자랑하고 사랑하겠다는 것이다.

가난한 자의 장례식과 부자의 장례식을 생각해 보자. 가난한 자가 죽었다. 자녀들이 슬퍼하며 자기들을 키우고 공부시키려 고생하신 아버지를 생각하며 서로 위로하였고, 장례 후에도 변함없이 부모를 존경했다. 부자가 죽었다. 역시 자녀들이 슬퍼하며 장례식을 화려하게 치렀다. 돌아와 유서를 읽는 시간 슬픔은 끝났다. 유산상속을 누가 더 많이 받을 것인가에 귀를 기울이던 자녀들은 마침내 희비가 갈리고, 아버지에 대한 슬픔은 다 사라졌으며, 유산 상속 문제로 형제 간에 시기와 다툼이 시작되었다. 우리가 가진 것은 다 하나님의 것이다. 하나님 위해 사용하라. 얻고 취하는 것이 잘못이라는 말이 아니라 물질 우상주의에 빠지는 것이 잘못이다. "우리 중에 누구든지 자기를 위하여 사는 자가 없고……"(롬 14 : 7). 하나님의 영광을 위해 사는 것이 진정한 인생이라면 세상을 십자가에 못 박고 사는 바울처럼 살아야 한다.

② 바울이 "세상이 나를 대하여 십자가에 못 박혔다."라고 한 말은 자신은 세상이 추구하는 어떤 것의 노예가 되지 않겠다는 뜻이다. 세상의 금언이나 사상, 심지어 미소나 위협에도 지배되지 않겠다는 것이다. "세상은 내 주인도 아니고, 나는 세상의

노예도 아니다."라는 뜻이다. 온 세상이 바울에게 거짓말을 강요하고 죄를 짓도록 억압해도, 바울은 진리를 말하고 진리 안에서 살겠다는 것이다. 로마의 황제나 영국의 여왕이 바울에게 종교를 바꾸라고 명령해도 바울은 두려워하지 않겠다는 것이다. 즉, 오직 그리스도만 자랑하겠다는 확고한 결단을 보여 주고 있다.

(3) 내가 세상을 대하여 십자가에 못 박혔다

바울이 그들에게 얼마나 멸시를 당했는지를 보면 우리는 이 십자가를 볼 수 있다. 다메섹 도상에서 부활하신 주님을 만나기 이전의 바울은 위대한 유대인 랍비로서 바리새인 중 바리새인으로 칭찬과 존경을 크게 받았다. 그는 학자요, 철학적으로 깊은 사고를 하는 이로 정신세계와 지식사회의 지도자였다. 그러나 바울이 십자가에 못 박히신 그리스도를 전파하면서 그는 어리석은 자, 배교자로 취급당하며, 그의 이름은 모든 유대인과 지식 있는 헬라인들에게서 저주를 받았다. 바울은 그들의 길을 갔을 때에는 유능한 지도자였지만, 그리스도의 길을 따르는 지금은 아무것도 아니었다. 사람들은 바울이 이같이 변한 동기와 활동을 의심하면서 그를 부끄럽게 했다. 그들은 그 모든 행위에 바울이 자기를 과시하며 자기를 세우려는 의도가 있다고 본 것이다. 그들은 바울의 사도권을 부인했고 하나님이 보내신 자로 인정하지 않았으며, 바울의 복음 설교의 능력까지도 의심했다. 결국 그들은 바울을 십자가에 못 박은 것이다.

그들은 바울을 멸시했고 멀리했다. 그의 친구들은 그를 버렸고 비난했다. 그에게 돌을 들어 쳤고 이상한 신을 섬기는 이단자로 여겼다. 바울은 십자가에 못 박힌 자가 되었다. 청교도들도 당시 영국국교를 신봉하는 이들로부터 이와 같은 박해를 받았다. 그러나 이 같은 핍박과 환란은 바울이나 청교도들에게만 있는 것이 아니다.

그리스도의 십자가를 지고 가는 한 당신의 처소가 어느 곳이든 당신에게도 십자가가 있다는 것이다. 세상은 당신을, 당신은 세상을 서로 십자가에 못 박아 죽인다. 옛 친구들이 원수가 되고, 원수가 당신의 집에 있을 것이며, 먹고 마시고 놀면서 악을 따르지 않는다고 당신은 따돌림을 당하며 소외감을 느낄 것이다. 세상은 당신을 어리석은 자라 할 것이다. 위선자로 공격할 것이다.

당신은 십자가를 믿는가? 예수 안에서 참 평안을 얻었는가? 아직 없다면 주님이 주시는 특권을 가르쳐 달라고 기도하라. 그와 같은 기쁨은 세상에는 없다. 그 같은 힘도 세상에는 없다. 그와 같은 생명도, 평화도 없다. 십자가에서 우리는 우리의 천국을 찾고 우리 마음속 주시는 거룩함과 은혜를 찾을 것이다.

(4) 맺는 말

갈라디아서에서 바울은 율법주의자들과 크게 충돌하면서 기독교의 핵심 진리를 가르쳐 주고 있다.

① 기독교는 본질적으로 외면적이거나 형식적인 종교가 아닌, 내면적이고 영적인 종교라는 것이다. 유대주의자들은 자기들의 오랜 전통인 할례의식을 행하지 않은 사람에게는 구원이 없다고 했다. 그러나 바울은 구원은 육체의 모양으로 오는 것이 아니고 십자가에 못 박히신 예수를 믿어야만 얻을 수 있는 것이라고 가르친다. 세례받지 못했어도 성령으로 예수를 믿고 거듭나면 구원을 받을 수 있다.

② 기독교 신앙은 우리가 하나님을 위해 행동하는 것인가, 하나님이 우리를 위해 이루어 놓으신 것인가? 유대주의자들은 하나님의 용서와 은총을 받을 만한 선한 일을 쌓아야 한다고 했다. 그러나 바울은 우리의 죄와 저주를 대신 짊어지시고 십자가에 못 박히신 우리 주 예수 그리스도의 십자가로 구원의 은혜를 받는다고 가르친다. 그 구원을 받은 이는 그 은혜 안에서 하나님의 뜻을 이루려는 자발적 선을 행하게 되는 것이다.

③ 십자가에 못 박히신 우리 주 예수 그리스도를 믿는 성도에게는 세상도 십자가에 죽고, 자신도 세상에 대하여 죽게 된다. "내가 그리스도와 함께 십자가에 못 박혔나니 그런즉 이제는 내가 사는 것이 아니요 오직 내 안에 그리스도께서 사시는 것이라 이제 내가 육체 가운데 사는 것은 나를 사랑하사 나를 위하여 자기 자신을 버리신 하나님의 아들을 믿는 믿음 안에서 사는 것이라"(갈 2 : 20).

한편의 강도처럼 예수를 의지하고 자기를 부탁하는, 그리하여 구원받은 성도 되시길 바란다.

| 특 주 |

'바울신학에 대한 새 관점학파'(School of the New Perspectives on Paul)에 대한 비판적 연구

최근 신약학자들에게 불트만 이후 가장 충격을 주고 있는 바울의 새 관점학파(School of the New Perspective)의 등장은 바울과 그의 신학을 재해석 또는 바울에 대한 루터와 칼빈을 비롯한 전통적 종교개혁자들의 해석에 대한 새로운 반응을 요구하고 있어, 새로운 연구 과제로 주어졌다.

새 관점학파에서는 바울이 율법적 유대문화에 대적을 했다는, 즉 행위 구원을 적대시했다는 종교개혁자들의 주장에 제동을 건 것이다. 그들 주장에 의하면 바울은 실제로 선택받은 하나님의 백성 됨을 자랑했던 유대인과 싸웠을 뿐이라고 한다. 하나님의 백성이 됨으로 그들의 구원이 주어지는 것이 아님을 새 관점학파는 보여 주려 했다. 새 관점학파에 의하면 1세기 유대교와 바울 연구를 한 결과 '오식 은혜만'(Sola Gratia)을 주장한 유대교를 찾게 되었다고 한다. 결국 새 관점학파는 이신칭의(Sola Fide) 개혁교회 교리를 직접적으로 공격한 것이다.

A. 연구배경

1963년에 루터교 신학자 크리스터 스텐달(Krister Stendahl) 교수는 바울에 대한 전통적 루터교 해석이 바울서신과 적합하지 않다는 논문을 발표했다. 거기서 그는 바울서신에 기초한 것보다 바울의 신앙에 대한 잘못된 해석에 근거했다고 한다(Stendahl, Krister〈2011〉, "The Apostle Paul & the Introspective Conscience of the West", Havard Theological Review 56(3) : 199－215).

1977년에 샌더스(E. P. Sanders)가 *Paul and Palestinian Judaism*에서 유대인 문서들을 폭넓게 연구하고 바울서신을 분석해 보니 루터교의 유대교 신학과 바울에 대한 이해가 근본적으로 틀렸다고 하였다.

1982년에 제임스 던(James Dunn)은 'The New Perspective on Paul'이라는 칭호를 처음으로 붙였고, 그 후 많은 학자들이 연구와 토론을 거쳐 그 당위성을 규명하려 노력해 왔다. 신약학자면서 영국성공회 감독(Anglican Bishop)인 라이트(N. T. Wright)는 *What Saint Paul really said*(Eerdmans, 1997)를 출판함으로 교회에까지도 가세하게 되었다(라이트는 2011년부터는 스코틀랜드 세인트앤드류스대학교의 교수로 임명됨). 새 관점 학파는 일치된 의견을 내놓기는 아직은 시기상조인 것으로 본다. 새로운 증거의 빛 속에서 자신들의 이론을 계속 수정·보완하고 있을 뿐 아니라 서로 동의하거나 반대하는 입장이 상당히 복잡하게 얽혀 있다. 그러므로 'the new perspectives'로 적어 복수로 표현하는 것이 좋을 것이다. 그러나 그들의 공통적 입장은 'old perspective'(루터교와 개혁교회의 다수와 유대교의 바울 해석)은 근본적으로 잘못되었다는 것이다.

B. 1세기 유대교의 은혜

유대교는 실제로 은혜의 종교라는 것이 새 관점의 근본 전제다. 샌더스는 이 점을 명확하게 지적한다. "바울과 유대교 사이의 결정적 대립을 은혜와 행위로 보아 왔다. 바울은 팔레스틴 유대교에 동의한다. 즉, 구원은 은혜로 받지만, 심판은 행위를 따라 온다는 것이다. 하나님은 은혜로 구원하시지만, 은혜로 세워진 구조 내에서 착한 행실에 대해서는 상을, 범죄한 것에 대해서는 벌을 받는다"(*Paul and Palestinian Judaism*, p. 543). 따라서 1세기 유대교는 은혜의 종교였다고 한다. 새 관점학파에서는 1세기 유대교는 신약과 바울신학에서 찾을 수 있는 은혜의 이해와 일치한다고 주장한다.

그러나 우리는 그들의 연구가 얼마나 합리적인 것인지 받아들이기가 쉽지 않다. 펠라기우스와 어거스틴의 논쟁 시에도 양측 모두 하나님의 은혜에 인간은 의존되어 있다고 믿었다. 그러나 그들이 말한 의존은 서로가 매우 다른 것으로 그들 자신들이 각각 해석했다.

1세기의 유대교는 은혜를 믿었다 할 수도 있을 것이다. 그러나 그보다 더 중요한 것은 왜 그들은 은혜를 믿었는지, 그리고 그들의 구원을 위해 그 은혜가 무슨 역할을 했는지를 물어야 한다(Westerholm, *Perspectives Old and New on Paul*, pp. 261-262). 새 관점학파는 이 질문에 대한 대답 없이 신약과 바울신학에서 찾아진 은혜의 이해는 1세기 유대교의 것과 같다는 결론적 이야기를 하고 있다. 이 은혜는 아주 다른 것으로 이해된다고 Westerholm은 주장한다.

C. 언약적 율법주의

샌더스는 '인약적 율법주의'라는 용어를 창안해 냄으로 알려진 학자다.

이 용어는 새 관점학파의 근간을 이루는 것으로 제2성전과 랍비 유대교에서 찾을 수 있는 종교의 양식이다.

'언약적 율법주의'(Covenantal Nomism)란 하나님의 계획 속에서의 자리는 언약에 기초하여 이루어진다는 것이다. 그리고 언약의 요구에 인간의 적당한 응답은 그 계명에 순종하는 것이다. 또한 동시에 죄를 속죄하기 위한 수단을 제공하는 것이다(E. P. Sanders, *Paul and Palestine Judaism*, p. 75).

하나님의 계획 속에 있는 한, 사람의 위치는 언약의 기초 위에 세워진다(Sanders)고 했으니 유대인들이 하나님과의 언약을 지키는 한, 그는 하나님의 백성으로 남아 있게 된다. 그러면 어떻게 언약을 지킬 수 있는가? 언약적 율법 속에 있는 순종이기 때문에 율법주의는 아니라(not legalism)는 것이다. 결과적으로 유대교는 하나님과 바른 관계를 어떻게 갖느냐가 아닌, 어떻게 하나님의 언약 백성으로 남아 있느냐가 문제였다. 이것은 한 사람이 구원을 유지하느냐 상실하느냐의 문제와 비교된다는 것이다.

D. 그리스도인 되기 전의 사울

새 관점의 지지자들은 회심 전의 바울이 이스라엘 민족에 대한 열심당원이었다는 것과 구원받기 위해 노력한 헌신된 유대인이었다는 사실보다는 하나님의 계획 속에 있는 그의 특별한 위치를 논한다. 그들은 계속하여 바울은 율법주의에 대항하지 않았으며, 따라서 마틴 루터에 의한 개혁가들의 바울 이해는 잘못된 것이라고 주장한다.

새 관점을 주장하는 이들은 구원을 얻는 데 행위가 도움을 주는 것이 아니라 그들의 국가적 경계 표시들(즉, 할례, 음식규례들, 안식일 등)을 하나님의 백성 중에서 그들이 지켰는가를 물었다. 그들은 경계 표시들과 같은 행위들을 하나님의 백성 테두리 내에서 규칙적으로 지켰다. 따라서 바울은 율법주의(Legalism)와 싸운 것이 아니고, 이방인과 구별된 유대인의 민족적 긍지와 행위에 대항하여 싸운 것이다. 이것은 회심 전 바울을 이해할 수 있는 배경이 된다. 바울은 근본적으로 회심한 후 철저히 변했다. 그러나 그는 아직 삶 속에서는 유대인이었다. 바리새인이었던 사울 본인이 알고 있던 모든 것을 그는 바로 버리지 않았다. 그러나 그는 예수를 만남으로 삶 속에서 획기적 변화를 일으켰다. 바울은 유대교의 오류를 발견했다. 샌더스는 *Paul and Palestinian Judaism*에서 랍비문서와 다른 팔레스틴 유대문서를 분석한 결과 "그것들은 율법적 행위로 의로워지는 종교를 말한 것이 아니었다."고 한다. 더 중요한 것은 바울의 유대교 비판 핵심은 거기에 있지 않았다는 것이다. "…… 율법을 행하는 것은 믿음이 아니기 때문에 잘못된 것이지, 율법에 대한 순종은 좋은 것이다. …… 그리스도를 믿음으로 구원이 배제된다는 위험한 논리는 오류다"(p. 55). 이것이 바울이 유대교에 잘못이 있다는 지적을 한 이유라고 샌더스는 주장한다. 그러나 이것이 기독교는 '아니다' 라고 한다(p. 552). 라이트도 이 부분에 대해서는 민족적 의가 문제라고 한다.

이스라엘은 율법주의 또는 행위로 의로워지는 죄가 있다는 바울의 대답보다, 라이트는 하나님의 언약백성으로서 유대인 후손들이 보장받았다는 '민족적 의' 라고 불렀다("The Paul of History and the Apostle of Faith", p. 65). 던도 이 생각에 동의한다. 그러나 새 관점학파가 지적한 바울의 유대교에 대한 부정적 반응에 대한 이해는 받아들이기가 어렵다. 만일 유대교가 개혁주의에서 주장한 교리를 선포했다면 바울은 그들을 틀렸다고 했겠는가?(Westerholm, *Perspective Old and New on Paul*, p. 260)

E. 율법의 행위

바울의 율법관이 여기서 중요하다. 바울은 그리스도를 믿음으로 의로워진다는 것을 강하게 주장했다. 그리고 사람이 의롭게 되는 것은 율법의 행위로 말미암는 것이 아니라고 했다(갈 2 : 16). 마틴 루터 이후 이 진리는 하나님의 사랑을 받기 위해 쏟는 율법적 노력을 고발하는 말씀으로 이해되어 왔다.

던은 바울이 부인한 것은 "하나님의 칭의는 언약적 율법주의(Covenantal Nomism)에 의존되었다는 것과 언약의 배지를 찬 사람들에게만 하나님의 은혜가 퍼진다."라는 것이라고 했다.

제10차 에딘버러 Dogmatic conference(2003)에서 라이트는 던의 입장에 동의하는 부분과 동의하지 않는 부분이 있다고 말했다. 따라서 이 문제는 아직도 그들 사이에 일치된 견해가 아니다.

F. 경계 표시들

할례, 음식규례, 안식일 등과 같은 경계 표시들(Boundary Markers)은 유대인을 이방인과 구분한다. 이것이 하나님의 백성의 표시가 된다. 바울이 이 경계 표시를 없앰으로 유대인과 이방인이 연합되었고, "모든 족속이 복을 얻는다"(창 12 : 2－3)는 아브라함 언약이 실현되었다고 새 관점학파들은 주장한다. 그러나 바울이 논쟁한 것은 유대인의 율법을 행함으로 의로워지는 체계에 대한 비판이 아니고 경계 표시들에 대한 비판이라고 그들은 주장한다.

G. 하나님의 의

바울이 로마서에서 언급한 하나님의 의는 그리스도의 의가 전가된 것이라기보다 하나님의 신실성(God's faithfulness)을 말씀한 것이라고 새 관점학파는 이해한다. 라이트는 바울 복음의 핵심은 이신득의(以信得義)보다는 그리스도의 죽으심, 부활, 그리고 승천이라 한다. 그런 의미에서 메시야 되신 주님은 이스라엘의 기대를 성취하신 분이다.

바울의 칭의는 유대인의 법정적 용어로 하나님의 언약에 대한 하나님의 신실하심을 뜻한 것이라고 한다. 그러므로 칭의교리는 이방인에게 선포한 바울의 메시지가 아니라고 본다. 그러나 바울서신의 진정성을 믿는다면 하나님의 의는 우리의 의와 다르기 때문에 인간은 하나님의 의에 이를 수가 없음이 발견된다. 다만 십자가에 못 박힌 그리스도 안에 있는 하나님의 의가 우리에게 전가됨으로 구원을 얻게 된다는 것을 우리는 믿게 된다(고전 1 : 30).

H. 믿음과 행위

새 관점학파는 전통적으로 바울이 믿음과 행위를 대립적으로 본 것은 바울서신에는 없는 내용이라고 한다. 오히려 할례와 같은 언약적 배지와 이방인이 언약 안에 들어오는 믿음의 포괄성을 대립시키고 있다. 그러나 믿음과 행위에 있어서는 그 둘이 대립 관계라기보다 믿음이 있으면 행위의 열매를 맺는다는 해석을 바울은 강조한다.

I. 유대인 문화의 자랑

시몬 가써콜(Simon Gathercole)은 *Where is Boasting?*(2002)을 출판했다. 제2성전 유대교와 로마서1~5장에 나타나는 '자랑' 이라는 주제를 갖고 쓴 책이다. 던의 지도하에 가써콜은 새 관점을 비판하고, 선택과 같이 순종은 이스라엘이 하나님 면전에서 신뢰의 기초가 된다는 것을 보여 주었다.

그는 유대인의 신뢰는 선택과 순종에 있기 때문에 하나님을 자랑하는 것은 토라를 자랑하는 것과는 같지 않다고 한다. 그들이 해야 할 자랑은 오직 그리스도를 통한 자랑뿐이라고 한다(p. 261). 바울은 토라(율법)를 자랑하는 것과 싸웠다는 것을 가써콜은 깊이 있게 논한다.

J. 바울신학에 대한 새 관점학파의 오류들

(1) 새 관점학파는 다메섹 사건을 통해 바울은 그의 회심과 동시에 이방인 선교사로 하나님의 소명을 받았다는 것을 강조하였다. 그리고 그 사건의 여파로 이방인 성도들이 하나님의 백성 안에 포함될 권리를 옹호하기 위해 바울은 후에 그의 칭의교리를 발전시켰다는 명제하에 칭의와 율법에 관한 바울의 진술들을 재해석한 던의 입장은 종교개혁자들이 해석한 이신득의 교리 입장에서는 받아들이기 어렵다.

바울의 다메섹 사건에서 그리스도시요, 주님이시며, 하나님의 아들이시고, 하나님의 형상이신 주 예수에 대한 계시와 이방인에 대한 바울의 사도적 소명은 분리할 수 없는 것이다. 그리고 바울에게 성령이 임한 것과 유대인의 구원 이전에 이방인이 구원을 받도록 하시는 하나님의 구원계획에 대한 비밀을 바울은 계시로 받았다(롬 11 : 25－27)는 것은 성경이 증언하는 바다.

(2) 바울은 다메섹 도상에서 십자가에 달리신 그리스도 안에서 하나님의 의가 나타난 것을 경험으로부터 취하고, 율법의 행위로가 아니라 하나님의 은혜로 말미암아 그리스도를 믿는 믿음으로 의롭게 된다는 그의 교리를 세웠다. 그러므로 바울의 이신득의 교리는 이방 선교를 변호하면서 유대주의자들과 싸우라는 소명이 있은 지 15~17년 후에 발전시켰다는 던의 해석은 받아들일 수 없다.

(3) 율법의 행위란 유대교의 언약적 특성들만 준수하는 것을 의미할 수는

없으며, 율법의 모든 계명들을 지키는 것을 의미한다. 바울은 율법의 행위 없이 은혜로 얻은 믿음으로 말미암아 의롭게 된다고 선포한다. 율법을 언약적 율법주의로 규정하고(Sanders), 제2성전 유대교에서 행위-의의 요소를 부인하는 새 관점학파의 견해는 옳지 않으며, 유대교는 은혜종교가 아닌 행위-의를 강조한 율법종교였다.

(4) 던은 마가복음 2 : 1~3 : 6에서 예수와 바울의 율법 문제를 다루고 있다(1984). 그리고 예수의 의식 성결(막 7 : 15) 문제를 발표했으며(1985), 1988년에 바리새인, 죄인, 그리고 예수 논문을 발표했다. 이 세 논문에서 던은 율법에 대한 예수의 입장과 초대교회, 특히 바울의 입장이 일치한다고 보았다.

던의 다메섹 사건을 이방인 선교냐, 율법의 마침이냐 하는 관점에서 읽으면서 예수는 율법을 대적하지 않고 완성하신 분으로 보고, 행위구원에 반(反)하는 '은혜'로 전통적 칭의교리에 도전했다. 그리고 예수와 율법의 대칭 개념은 후에 발전된 사상으로 보았다.

던에 의하면 바울의 관심은 자기 의가 아니고 국가적 마크에 더 관심을 가졌다는 것이다. 즉, 할례, 절기, 음식법 등이 유대인의 정체성을 말한다고 보고, 바울은 그것들을 지키는 것과 상관없이 구원받는다고 주장했다고 한다. 그러나 이러한 새 관점의 주장은 전통적 종교 개혁자들이 내놓았던 율법의 행위가 아닌 믿음으로 구원받는다는 성경적 이신득의 교리와는 큰 차이가 있어 우리는 이 같은 오류가 있는 주장들을 수용할 수 없다.

Soli Deo Gloria!

| 한국장로교총회창립 100주년기념 표준주석 |

구약

집필부분	집필자
창세기	김중은 박사
출애굽기	이종록 박사
레위기	정중호 박사
민수기	김진명 박사
신명기	김회권 박사
여호수아	강사문 박사
사사기/룻기	허성군 박사
사무엘상·하	김선종 박사
열왕기상·하	김태훈 박사
역대상	배희숙 박사
역대하	함 택 박사
에스라/느헤미야	민경진 박사
에스더	이미숙 박사
욥기	하경택 박사
시편	이승현 박사
잠언	천사무엘 박사
전도서	채은하 박사
아가	강승일 박사
이사야	조성욱 박사
예레미야	강성열 박사
예레미야애가	박동현 박사
에스겔	이은우 박사
다니엘	배정훈 박사
호세아/요엘	김정철 박사
아모스	최인기 박사
오바댜/요나	김유기 박사
미가	오택현 박사
나훔/하박국/스바냐	윤동녕 박사
학개/스가랴/말라기	김근주 박사

신약

집필부분	집필자
마태복음	최재덕 박사
마가복음	차정식 박사
누가복음	오덕호 박사
요한복음	김문경 박사
사도행전	이 달 박사
로마서	장흥길 박사
고린도전서	조광호 박사
고린도후서	박흥순 박사
갈라디아서	이종윤 박사
에베소서	석원식 박사
빌립보서/빌레몬서	김덕기 박사
골로새서	김철홍 박사
데살로니가전·후서	김형동 박사
디모데전·후서/디도서	박종기 박사
히브리서	소기천 박사
야고보서	이승호 박사
베드로전·후서	왕인성 박사
요한1·2·3서/유다서	최흥진 박사
요한계시록	김춘기 박사

Presbyterian Church of Korea Standard Commentary

100

| 한국장로교총회창립 100주년기념 표준주석 |

갈라디아서

초판인쇄 2012년 5월 1일
초판발행 2012년 5월 11일

기획·편찬 표준주석편찬위원회 이종윤
편 집 인 대한예수교장로회총회교육자원부
발 행 인 채형욱
발 행 소 한국장로교출판사
주 소 110-470 / 서울 종로구 연지동 135 한국교회100주년기념관 별관
전 화 (02) 741-4381 / 팩스 741-7886
영 업 국 (031) 944-4340 / 팩스 944-2623
등 록 No. 1-84(1951. 8. 3.)

ISBN 978-89-398-0682-5 / 978-89-398-0681-8(세트)
Printed in Korea
값 14,000원

편 집 장 성현선
교정·교열 이슬기 **본문·표지디자인** 김지수
업무과장 박호애 **영업과장** 박창원